Antes todo esto era ciudad

Antes todo esto era ciudad

Por qué la vida urbana se ha vuelto extraña
y qué podemos hacer para transformarla

Pedro Bravo

Papel certificado por el Forest Stewardship Council®

Penguin
Random House
Grupo Editorial

Primera edición: marzo de 2026
Primera reimpresión: mayo de 2026

© 2026, Pedro Bravo
© 2026, Penguin Random House Grupo Editorial, S. A. U.
Travessera de Gràcia, 47-49. 08021 Barcelona

Printed in Spain – Impreso en España

ISBN: 979-13-87600-69-3
Depósito legal: B-1.162-2026

Compuesto en Comptex & Ass.
Impreso en Liberdúplex
Sant Llorenç d'Hortons (Barcelona)

C 6 0 0 6 9 3

ÍNDICE

Introducción   9

PRIMERA PARTE
El desamor

Las no ciudades   17
Ciudades marca   31
Planeta ciudad   46
La ciudad digital   63
Ciudades iguales   81
La ciudad *Monopoly*   95
Ciudades desiguales 112
Ciudades viejas y solitarias 127
Ciudades bipolares 144

SEGUNDA PARTE
Recuperar la ciudad

Rehacer los relatos 163
Ser naturaleza 171
Renunciar 180
Futurear 190
Ser ágiles 199

ÍNDICE

Contar la ciudad 209
Descentralizar 217
Conectar. 229
Reconocer, incluir y cuidar 240
Ser valientes. 249
Rebelarse 258
Amar la ciudad 267

Agradecimientos 273
Bibliografía y referencias. 275

Introducción

El 5 de septiembre de 2025, el presidente de los Estados de Unidos de América firma una orden para sustituir el nombre del Departamento de Defensa por Departamento de Guerra, denominación oficial desde 1789 hasta 1947. Según el responsable del gabinete, Pete Hegseth, y el propio Donald Trump, la decisión obedece a la ambición y la necesidad de pasar a la ofensiva y volver a ganar guerras.

La noticia sirve como confirmación de un cambio más profundo. De repente, hemos dejado de pretender el desarrollo sostenible y la salvación del planeta para subir el porcentaje del PIB dedicado a armamento. Se acabaron también las fiestas a la globalización, ahora toca proteccionismo. Además, ya no está bien visto presumir y practicar la diversidad y la tolerancia, sino defender y promover la segregación, el fanatismo y hasta el matonismo.

Para ser honesto, he de decir que no creo que antes estuviésemos realmente en camino de salvar gran cosa y que aún quedaba muchísimo para que las sociedades occidentales pudieran ponerse la medalla de la equidad y la justicia social. Pero al menos estaba relativamente mal considerado tirar una lata al contenedor orgánico, comportarse como un tirano o invadir un territorio con la intención de exterminar a su población. El marco se ha movido tantísimo y haciendo tanto ruido que es como si los grandes retos de la humanidad hubiesen desaparecido, sepultados por la emergencia de otros asuntos que creíamos superados. La sensación de estar asistiendo a un cambio de época que conduce a nuestro propio colapso y el aluvión de noticias fabricadas por los mandatarios populistas hacen que la imposibilidad de acceder a la vivienda o el aumento de la desigualdad puedan aparentar ser ahora minucias. Por supuesto, no lo son y, de hecho, tienen muchísima relación con el advenimiento de esos autoritarismos nostálgicos.

La humana es ya una especie urbana. No solo porque más de la mitad de nosotros vivamos en asentamientos que se pueden considerar tal cosa, sino porque hemos configurado nuestra economía y nuestra sociedad desde y para la ciudad. El proceso de agruparnos en colectividades cada vez más grandes, interconectadas y complejas empezó hace miles de años, pero ha sido en los tres últimos siglos cuando se ha convertido en nuestro principal ser y estar.

Y fue precisamente en los tiempos en los que el Departamento de Guerra de Estados Unidos dejó de llamarse así cuando esta forma de convivencia vivió su empujón definitivo. En Yalta, en Bretton Woods, en San Francisco, en la década de los cuarenta del pasado siglo, acabando la Segunda Guerra Mundial, el mundo decidió aspirar a la paz, asociarse a través del multilateralismo y apostar por un sistema económico principalmente —con permiso del bloque soviético y los no alineados— capitalista y transnacional. Nacía así una era en la que, a pesar de varios conflictos y crisis, el tono general ha sido de optimismo, una sensación de progreso y posibilidades en la que la ciudad ha sido origen y destino de casi todo.

La ciudad, por ir poniéndonos de acuerdo en lo fundamental, es un espacio, su administración y, sobre todo, la comunidad que lo habita, lo conforma y le da sentido. Un encuentro entre personas distintas que resulta atractivo y productivo en todos los ámbitos, no solo el económico. Durante este periodo que parece estar terminando ahora, las comunidades urbanas han generado problemas —muchos: la aceleración de las emisiones, los excesos de consumismo, la segregación...—, pero también han liderado el hallazgo de infinidad de soluciones sociales, culturales y políticas que han surgido precisamente a partir de las virtudes de estar, crear, pensar y hacer cosas juntos a pesar de nuestras diferencias.

Desde hace unos cuantos años, los valores y bondades urbanas se están desvaneciendo ante el empuje de varias tendencias que convergen y también motivan este cambio de era. Aunque una introducción no debería ser el lugar para exponer conclusiones, no me puedo contener: detrás de ellas se puede atisbar la responsabilidad del reverso tenebroso del modelo económico. Un virus que también asoma, por cierto, como germen del resurgir del caudillismo.

Los síntomas de la enfermedad en el ámbito urbano son múltiples y llevamos tiempo padeciéndolos. Son procesos que están provocando una sensación de desamor hacia lo que antes sentíamos como un hogar.

Antes todo esto era ciudad, ahora no tenemos ni idea de lo que es, pero sabemos que, a la mayoría, nos repele. A veces, de forma literal: son muchas las personas expulsadas que se han tenido que buscar una vida lejos de donde tenían su casa, sus lazos sociales, su trabajo. Hay también muchas otras que sienten la presión de cerca y otras tantas que están pensando si no estarían mejor en otro lado. Casi todos nos preguntamos por qué la vida en la ciudad se ha vuelto hostil y si hay forma de transformarla, defendiendo y luchando por nuevos valores urbanos de encuentro y cohesión.

Algunos de los procesos que nos llevan al extrañamiento son los que protagonizan la primera parte de este libro. La conversión de la ciudad en una marca, un producto en el que la Administración se comporta cada vez más como si fuera una empresa en busca de clientes y accionistas. La uniformización y homogeneización de los paisajes y culturas urbanas. La eliminación de las distancias y la transformación del planeta en una enorme metrópoli en la que se mueven turistas, profesionales y capitales y se extrae valor para beneficio de pocos. La mudanza de muchas de nuestras costumbres al ámbito digital, un traslado que nos transforma como individuos y como sociedad y que también modifica los usos y paisajes de la ciudad. La vivienda como activo financiero y, por tanto, necesidad negada. La desigualdad, la paulatina conversión del presente en una agotadora carrera por la mera supervivencia y la extinción de la idea de futuro. Y los traumas que todo esto genera, de soledad y salud mental, pero también de frustración e ira.

Precisamente estas dos últimas palabras conectan todo lo que está pasando y dejando de pasar en las ciudades con los cambios en la forma de ser, hacer y deshacer sociedad que provocan y son provocados por la corriente que está cambiando el rumbo del mundo.

Las mismas causas que están convirtiendo en extrañas e inhabitables nuestras ciudades están impulsando una ola reaccionaria que arremete contra sus valores armada con insolidaridad, egoísmo y violencia. Por eso, en tiempos de geopolítica y partidas dialécticas de *Risk*, hablar de ciudades no es hablar de una cuestión menor, sino de todos los temas importantes que están acelerando el trayecto hacia ninguna parte de la especie humana. Es, también, hablar de lo posible.

Antes todo esto era ciudad, ahora se está convirtiendo en otra cosa sin que nadie nos consulte o piense, siquiera, en lo que nos conviene. ¿Debemos resignarnos a que siga siendo así? Yo creo que no. Sostengo que, puesto que estamos en una etapa de movimiento, tenemos la oportunidad de imaginar cómo queremos vivir. De eso se ocupa la segunda parte del libro. Como se puede leer en ella, no se trata de recrearse en una mirada idealizada y nostálgica de lo urbano, al contrario: la esperanza está en la oportunidad de reconfigurar la construcción de comunidades abiertas, atentas y realmente conectadas. Y en hacerlo aprendiendo de los múltiples errores recientes, apostando por dejar atrás las limitaciones del yo para sustituirlas por la fecundidad del nosotros. Para ello planteo líneas de pensamiento y acción que provoquen en el lector ideas que nos lleven a encontrar esos otros caminos de convivencia.

De todos modos, es justo avisarlo: no hay aquí soluciones, estrategias ni modelos específicos y concretos que seguir. No es un texto que diga qué hay que hacer, tan solo intenta mostrar que es posible hacer las cosas de otra manera y que puede merecer la pena intentarlo.

Lo que sí contiene, aunque a veces quizá no lo parezca, es un mensaje de amor a la ciudad. Un amor sano, que trata de huir del ideal y que parte del reconocimiento de sus virtudes y sus defectos, de su complejidad. Un amor herido que puede curarse si somos capaces de evolucionar y transformar todas esas prácticas que nos alejan y nos hacen daño.

Primera parte

EL DESAMOR

Las no ciudades

El desamor es un estado emocional incómodo, quizá uno de los más inquietantes que se pueden vivir. Es una nostalgia sin ausencia, un vacío inmaterial, una plenitud en fuga. Es, también, un estado de confusión profunda en el que uno tiene la sensación de no entender por qué la vida que antes le resultaba satisfactoria es, de repente, un estar penoso en el que el único deseo que asoma es el de esconderse. Desamando, uno se siente ajeno a su propia existencia, como un protagonista relegado al papel de espectador. Es raro casi cualquier momento del día, pero, sobre todo, resulta perturbador estar en casa con tu pareja y comprender que ese espacio físico y emocional que hasta hace poco era acogedor y reconocible se ha convertido de repente en un lugar extraño al que ya no perteneces. Es como si tu vida fuese como un juego de construcción que se desarma de la noche a la mañana y, cuando lo intentas volver a montar, tiene el mismo aspecto, pero ya no es igual.

¿Se puede sufrir desamor en nuestra relación con la ciudad? Para contestar a esta pregunta, deberíamos antes ponernos de acuerdo en un par de significados. Como en tantas otras cuestiones, no hay una única definición de amor y quizá lo que yo entienda por tal cosa no sea lo mismo que lo que pueden concebir otros.

A mí me gusta cómo lo enfoca bell hooks. La autora estadounidense recupera la definición del psiquiatra M. Scott Peck:

«La voluntad de extender el propio yo para favorecer el crecimiento espiritual de uno mismo o el de otra persona».[1] A partir de ahí, hooks sostiene que conviene considerar el amor como una acción más que como un sentimiento, un ejercicio que implica cuidado, afecto, responsabilidad y compromiso, una práctica que es también ética y política porque transforma a quienes aman. En esta explicación sí encuentro conexiones con la relación que uno puede tener con la ciudad, pero, aun así, seguimos teniendo otro asunto conceptual que resolver. ¿Qué es una ciudad?

Tampoco es fácil responder a esto porque usamos el sustantivo para mencionar cosas varias. El diccionario se conforma con lo estructural y administrativo: «Conjunto de edificios y calles, regidos por un ayuntamiento, cuya población densa y numerosa se dedica por lo común a actividades no agrícolas» y «Ayuntamiento o cabildo de cualquier ciudad».[2] Sin embargo, la etimología de la palabra, del latín *civitas*, nos recuerda que no hay ciudad sin ciudadanía, sin comunidad.

Normalmente, «ciudad» es la suma de estas tres definiciones, pero a veces empleamos el término para señalar solo una de ellas. De hecho, en este libro se hace así; y sin miedo a la confusión, porque siempre estará el contexto para explicar lo necesario y porque, en realidad, todas ellas son acepciones relacionadas y en permanente interacción. Sin embargo, hay un significado que está por encima de los otros y sin el cual no puede haber ciudad: el que se refiere a lo social.

Es el afán de reunirnos para estar y hacer cosas juntos el que nos hizo agruparnos primero en poblados, luego en aldeas y, finalmente, en esto que venimos llamando ciudades. Las infraestructuras y las formas de organización responden a esa necesidad, a la que alimentan —y de la que reciben alimento, que por eso son significados interdependientes—.

Por eso no es una ciudad, por ejemplo, Disney World. Sin duda, es un lugar que podría considerarse urbano, tanto por dimensiones como por planificación espacial e infraestructuras. Es, además, un conjunto de edificios y calles gestionado por una administración; en este caso no democrática, igual que no lo han sido muchas de las formas de gobierno de las ciudades a lo largo de la historia. Sin embargo, nadie puede considerar aquello como una ciudad porque la vida que hay ahí depende de los horarios de apertura y cierre, y se rige exclusivamente por un tipo de relaciones mercantiles que, existentes casi desde el origen de los asentamientos urbanos, nunca han sido en estos ni las únicas ni las principales ni en un único sentido, de empresa a cliente.

Por supuesto, la elección de este ejemplo no es casual. Esta sensación de desamor que estoy tratando de definir es muchas veces manifestada por los ciudadanos como la experiencia de vivir en un parque temático. Diciendo esto, estamos expresando no solo la forma en la que la vida urbana se está convirtiendo en un espectáculo para disfrute de unos públicos que asisten a él como clientes y no como habitantes; también mostramos que la variedad y diversidad de intercambios que se deberían dar en el espacio urbano se van reduciendo a lo económico y cómo, además, en ese intercambio los vecinos cada vez participamos menos como receptores de las transferencias. En no pocas ocasiones, los que vivimos en la ciudad manifestamos la sensación de estar poblando un parque temático, de ser figurantes al servicio de una marca que ven pasar los beneficios que genera pero únicamente reciben algunas monedas para gastar en las atracciones.

Aunque ha habido multitud de formas de organización en los asentamientos urbanos a lo largo de la historia, es cierto que son bastantes las ciudades que han existido y evolucionado a partir de los intereses de un poder religioso, político o económico. Han sido sus objetivos y necesidades los que han modelado el espacio, su administración y algunas de las interacciones que se han dado en ellas. Cuando hablo de la importancia del valor comunitario de la ciudad no pretendo convencer a nadie de la existencia, pasada o presente, de una sociedad ideal con relaciones justas entre iguales que muy raramente se ha dado, pero sí quiero remarcar que, debajo de las dinámicas impuestas, se han podido establecer formas de vida compartida que nos han proporcionado momentos de comunión, creatividad y desarrollo individual y colectivo.

En *La ciudad en la historia*, Lewis Mumford repasa la relación de las ciudades con el poder.[3] Habla también de su evolución espacial y administrativa, pero, sobre todo, las retrata como escenarios para la acción social, expresión de la voluntad, el pensamiento y el sentimiento de distintas comunidades a lo largo de los años. La ciudad es un ecosistema en el que los grandes rumbos que pretende marcar el poder correspondiente pueden ser tan importantes para su evolución como las pequeñas interacciones entre vecinos, un proceso natural a través del cual hemos organizado nuestra convivencia y hemos ido estableciendo nuestra presencia en el mundo.

Mumford explica este sentido ontológico de lo urbano al final de su libro en un párrafo que, aviso, es especialmente intenso:

> La misión final de la ciudad consiste en promover la participación consciente del hombre en el proceso cósmico e histórico. A través de su estructura compleja y duradera, la ciudad acrecienta enormemente la capacidad del hombre para interpretar estos procesos y toma en ellos una parte activa, formativa, de modo que cada fase del drama que en ella se representa tenga, hasta el máximo grado posible, la iluminación de la conciencia, el sello del propósito, el color del amor. Esa exaltación de todas las dimensiones de la vida […] ha sido la función suprema de la ciudad en la historia, y sigue siendo el principal motivo para que la ciudad continúe existiendo.

Vale, pero ¿qué pasa cuando no podemos interpretar esos procesos, cuando sentimos que ya no participamos en ellos? ¿Qué ocurre cuando los valores y sentimientos comunitarios comienzan a difuminarse y, con ellos, el propósito y el color del amor? ¿Qué sucede cuando dejamos de entender el funcionamiento de las mecánicas de la ciudad y sentimos que estamos, pero ya no formamos parte de ella? Lo que sucede es el extrañamiento.

Quizá para algunos sea este un término más adecuado que el de desamor para definir cómo muchos estamos viviendo el devenir de las ciudades. Sin sus connotaciones románticas, explica muchas de las inquietudes que, de un tiempo a esta parte, nos provoca la experiencia urbana. Una sensación de desconexión con lo que antes nos tocaba, de distanciamiento con lo que era cercano, de pérdida de identidad y sentido de pertenencia. Como si el proceso cósmico e histórico que describe Mumford nos hubiese dejado de lado, aunque permitiendo que contemplemos su acontecer desde dentro.

Hay muchas formas en las que se está manifestando este extrañamiento: ensimismamiento, tristeza, soledad, desamparo, egoísmo, rechazo, ira… El paisaje y las dinámicas urbanas se han convertido para muchos en una fuente de desconcierto. Nos cuesta habitar la ciudad porque ya no la sentimos como un hábitat para nosotros. No es solo que ya no podamos pagar el precio, es que muchos de sus elementos están desapareciendo o cambiando su función.

Es curioso porque, al tiempo que estoy empezando a escribir este libro, ha aparecido otro, *Ir a La Habana*, en el que Leonardo Padura habla también de un extrañamiento ante su ciudad que él llama *ajenitud*.[4] El escritor cubano describe la decadencia de La Habana desde 1968 y la Ofensiva Revolucionario del régimen de Fidel Castro hasta nuestros días, la pérdida de referencias y símbolos, el vaciamiento de emblemas, lugares y personas, la perversión de las costumbres por necesidades impuestas. «El proceso de extrañamiento, de "ajenitud" de lo propio, de alteración de los códigos, de ruptura de tejidos afectivos, de pérdida de valores estéticos se había puesto en un movimiento vertiginoso del que solo escaparía, en su carácter constructivo y casi como acto de magia, una Habana colonial que comenzó a restaurarse con un doble propósito: su necesario rescate histórico y arquitectónico y su función de parque temático».

Es curioso, decía, porque el extrañamiento que vive Padura en La Habana tiene su origen en una forma de poder y en un modelo económico en principio opuestos a los que rigen en mi ciudad y en las otras representadas en este libro, aquellas de lo que se suele llamar el mundo occidental o desarrollado. La decadencia de La Habana es de otra manera y el proceso de desamor que provoca es distinto, pero está lleno de conexiones con el nuestro que se pueden rescatar de la lectura de la cita anterior: «alteración de códigos», «ruptura de tejidos afectivos», «pérdida de valores», «función de parque temático»... Como escribe Padura, allí y aquí «estamos viviendo un presente que no se parece al futuro que, sacrificios mediante, nos habían prometido».

En cualquier caso, consuela y anima leerlo, desde la distancia y las diferencias. El creador del personaje Mario Conde ha podido elegir otras opciones, pero escogió permanecer en su barrio, Mantilla, en su ciudad, La Habana. Padura ejemplifica y explica que la resistencia al extrañamiento es necesaria y posible. «Si el milagro cubano es que los cubanos viven de milagro, el misterio habanero es que la ciudad, a pesar de todos esos pesares, sobrevive y, orgullosa de su historia y su prosapia, de sus bellezas patentes, sigue siendo el sitio al que muchos quieren ir, en el que otros muchos empecinados queremos estar, a pesar de todos los pesares, que son muchos. Y en mi caso —que también debe de ser el de otros— porque es el lugar donde soy y estoy».

Seguir siendo y seguir estando es lo que queremos. Y también mantener, «a pesar de todos los pesares», el cuidado, el afecto, la responsabilidad y el compromiso con la ciudad, eso que bell hooks y algunos otros creemos que conforma la práctica del amor.

En 1991, la socióloga Saskia Sassen acuñó el concepto de ciudad global.[5] Retrató con él la transformación de grandes urbes provocada por los procesos de financiarización y globalización de la economía iniciados en los años ochenta a partir de políticas impulsadas por Ronald Reagan en Estados Unidos y Margaret Thatcher en el Reino Unido. Sassen señaló en un principio a Nueva York, Londres y Tokio como principales merecedoras de tal calificativo; ciudades que, además de su tamaño, atractivo y esencia cosmopolita, se estaban convirtiendo en centros de control de la economía global. Capitales mundiales que concentraban corporaciones multinacionales, instituciones financieras, organizaciones internacionales y empresas de servicios relacionadas con esta evolución del modelo.

Las dinámicas propias del sistema, la acelerada expansión de las tecnologías de la información y, al mismo tiempo, su posicionamiento como sector clave y canal de transmisión de ideología, y el mero afán imitador, hicieron que el espíritu de la ciudad global se extendiera por todo el mundo: París, Frankfurt, Ámsterdam, Los Ángeles, San Francisco, Chicago, Hong Kong, Singapur y muchas otras se convirtieron en nuevos nodos del poder económico transnacional e impulsaron así una carrera por el crecimiento y la competición cuya esencia mueve hoy las ambiciones de buena parte de los gobernantes urbanos de todo el mundo.

Sassen ya advertía de los peligros de esta tendencia a la concentración de poder en determinadas urbes. El primero, esa misma concentración. Además, con muy buena vista, prevenía contra la desigualdad generada tanto dentro de las ciudades globales como entre estas y las perdedoras de la carrera, el desplazamiento y la precarización de las comunidades vulnerables, la fragmentación y la segregación social, la privatización del espacio y de los servicios públicos, la crisis de vivienda, convertida en otro activo financiero más, y los impactos medioambientales de la urbanización dedicada a satisfacer los deseos de los poderes globales.

Hoy cualquier ciudad quiere convertirse en global, no necesariamente como centro de la economía financiera, pero sí como lugar atractivo para visitantes, profesionales viajeros e inversores. El turismo, los cambios sociales, internet y la posibilidad de conexión permanente y otros factores han hecho que el proceso se haya ramificado y multiplicado. Lo mismo ha sucedido con los impactos narrados en el párrafo anterior, todos ellos presentes en todo tipo de ciudades y en muchos casos potenciados por políticas públicas que no han sabido ver —y, en cualquier caso, quizá tampoco hubieran podido evitar— el tsunami que estaban provocando.

Incluso en estos tiempos en que se habla del fin de la globalización y la vuelta al proteccionismo, la carrera sigue porque no depende de la compraventa de materias primas y bienes, sino de los servicios, principalmente financieros, tecnológicos y turísticos, y de la vivienda, a cuyo mercado los conversos adalides del proteccionismo no están poniendo límites, todo lo contrario.

Casi al mismo tiempo que Saskia Sassen daba nombre a este proceso, el antropólogo Marc Augé desarrolló el concepto de no lugar: «Si un lugar puede definirse como lugar de identidad, relacional e histórico, un espacio que no puede definirse ni como espacio de identidad ni como relacional ni como histórico, definirá un no lugar».[6]

El autor francés explicaba así el proceso por el cual la «sobremodernidad» estaba produciendo espacios de tránsito permanente ajenos al relato común, promoviendo un mundo «prometido a la individualidad solitaria, a lo provisional y a lo efímero». Según Augé, los no lugares son aquellos en los que no somos personas, sino consumidores de espacio: pasajeros, conductores, espectadores, turistas, clientes... Son las autopistas, los automóviles, los aviones, los aeropuertos, las estaciones, los hoteles, los supermercados, los centros comerciales, los parques temáticos o incluso los campos de refugiados.

En estos no lugares, según el autor, estamos inmersos en una cosmología universal conformada por las imágenes que los unifican y que ayudan a que, en nuestro viaje constante, nos reconozcamos en el anonimato, individuos empoderados hasta el narcisismo, convencidos de que todo está hecho para nosotros. En cualquier caso, Augé ya apuntaba que no son espacios puros, que el lugar y el no lugar conviven, «el primero no queda nunca completamente borrado y el segundo no se cumple nunca totalmente: son palimpsestos donde se reinscribe sin cesar el juego intrincado de la identidad y de la relación».

Es difícil leer a Marc Augé y no pensar en lo que está sucediendo con y en las ciudades. No solo es que, por efecto de esa economía globalizada, hayan proliferado en ella los no lugares, es que las propias urbes se están convirtiendo en no ciudades. Como en las fotos de familia de Marty McFly en *Regreso al futuro*, vemos cómo la historia, las costumbres y las relaciones e interacciones sociales que han conformado nuestra vida en la ciudad se van desvaneciendo, empujadas por las exigencias de un modelo económico para el que todo eso no son más que valores y atributos para dar brillo al producto al que hay que extraer rentabilidad: la propia ciudad.

El extrañamiento se produce al comprobar que somos parte de la foto que se esfuma al tiempo que la estamos sujetando y que nos vemos hacerlo, como si estuviéramos mirando una película sobre nuestra propia desintegración. Si el argumento parece un lío es porque lo es. Como dice Augé, la ciudad y la no ciudad conviven. Aún podemos encontrarnos de forma espontánea a un vecino por la calle y echar un rato hablando con él, aunque sea de cómo otros se tuvieron que ir o por qué de repente en el barrio solo se puede beber café de especialidad o fumar CBD.

Por supuesto, aunque el proceso es generalizado y transversal, no afecta de la misma forma a toda la ciudad. La no ciudad, normalmente, se extiende desde el centro, como una piedra que se tira sobre el agua y provoca unas ondas que van fluyendo y transformando todo hacia fuera. Puede que no haya una notable turistificación en los barrios de la periferia, pero seguro que hay gentrificación, porque los expulsados del casco histórico tienen que vivir en algún sitio y por eso expulsan —el modelo expulsa— a los que estaban más lejos de los museos, que a su vez se moverán moviendo. Es posible que los negocios no sean iguales en todas partes, pero quizá sí la uniformización, porque el impacto de las cadenas y franquicias en la identidad, el paisaje y, sobre todo, la diversidad económica no depende de si venden souvenirs o productos de limpieza. Tal vez a veinte paradas de autobús del distrito financiero no sea fácil ver que hay un señor en el despacho de una multinacional preparando una reunión con el alcalde del municipio para hablar de cómo bajando impuestos corporativos se consiguen más inversiones, pero eso no quiere decir que no esté ocurriendo.

Tampoco es igual en todas las ciudades. No pasa de la misma manera en las que responden a la definición de Saskia Sassen que en las localidades monumentales o de costa. Puede ser muy distinto en una metrópolis consolidada de un país rico que en una megalópolis de una nación en desarrollo. Y quizá se vean uno, varios, o multitud de lugares en los que aún no se vean síntomas claros, pero seguro que todos están en peligro de empezar a ser no ciudades. Porque el modelo que las transforma solo sabe crecer.

El siglo XXI es el siglo de las ciudades. Ahora mismo, más del 50 por ciento de la población es urbana y en 2050 lo será el 70 por ciento. La urbanización se acelera especialmente en los países en desarrollo y la tendencia es al crecimiento, sobre todo de las metrópolis. A pesar de los retos crecientes, el futuro de la humanidad es indudablemente urbano.

Las líneas anteriores son un calco de cientos de textos y discursos que se leen y oyen por todas partes celebrando la urbanización. La repetición de arquetipos logra fijar ideas y por eso cuesta no festejar estos datos como una forma de progreso, pero lo cierto es que no está nada claro que sea una buena noticia, ni siquiera que sea noticia.

En Europa, por ejemplo, el proceso de urbanización toma impulso con la Revolución Industrial y en los cien años del siglo XIX se pasa de un 10 a un 40 por ciento de habitantes en ciudades. En el XX, el crecimiento sigue, pero en el que estamos la cosa no se mueve tanto y, en muchos casos y debido precisamente a los asuntos que trata este libro, se frena o reduce. En Norteamérica ocurre lo mismo, pero con más o menos un siglo de retraso. En la parte del mundo que inició y extendió el capitalismo, el siglo de las ciudades ya pasó. Casi todo el crecimiento que se data en y para el siglo XXI corresponde a países en desarrollo o pobres en los que las llegadas al ámbito urbano están motivadas por unas necesidades que, en muchos casos, ni las infraestructuras ni las organizaciones administrativas están preparadas para solucionar.

Cuando se habla de ciudad se tiende a la homogeneización de un significado que alude a cientos de miles de localidades en el mundo y que, solo por eso, pero también por las condiciones geográficas, sociales, políticas y económicas de cada una, es enormemente diverso. Yo mismo en este libro caigo en esta forma de simplificación y aprovecho este momento para pedir disculpas por ello y tratar de justificarme por estar escribiendo de tendencias que, como ya he mencionado, afectan de distintas maneras a según qué localidades, aunque amenazan de forma similar a muchas de ellas.

En realidad, tampoco es evidente que, al menos para la supervivencia de la especie, lo de vivir en ciudades sea lo más conveniente, pero a estas alturas nos va a resultar complicado desandar miles de años de trayectoria. Lo que sí podemos matizar y quizá revertir es el urbano como modelo único y los desequilibrios que produce. No es sano que todo el mundo —todas las personas del mundo— habite en ciudades. Y, desde luego, es insano este modelo urbano en expansión en el que la vida —en general, no solo la humana— es una pequeña celda de un Excel inmenso que retrata el panorama impresionista impuesto por el turbocapitalismo.

Para provocar esta transformación hay que revisar los valores que ahora mismo consideramos ejemplares. Presumimos de ciudades grandes y en permanente crecimiento, metrópolis a la última en las que pasan muchas cosas muy rápido, urbes que cambian de aspecto y de costumbres de forma acelerada para resultar sexis, lugares tan hiperconectados como desconectados. La verdad, es muy difícil establecer vínculos con ciudades que son o quieren ser así.

«La palabra "topofilia" es un neologismo, útil porque puede definirse de manera amplia para incluir todos los vínculos afectivos del ser humano con el entorno material». La definición es de Yi-Fu Tuan, un geógrafo chino, autor de un libro dedicado a este concepto.[7] Para Tuan, los vínculos varían en intensidad, sutileza y modo de expresión, y surgen a partir de la conexión de ese entorno con nuestros sentidos, sobre todo cuando trabajan de forma conjunta. Pero las conexiones emocionales «más permanentes y menos fáciles de expresar son los sentimientos que uno tiene hacia un lugar porque es su hogar, el lugar de los recuerdos y el medio para ganarse la vida».

Tuan dedica buena parte de esta obra a hablar de ciudades y de cómo se configuran tanto espacial como relacionalmente. Al geógrafo no le cabe ninguna duda: sí se puede amar una ciudad o incluso un barrio. «El hombre moderno ha conquistado la distancia, pero no el tiempo. En el transcurso de su vida, un hombre de hoy, como en el pasado, solo puede echar raíces profundas en un pequeño rincón del mundo».

Las ciudades que ahora quiere el modelo económico huyen de ser ese pequeño rincón del mundo. En su afán competitivo, pretenden convertirse en ciudades Estado como las de antaño, pero sin sus competencias ni recursos y con problemas quizá mucho más profundos y complejos. Su afán por renovarse para cumplir las exigencias del mercado disipa tanto la memoria como precariza las formas de desarrollo económico de sus vecinos. A medida que engorda su imagen y su posicionamiento, se van desarticulando las comunidades que las hicieron posibles. Y se establece otro tipo de relación con ellas, una que tiene que ver más con el patriotismo que Tuan llama «imperial» y que «se alimenta del egoísmo y del orgullo colectivos».

¿Es el patriotismo una forma de amor? Tuan señala que los imperios y los estados no producen topofilia. Yo añado que, si acaso, es amor romántico, ese que se nutre del pensamiento, ama un ideal alejado de lo real y acaba generando monstruos. Es lo que estamos viviendo ahora con los movimientos autoritarios impulsados por la nostalgia y la sublimación de presuntas grandezas pretéritas. Una forma tóxica de querer.

Con esto, vuelvo a algo que contaba al principio: el desasosiego que produce la ruptura de un vínculo, la sensación de no encontrarte cómodo en lo que siempre has considerado tu hogar, el estado de despiste e indefensión cuando te das cuenta de que ya no comprendes los mecanismos que conformaban tu existencia. Esto es lo que estamos viviendo en este proceso por el que las ciudades se convierten en no ciudades. El cambio de escala y ambiciones promovido por el modelo económico y, en muchos casos, apoyado por políticas públicas provoca todo esto que podemos llamar extrañamiento o, por qué no, desamor.

Pero, del mismo modo que estamos haciendo un esfuerzo por reconfigurar la idea de que el amor es para siempre, quizá podamos pensar que tampoco el desamor tiene que serlo.

Ciudades marca

Todo empezó con un boceto dibujado en un pedazo de papel en el asiento trasero de un taxi. Así es como Milton Glaser pergeñó el diseño del icónico logo «I Love New York» que, con los años, se ha convertido en el ejemplo que aspira a imitar cualquier gobernante que decide encargar una campaña de marca para su ciudad. Lo del taxi no es leyenda: el trozo de papel marcado con lápiz rojo se conserva en el Museo de Arte Moderno de Manhattan y su historia está perfectamente documentada.

Nueva York ha sido desde principios del siglo xx la oficiosa capital del mundo capitalista, pero ha tenido sus épocas malas y los años setenta del siglo pasado fue una de las peores, al menos en cuanto a imagen se refiere. En esos tiempos, los titulares la retrataban como un lugar asolado por bandas criminales, con barrios en ruinas, grandes apagones, saqueos y una pobreza que empezaba en el mismo Ayuntamiento. El déficit municipal estaba en seiscientos millones de dólares y el alcalde, Abraham Beame, llegó a declarar la bancarrota en febrero de 1975. Para complicar la situación, el presidente de Estados Unidos, Gerald Ford, negó un rescate federal que podría haber ayudado a reflotar la urbe.

El orgullo de la ciudad estaba tan herido que hasta se hacían campañas para publicitar el desastre. «Bienvenidos a Fear City (Ciudad del Miedo)», decía el titular de portada de un panfleto ilustrado con una tétrica calavera con capucha representando a la

31

muerte.[1] Esta «Guía de supervivencia para visitantes de la ciudad de Nueva York» se imprimió en junio de 1975, se repartió en aeropuertos y otros espacios turísticos y ofrecía nueve mandamientos para lograr salir con vida de unas vacaciones en la Gran Manzana. Una pionera acción de marketing de guerrilla que era, en realidad, una maniobra de negociación del más importante sindicato policial de la ciudad, Police Benevolent Association, para luchar contra los despidos y recortes que afectaban a policías, bomberos y otros empleados públicos. Aunque el reparto de los pasquines cesó en unos días y la lucha sindical siguió por otras vías, sin duda fue una buena ducha de gasolina para el incendio de reputación que vivía Nueva York. Algo había que hacer.

La campaña de marca ciudad no vino del consistorio, sino del Estado, de su Departamento de Desarrollo Económico. Desde ese organismo se contrató en 1977 a la agencia Wells Rich Greene para armar una estrategia publicitaria para que la región recuperase el atractivo. La directora de la agencia, la primera mujer que comandaba una de las grandes, Mary Wells Lawrence, le pasó el proyecto a su director creativo, Charlie Moss, y a un equipo en el que destacaba la redactora Jane Maas, que inspiró el personaje de Peggy Olson de la serie *Mad Men*. Juntos crearon el lema, «I Love New York», una canción y un anuncio. Faltaba un logo y se lo encargaron a Milton Glaser, ilustrador y diseñador nacido en el Bronx.

Glaser no era un cualquiera, había creado un famosísimo cartel publicitario para el *Greatest Hits* de Bob Dylan en 1966 y fundado la revista *New York Magazine* en 1968, entre muchos otros hitos. Le llegó la inspiración volviendo a su estudio en un taxi tras recibir el encargo en la sede de la agencia y dibujó un boceto en un sobre de papel que, con algunas modificaciones, acabó siendo ese logo que conocemos todos. Resulta que Glaser pensó que la campaña no tendría demasiado recorrido y por eso cedió los derechos al cliente, aunque también hay quien sostiene que lo hizo por amor a su ciudad. Se calcula que la marca genera aún hoy más de treinta millones de dólares al año en ingresos por licencias para productos.[2]

En cualquier caso, ¿de verdad es posible cambiar el rumbo de una ciudad solo con una campaña de marca? ¿Fue eso lo que ocurrió en Nueva York a finales de los setenta? ¿Realmente ese brillante logo y una canción quizá no tan brillante —«Estás planeando unas vacaciones largas / o solo un día o dos. / Finalmente estás de vacaciones, / te preguntas qué hacer. / Quieres un lugar que sea diferente, / quieres un lugar que sea especial. / Puedes tener unas vacaciones geniales en Nueva York / y decir: "I Love Nueva York"...»[3]— resultaron determinantes para el renacimiento de la urbe? Como casi siempre, la cosa es bastante más compleja.

Nueva York no empezó a salir de su agujero financiero hasta 1981, aunque la fama de meca del crimen se mantuvo unos cuantos años más. Por poner un ejemplo, una atracción turística como Times Square no se quitó su estigma lumpen hasta bien entrada la década de los noventa. Durante todos esos años duros, la producción de contenidos y relatos sobre la metrópoli oscura y peligrosa fue incesante: *Taxi Driver* (1976), *Marathon Man* (1976), la saga *Death Wish*, con Charles Bronson, que empieza en 1974 y llega hasta 1994, *The Warriors* (1979) o decenas de títulos de cómics de Marvel y DC en los que la ciudad, con su nombre o un alias como Gotham, era una meca del mal gobernada por villanos.

Fue ese momento presuntamente apocalíptico una de las épocas más fértiles para la cultura en Nueva York: el punk, la new wave y la no wave posterior que sonaban en algunos antros en los barrios más podridos de Manhattan; el hiphop que empezaba a revolucionar los suburbios negros y latinos devastados por la pobreza; la cultura de club que nacía en discotecas como The Loft; la consolidación del movimiento gay como causa contracultural y política a partir de los disturbios de Stonewall en Greenwich Village; el grafiti y el arte urbano que se extendieron por todo el territorio en muros y vagones de metro; Mapplethorpe, Meisler, Tannenbaum y otros fotógrafos que se alimentaron de y alimentaron la imagen de la ciudad; artistas revolucionarios desde lo subterráneo hasta lo consolidado, de Basquiat a Pollock, de Haring a Johns, y mil y un talleres y galerías naciendo entre el Lower East Side y SoHo; incluso la televisión, con el surgimiento de *Saturday Night Live* en 1975, cambió en ese momento desde esa ciudad.

Para añadir complejidad al contexto, hay que recordar una cosa: el turismo, a pesar de la crisis económica, del dramatismo de los titulares y de campañas como Fear City, no solo no descendió, sino que siguió creciendo temporada tras temporada. Según el *New York Times*, 1976 fue un año con más visitantes y más porcentaje de ocupación hotelera que 1975, que tampoco fue malo.[4] Unos 16,6 millones de turistas pasaron por la ciudad en ese periodo. En 1979, y según la misma fuente, fueron 17 millones.[5] Un representante de los hoteleros ofrece en la noticia algunas razones para explicar esos crecimientos pequeños pero sostenidos: «La mejora de la economía; la desregulación de las aerolíneas y el consiguiente abaratamiento de las tarifas y la enorme cantidad de visitantes extranjeros que consideran que la ciudad de Nueva York es un gran destino de compras debido a la devaluación del dólar».

No se menciona en ese artículo ni en otros «I Love New York» porque lo cierto es que es imposible que una campaña de marca con cuatrocientos mil dólares de presupuesto llegue a millones de personas en todo el planeta y cambie su percepción de nada. Y, sobre todo, porque lo que hace atractiva a una ciudad, y más a una como Nueva York, es algo mucho más profundo y diverso que lo que se pueda explicar en un spot de veinte segundos, en una canción ligera o en un logo. De hecho, ese imaginario construido en y a partir de la crisis, desde la cresta de Robert De Niro en *Taxi Driver* al *53rd & 3rd* de los Ramones con todo su subtexto marginal, es parte fundamental de la fascinación que ejerce esa urbe incluso hoy en día. Lo que sí hizo ese logo estampado en camisetas, gorras, tazas y llaveros es llevar el nombre de Nueva York por todo el mundo y convertirla en un producto. Y aquí es donde asoma la ciudad marca y sus paradojas.

Conviene recordar que lo que denominamos marca viene de muy antiguo, probablemente de cuando los humanos empezaron a juntarse en los primeros asentamientos que luego hemos venido llamando ciudades. Marcas eran las señales que se hacían primero al ganado y luego a los objetos de los artesanos para señalar la propiedad. La etimología de la palabra inglesa *brand*, procedente de antiguos idiomas germánicos, tiene que ver con quemar: se marcaba a fuego con algún símbolo reconocible lo que era de uno para, en caso de que apareciese más o menos casualmente en el establo o la casa de otro, poder reclamarlo.

Aunque la práctica siguió evolucionando a lo largo de los tiempos y de diversas arcaicas maneras, no fue hasta la Revolución Industrial, con el surgimiento de los medios de comunicación de masas y la publicidad, que tomó el rumbo de lo que es ahora. Crear una marca para un producto es mucho más que poner un nombre y hacer un dibujo para diferenciarlo de otros. Crear una marca es comprender la esencia de ese producto, sus valores y su capacidad de impacto para dotarlo de una identidad que atraiga y pueda evolucionar con él a lo largo de muchos y muy rentables años de vida comercial. Crear una buena marca es una de las cosas más difíciles en estos tiempos de saturación de mensajes en los que ya todo y todos pretendemos ser una; hoy, entre tanto ruido, es casi imposible alcanzar la diferenciación.

La práctica de intentar marcar las ciudades también viene de lejos, de mucho antes que la campaña de Wells Rich Greene. Un artículo académico de la Universidad de Griffith, en Australia, llamado «City Branding Research and Practice: An Integrative Review» —«Investigación y práctica sobre el *branding* urbano: una revisión integradora»— y firmado por Amelia Green, Debra Grace y Helen Perkins, habla de cómo los gobiernos y las élites de las ciudades utilizaban vetustas técnicas de propaganda para fomentar la colonización de nuevas tierras que aumentasen la extensión del asentamiento y, por tanto, el poder de esos gobiernos y de esas élites.[6]

Habrá quien diga que la arquitectura y los monumentos, incluso la forma de organización y las prácticas culturales y religiosas que van conformando la cultura de cada ciudad a lo largo de los años, son formas de generar marca, pero para mí eso es otra cosa. No es una acción deliberada de construir una imagen con un fin, es una identidad —una suma de identidades, de hecho— que se va creando poco a poco, con distintos objetivos y a partir de diversas circunstancias y conflictos y de una forma en ocasiones participada por la ciudad misma, por la comunidad. Un relato, en definitiva, pero luego vuelvo a este tema.

Es interesante el texto de la universidad australiana porque establece cinco fases de evolución del *city branding* y, más allá de la primitiva que ya he mencionado unas líneas más arriba, todas buscan el mismo objetivo que las estrategias actuales: atraer recursos, económicos y humanos. Que es, más o menos, el fin de cualquier empresa cuando lanza un producto: atraer personas que lo adquieran para aumentar sus beneficios. De hecho, las investigadoras califican la tercera fase evolutiva, iniciada en 1970, como «emprendedora». En ella, los gobernantes de lo urbano adoptan prácticas empresariales de gestión y empiezan su obsesión con crear una imagen de sus ciudades que sirva para atraer inversión y turismo. Se extienden los grandes eventos y los proyectos de remodelación. Y aquí ya surge una paradoja clave para entender por dónde se agrieta todo esto: si quienes gobiernan las ciudades las gestionan como si fueran una empresa, ¿están haciendo el trabajo por el que han sido elegidos y contratados y para el que se han preparado, o están haciendo otra cosa con otros fines y que quizá requiere de otras experiencias y conocimientos previos?

Tras «I Love New York», el siguiente caso que se considera ejemplo a seguir es el de Ámsterdam. La capital holandesa lanzó en 2004 una marca, «I amsterdam», un logo con su versión tridimensional en Museumplein, frente al Rijksmuseum, y una campaña en diversos formatos que mostraba la diversidad y la capacidad de acogida de la ciudad a partir de una estrategia que incluía una investigación sobre su percepción entre distintos grupos de interés, un análisis de su entorno competitivo y el correspondiente DAFO, la revisión de debilidades, amenazas, fortalezas, oportunidades.

Como ocurre con el logo de Milton Glaser y Nueva York, el crecimiento turístico que vivió la urbe centroeuropea fue muy notable pero difícilmente atribuible en exclusiva a esta estrategia de marca, por muy bien planificada que estuviese. Hay otros factores quizá más relevantes que tienen que ver con el momento —el inicio del tercer bum turístico, con las líneas aéreas *low cost* llenando de ofertas las agencias de viaje online—; el lugar —una ubicación estratégica para visitantes de todo el mundo—; las infraestructuras —un enorme aeropuerto que no paraba y no para de crecer y una estación de tren conectada a media Europa—, así como la propia identidad de la urbe —una comunidad abierta, diversa y divertida, que ofrece planes para todos los gustos, culturales pero también libertinos—.

No importa, a partir de entonces, por todas partes se han reproducido versiones tanto de logos en plazas y calles como de contratos para hacer estrategias de marca ciudad. A centenares de ayuntamientos de todo el mundo se les ha ocurrido que la forma de diferenciarse es hacer todos lo mismo: plantar unas letras corpóreas con el nombre del lugar en algún sitio y esperar a que surja la magia. Con las estrategias de marca, encargadas en ocasiones a grandes consultoras no necesariamente expertas en temas urbanos y sin cercanía a la idiosincrasia de cada localidad, ocurre más o menos igual que con los letreros: salvo el nombre del municipio correspondiente, lo demás es casi perfectamente intercambiable.

Según estas estrategias, todas las ciudades son singularmente abiertas y acogedoras, paraísos del buen vivir y la innovación, faros de la creatividad y el emprendimiento. Y todas quieren ser sostenibles y resilientes, garantizar un desarrollo económico justo y equilibrado, proteger a las personas y al medioambiente. He aquí otra paradoja de las ciudades marca, que diseñan su iconografía y hacen sus estrategias para diferenciarse unas de las otras, pero solo consiguen imitarse; ser, o decir que son, lo mismo.

Aún se puede hallar otra paradoja conectada a la anterior: las ciudades, al ser gestionadas como empresas, quieren simplificar su identidad para convertirse en marcas comerciales renunciando a algo mucho más valioso, sus relatos. De hecho, las empresas de verdad anhelan esa complejidad y profundidad de cultura y valores compartidos que tienen las ciudades y les encantaría que sus marcas pudiesen arrastrar ese imaginario con ellas. Llevan años esforzándose por mostrarse como compañías con propósito, abiertas a la escucha y el diálogo con sus grupos de interés. De alguna manera, pretenden que sus marcas sean historias participadas, algo que no es, en la mayoría de los casos, posible —las suyas son relaciones exclusivamente profesionales y comerciales— y que, sin embargo, es intrínseco a la identidad de las ciudades.

Por todo lo dicho, sería más apropiado y provechoso que las administraciones dedicasen el tiempo y los recursos de sus áreas de comunicación a identificar y fomentar los distintos relatos de la ciudad, las historias compartidas y construidas por y desde la comunidad, y no inventadas por una agencia publicitaria que, por muy bien que haga su trabajo, muchas veces no es más que un alienígena aterrizando en su nave para tratar de comprender y comprimir en poco tiempo una complejidad que viene de siglos de historia común. Esos relatos pueden ser más valiosos que una marca y sin duda son mucho más flexibles y dinámicos. En esos relatos se pueden ver reflejados los ciudadanos y con ellos pueden consolidar el amor por su ciudad y, por eso, entenderla y atenderla, cuidarla y exigir responsabilidades. Y, si finalmente es lo que se quiere, esos relatos pueden explicar la ciudad a los visitantes e inversores mejor que una marca.

Aunque quizá la raíz del problema esté precisamente en este objetivo. De tanto repetirse el afán de captación, y en vista de las decisiones que se están tomando en muchos lugares, ¿deberíamos admitir que las ciudades ya no son administradas para organizar la vida de sus habitantes, sino para atraer visitantes e inversores? Incluso, ¿deberíamos empezar a llamar clientes a los visitantes y accionistas a los inversores?

Jorge Dioni López lo explica de la siguiente manera: «La nueva función de las administraciones es facilitar la labor del sector privado: crear mercado, garantizar las plusvalías y, en caso de problemas, rescatar».[7] Es una de las tesis fundamentales de su libro *El malestar de las ciudades*. Cuando se habla de la privatización de lo público se tiende a pensar, exclusivamente, en servicios otorgados por concesión como la sanidad, la educación, la limpieza, la construcción de infraestructuras o incluso la atención a menores, ancianos o víctimas de violencia de género. Pero la cosa es mucho más profunda.

El modelo económico ha convertido en mercancía todo, incluso lo que hacemos en nuestros momentos de ocio o la forma en la que lo compartimos con nuestros amigos —o seguidores, porque también se han mercantilizado las relaciones—. La ciudad, por supuesto, se ha metido en este saco: la comunidad que conformamos, la historia que hay detrás y los futuros que puedan venir también se conciben como productos. Cuando se manifiesta sin eufemismos que la acción política debe buscar atraer visitantes e inversores, es porque hemos llegado a un punto en que eso no solo no nos parece raro e impropio de la función pública, sino que creemos que es lo más importante que debe hacer un gobierno. «El neoliberalismo —escribe Dioni López— somos millones de personas cada día valorizando y monetizando, creando mercados de capital social, cultural o emocional. Es una visión del mundo que se concreta, por ejemplo, en la respuesta a la pregunta qué es una ciudad o qué es una persona. El mercado tiene una respuesta: una mercancía».

Llegados a este punto, conviene aclarar que cuando hablo de modelo económico y mercado, en este capítulo y en el resto, no me refiero a una fuerza oscura que gobierna el mundo para lograr sus fines, sino a una evolución de los objetivos y el funcionamiento del sistema económico marcada por unas normas en cuyo pensamiento y redacción han ido siendo cada vez más influyentes los intereses de grandes empresas y capitales que, por eso, son cada vez más globales y poderosos. Una evolución de la cultura, los valores y las ideas indiscutiblemente mediada por la obsesión por la rentabilidad urgente y poco escrupulosa de un capitalismo al que ya casi siempre hay que ponerle el prefijo «turbo-».

Antes todo esto era ciudad, ahora ¿qué es? En su afán por ser competitivas, las urbes de todo el mundo y de todos los tamaños están esforzándose por ser muchas cosas. Por ejemplo, productoras de cine y televisión. Sus administradores crean organismos, normas y partidas que facilitan, potencian y subvencionan rodajes en sus calles. Están convencidos de que, así, la ciudad marca extenderá su brillo y conseguirá mantener el atractivo para clientes y accionistas por encima de la competencia. Todo lo que se ruede en Villa Arriba no será rodado en Villa Abajo. Por eso, ni siquiera importa que muchas veces el paisaje urbano no se reconozca o incluso recree el de otro lugar, inventado o real. Lo importante es ganar. Aunque, para justificarse, se realizan mediciones e informes sobre impacto económico y atractivo generado y se le pone un nombre. Después se lanza una nota de prensa para celebrar el resultado. Por ejemplo: «Madrid se posiciona en el turismo de pantalla, un sector que mueve 100 millones de visitantes en el mundo».[8]

Las ciudades también son ahora agencias de publicidad y centrales de medios. Su objetivo principal es venderse como producto, pero, además, son utilizadas para vender otros bienes y servicios. Desde hace décadas, el espacio público sirve para campañas de publicidad exterior en diversos formatos, vallas, pantallas… Buena parte de los municipios conceden la comercialización de su mobiliario urbano e incluso de su transporte público a multinacionales como Clear Channel y JCDecaux. Pero, como la competencia es cada vez mayor, hay que ofrecer el patrimonio. Es normal, por eso, que Louis Vuitton organice un gran desfile para mostrar su colección Crucero en el presuntamente protegido Park Güell de Barcelona. Es normal porque otros años lo ha hecho en lugares emblemáticos de Kioto, Río de Janeiro o San Diego.[9] Es normal incluso a pesar de que el Ayuntamiento de la Ciudad Condal se acoja a una cláusula de confidencialidad —impuesta por la empresa contratante por encima de las normas de transparencia— para no dar el ingreso por el alquiler del espacio o aclarar si lo ha habido o ha sido una cesión gratuita.[10]

Las ciudades, evidentemente, son también agencias de eventos. Dedican recursos humanos, económicos y hasta legales a promover la celebración de actos pequeños, medianos y, a ser posible, grandes. Los eventos pueden ser de cualquier cosa: empresariales, gastronómicos, de cine, incluso de filosofía y pensamiento. Aunque quizá los deportivos y los musicales sean los más deseados y, por tanto, los que requieren más inversión. Cómo no competir por acoger una final de la Champions League o incluso de la Copa Libertadores, como hizo Madrid en 2018. Cómo negarse a ser inicio o fin de una etapa del Tour de Francia, qué más da que el municipio sea de otro país. Qué gobernante en su sano juicio no querría unas Olimpiadas o un mundial de fútbol o, si no queda más remedio, de cualquier otro deporte. Y, por favor, cómo no fomentar con dinero público y cesión gratuita de espacios la celebración de festivales musicales y macroconciertos, a veces arrebatándoselos a base de ofertas más altas a otros lugares donde ya estaban asentados y demostrando así que el mercado no tiene raíces.

Por supuesto, las ciudades son agencias de viaje. Oficinas de turismo de sí mismas con el afán de convertirse en el destino favorito de visitantes, *expats* o millonarios con residencias repartidas por el planeta. Para ello, invierten en campañas de promoción y acuden a ferias de turismo, pero, sobre todo, lo hacen posible a través de normas o laxitud en la disciplina en favor de las operaciones de cadenas hoteleras, gestores y propietarios de viviendas de uso turístico y todo tipo de operadores de negocios del ramo, desde centrales de viajes hasta empresas de tuctucs, pasando por cualquiera que se dedique a este sector que se considera clave en las actuales estrategias territoriales. Tanto que, a pesar de las diferencias ideológicas entre administraciones municipales, regionales y estatales, todas coinciden en potenciarlo.

Las ciudades, cómo no, son activos financieros, productos que se ofrecen para atraer inversores nacionales e internacionales. Para ello se crean todo tipo de incentivos, desde visados de oro hasta exenciones de impuestos, pasando por pujas para que grandes empresas globales instalen sus oficinas en los territorios y, como si de una mina se tratara, vayan extrayendo valor para beneficio de sus accionistas y propietarios.

Sin duda, en los párrafos anteriores hay muchísimas simplificaciones. He utilizado un trazo grueso para describir dinámicas complejas de las políticas urbanas que no solo tienen impactos negativos. Me ha parecido justo hacerlo así porque es el que se utiliza para comunicar las bondades de todos esos esfuerzos por colocar las ciudades en el mercado de productos urbanos. Generalmente, los informes que justifican estas políticas de mercantilización están realizados por consultoras privadas —muchas veces, por las propias empresas implicadas— y muestran unos datos de ingresos, empleos y beneficios que, si no son descaradamente interesados y poco científicos, al menos no han pasado una revisión con la mirada puesta en el bien común.

La economista Mariana Mazzucato tiene muy estudiadas las claves del problema que asoma detrás de estos comportamientos: la extensión del axioma que asegura que el sector público no funciona como el privado y que, por eso, este está destinado a salvarlo; la inversión de recursos y capitales públicos no retornables en emprendimientos privados; la acumulación de capital y poder en cada vez menos y más grandes estructuras empresariales con creciente capacidad de influencia sobre todo tipo de gobiernos; la asunción por parte de las administraciones de discursos y comportamientos provenientes del ámbito corporativo, y, en definitiva, el debilitamiento de instituciones a cargo de la función pública precisamente por haber permitido que el caballo de Troya del capitalismo corporativo penetrara en sus estructuras y las conquistara por dentro.

En *El gran engaño*, Mazzucato identifica el troyano: son las grandes consultoras las que se han metido en lo más profundo del sistema y lo han cambiado por dentro. Citando a los académicos Christopher Hood y Michael Jackson como creadores del concepto, habla de «consultocracia» para manifestar la definitiva influencia del sector privado en lo público.

> A partir de los años 1980, los políticos neoliberales comenzaron a pedir la introducción de un paquete de reformas del sector público conocido como Nueva Gestión Pública (NGP) [...]. Los funcionarios se guiaban por medidas de desempeño que evaluaban al sector público sobre la base de su relación costo-eficacia, eficiencia y satisfacción del cliente (ciudadano), recurriendo directamente a enfoques del sector privado.[11]

En la administración de lo urbano, las grandes consultoras se han especializado en ganar concursos, tanto de políticas estratégicas como de diseño, planificación y gestión de servicios. Y las empresas nacionales y multinacionales han ido acercándose a los gobiernos municipales de distintas maneras. El lenguaje corporativo ha ido también permeando hasta dominar el discurso, sustituyendo en la forma y, poco a poco, en el fondo los objetivos originales de gobierno del bien común por eso de la rentabilidad, la atracción y el éxito. El problema es que la ciudad, comportándose como empresa, se ha olvidado de ser ciudad.

¿Qué es el éxito para una ciudad? ¿Se puede establecer tal cosa solo en función de estadísticas macroeconómicas? ¿Qué ventaja tiene ser cada vez más atractiva para visitantes y capitales internacionales? ¿Qué hay en el lado oscuro de la proyección de una imagen hacia el exterior? ¿Es buena idea que los objetivos de una comunidad urbana se reduzcan al afán por el crecimiento? La experiencia nos está enseñando la paradoja definitiva de las ciudades marca. Y es que, cuanta más marca hacen, más desarticulan la ciudad. El éxito del esfuerzo de marketing puede conllevar un fracaso en las condiciones de habitabilidad y convivencia. Las métricas que se usan para controlar los resultados, aun en el caso de ser fiables, no sirven para medir la salud de la vida urbana. La llegada patrocinada e incontrolada de turistas e inversores hace difícil el desarrollo de los vecinos y los proyectos empresariales locales. La imagen proyectada es como un agujero negro de ficción que se alimenta, extinguiéndola, de la realidad en la que presuntamente está basada. Si los beneficios de toda esta acción política de las administraciones no repercuten en la ciudadanía, el crecimiento que se obtiene es el de la desigualdad, la desafección y el desapego.

Me viene a la cabeza la imagen de Johnny Rotten en cuclillas y mirando fijamente al público del Winterland de San Francisco durante los acordes finales del que resultó ser el último concierto de los Sex Pistols. «¿Nunca habéis sentido que os han engañado?», dijo antes de levantarse y largarse del grupo. En las ciudades, en los últimos tiempos, todo el rato. Quizá porque los representantes de lo urbano se comportan a veces como se desenvolvió Malcolm McLaren con los Pistols, apropiándose de su energía para fines que no necesariamente coincidían con lo conveniente para el grupo.

Lo peor es que se nos dice que todo este ejercicio de convertirnos en una marca está siendo para beneficio de la ciudad. Pero nosotros no lo vemos. O, peor, vemos cómo esa imagen que se ha creado está haciendo otra ciudad que es un espejo deformado de la nuestra, que nos impide el acceso y se alimenta de lo que nosotros creamos. No importa, es por nuestro bien. A pesar del extrañamiento, de la imposibilidad de encontrar vivienda, del aumento de la desigualdad, de la pérdida de referencias y del sentido de lo común, tenemos que celebrar el éxito. Que nadie se atreva a decir que vivimos peor, que nadie hable de fracaso, que nadie sea pesimista. Como estamos en modo publicitario, celebremos el lema del despotismo ilustrado contemporáneo: todo por la ciudad, pero contra la ciudad.

Planeta ciudad

El 3 de diciembre de 2018, un camión grúa entró en Museumplein y procedió a retirar las letras que llevaban exhibiéndose allí catorce años. Los titulares explicaban que la marca «I amsterdam» desaparecía de la vista a consecuencia de la presión turística que sufría la capital de los Países Bajos. En ese momento, la ciudad tenía en torno a ochocientos mil habitantes y recibía unos diecisiete millones de visitantes anuales. Era, junto a Barcelona y Venecia, una de las urbes europeas que ejemplificaban entonces las virtudes y vicios del tercer bum del turismo, los fracasos provocados por el éxito en la promoción del destino y la imposibilidad de frenar el proceso iniciado.

Aunque el origen del fenómeno y su denominación viene del *Grand Tour* que practicaban entre los siglos XVII y XIX jóvenes adinerados, sobre todo británicos, el turismo masivo eclosionó en los años sesenta del siglo XX. Después de la Segunda Guerra Mundial y de que se extendiese el derecho a las vacaciones, la sociedad de consumo se fue a tomar el sol a la playa. Luego vinieron los noventa, los chárteres, los paquetes turísticos y la posibilidad abierta a las clases medias de viajar a lugares exóticos. Pero fue a partir del cambio de milenio, con la eclosión de las líneas aéreas *low cost* y de las agencias de viajes online, a la que pronto se sumó la de plataformas como Airbnb, cuando viajar se convirtió para muchos en algo demasiado fácil como para resistirse a hacerlo. Y uno de los viajes que se popularizó en este tercer bum es el urbano. La costumbre de practicar lo que se ha dado en llamar *city breaks* ha llenado las urbes del mundo de vecinos fugaces.

Ámsterdam fue una de las primeras en vivir ese llenazo. Como he apuntado en el capítulo anterior, las causas del enorme crecimiento de visitantes que ha vivido la capital holandesa son varias, pero, sin duda, las administraciones locales hicieron todo lo posible para potenciarlo. Sin embargo, puede que en algún momento empezaran a arrepentirse. Tres años antes de la retirada de las letras iniciaron políticas restrictivas contra la reproducción de las viviendas de uso turístico, normas que se han ido reforzando en vista de la capacidad de plataformas como Airbnb o Booking —compañía de origen y sede amsterdamesa, por cierto— para saltárselas. También han limitado los negocios dedicados al turismo en el centro con ánimo de evitar el monocultivo.

Lo que empezaron a comprobar Ámsterdam, Barcelona y Venecia en 2017 y 2018 son varias cosas. En primer lugar, que el turismo es un gran invento hasta que deja de serlo. El loquísimo aumento de visitas cayó como un meteorito en lugares que no estaban preparados para la avalancha. En muy pocos años, se transformó el paisaje, cambió buena parte del modelo productivo, miles de vecinos tuvieron que mudarse por el aumento del precio de la vivienda y otras razones derivadas... La gente, quienes intentaban habitar esas ciudades, empezó a quejarse. En Barcelona surgió la palabra «turismofobia» para definir ese malestar y en el resto del mundo se empezó a hablar de *overtourism*, sobredosis de turismo.

Estas tres urbes también se dieron cuenta de otra cosa: una vez encendida la luz que brilla para atraer a los visitantes, es imposible apagarla. Tampoco es viable reconducir a las masas que has invitado. Cada una de estas tres ciudades fue, a su manera, pionera en intentar limitar los daños del turismo masivo. Algunas de las normas de Ámsterdam ya han sido mencionadas. En Barcelona, en esos años, se escribió un Plan Estratégico de Turismo que, quizá por primera vez, no tenía intención de potenciarlo. Dentro de ese plan, se dictaba un parón en la concesión de licencias hoteleras y se ponía en vigor el Plan Especial Urbanístico de Alojamientos Turísticos (PEUAT) para ordenar y redistribuir la concentración de alojamientos para visitantes. En Venecia prometieron desviar el paso de cruceros por el canal de la Giudecca y pusieron tornos para limitar el acceso a la plaza de San Marcos hasta que, al poco tiempo, reconocieron el error y los retiraron. Nada llegó a funcionar realmente.

Aunque en cada país puede ser diferente, normalmente las competencias en materia turística están repartidas entre administraciones estatales, regionales y locales. En muchos casos, los gobiernos regionales recaudan las tasas turísticas y legislan sobre vivienda y alojamientos para visitantes, por ejemplo. Los puertos y aeropuertos, las principales vías de llegada de los turistas internaciones, dependen de las administraciones centrales. Es decir, las ciudades pintan lo justo en muchas de las políticas clave tanto de contención como de promoción. Porque más efectiva para atraer masas que la mejor campaña de marca ciudad es la ampliación de un aeropuerto y la multiplicación de los *slots* para que las líneas aéreas aumenten el número de vuelos.

Hay que tener en cuenta que el turismo es esencial para las cuentas de los gobiernos, principalmente para el central. El sector engorda los datos de empleo —otra cosa es su calidad—, nutre el PIB y, muy importante, se contabiliza como exportación. Por eso, en momentos de crisis, los gobernantes de multitud de países han apostado por el turismo para salir del atolladero y tratar de mejorar su imagen de cara a las siguientes elecciones. Ha ocurrido en España, en Grecia, en Italia y en Islandia, que tras la debacle de 2008 decidió potenciarlo (multiplicó por cinco las visitas en una década).

En realidad, toda Europa es ejemplo de esto. El Viejo Continente es la región del mundo que más visitantes atrae no solo porque, efectivamente, es viejo y su historia ofrece una gran colección de atractivos, sino porque inició hace décadas procesos de desindustrialización y deslocalización, y se fue concentrando en un sector servicios dentro del cual ha ido ganando territorio el turismo.

Como modelo económico para salir airoso del presente puede parecer buena idea, pero como estrategia a futuro quizá no lo sea tanto. Se comprobó durante la pandemia provocada por la COVID-19, cuando se paró todo, pero muy especialmente lo que tenía que ver con viajes y ocio. En ese momento, Europa se dio cuenta de la importancia del sector secundario y de que su lejanía de los centros de producción era una forma de estar a merced de la voluntad de otros. Al mismo tiempo, multitud de ciudadanos pudieron disfrutar —cuando se les permitió salir a pasear— de lugares que durante años habían sido casi monopolizados por los flujos turísticos en lo que fue una especie de reenamoramiento con los centros históricos de sus ciudades. La oportunidad de aprender algo de todo aquello fue desperdiciada y la salida de la crisis vírica fue aprovechada por administraciones y lobbies del sector por apostar aún más por el turismo.

Hoy, Europa contempla cómo la partida geopolítica la juegan otros y el continente es solo una casilla chiquita y poco matona de un tablero que los contendientes quieren conquistar a base de un poder que se está endureciendo por momentos. Algunos de los conflictos candentes —Ucrania— y de los que pueden avivarse —de Groenlandia a Taiwán— tienen, más allá de su titular nacionalista, una razón de ser económica y, más concretamente, industrial: son una jugada para el control de unas materias primas y recursos cada vez más escasos que mantienen el latido del capitalismo. Además, la parte del sector servicios que verdaderamente cuenta, la que tiene que ver con la innovación, la tecnología y los contenidos, también se localiza lejos. Así pues, la apuesta por el turismo de la vieja Europa puede considerarse como la profecía autocumplida de una relación tóxica, una solución a corto plazo que genera problemas a la larga.

Las letras de «I amsterdam» son un símbolo también para explicar esto. La realidad es que no desaparecieron. Las que retiraron de la plaza de los Museos sirven para ser exhibidas en ferias y eventos. Además, el turista puede seguir buscando la foto con la marca ciudad en el aeropuerto de Schiphol, cerca de la torre A'DAM y en Sloterplas, donde las letras conforman un circuito para la práctica del *parkour*. El argumento para esta desaparición que ha sido multiplicación es la intención de descentralizar el turismo, pero la decisión representa bien la difícil relación que tienen las ciudades con este tema. Un ni contigo ni sin ti en el que la experiencia indica que nunca se consigue encontrar el equilibrio y que la descompensación siempre cae del lado de los vecinos.

El asunto es complicado y suscita preguntas que, como respuesta, provocan nuevos interrogantes. Si Europa no está desarrollando otros modelos productivos, ¿de qué pueden vivir los habitantes de Ámsterdam, Barcelona, Venecia y otras urbes si no es del turismo? Pero, si el turismo encarece la vivienda y otros productos de primera necesidad y expulsa a los vecinos, ¿pueden permitirse las ciudades vivir del turismo y seguir siendo tal cosa? Para responderlas y salir del círculo vicioso, se requiere valentía para liberarse del relato dominante y creatividad para encontrar las formas de hacerlo. Pero, antes de todo ello, conviene hacer las cuentas bien hechas; algo que, aunque parezca mentira, no se hace casi nunca.

En *Exceso de equipaje*, el libro en que analizo las causas y consecuencias del tercer bum del sector, menciono un estudio de alguien que sí hizo la contabilidad necesaria.[1] Es, otra vez, en Ámsterdam, donde una plataforma de periodismo de investigación, Investico, y la revista *De Groene Amsterdammer* realizaron en 2017 un informe sobre la realidad económica del turismo allí que contradice las versiones tradicionales.[2] El estudio —que reconocía la dificultad de obtener cifras reales por la opacidad de las fuentes, normalmente lobbies y patronales— reducía a la mitad el impacto en la hostelería que manifestaba Amsterdam Marketing porque esta organización sumaba lo que consumían los propios amsterdameses. Igual ocurría con el impacto en lo cultural: teatros, museos y hasta escuelas de danza, que por alguna razón se incluían como atracciones para el visitante.

También revisaba ingresos y gastos directos. Los ingresos venían de la tasa turística y del impuesto a los pasajes de cruceros. Los gastos eran de servicios públicos —salud, seguridad, limpieza, movilidad— y de subvenciones a la terminal de cruceros, los museos, el presupuesto de promoción de la ciudad y hasta el precio de la vigilancia de las viviendas de uso turístico. No se incluían costes sociales que nunca aparecen en el Excel: problemas medioambientales, de cohesión social y de pérdida de vitalidad urbana.

Otra cuestión que mostraba el informe: el destino del dinero que genera el negocio. En una economía global en que los capitales tienden a desplegarse por el mapa lo mismo que a concentrar su propiedad, los ingresos del turismo eran sobre todo para agentes externos. El documento repasaba la propiedad de hoteles y apartamentos en Airbnb, de agencias de viajes, de museos privados, de compañías de cruceros, de tiendas de souvenirs y hasta de los negocios de quesos, gofres y helados. Y la mayoría del capital volaba fuera de la ciudad donde se generaba.

Ni siquiera el empleo, palabra mágica que suele servir para defender el crecimiento turístico, resistía el análisis. Las economías de escala permitían que el aumento de habitaciones hoteleras, de comercios y precios no repercutiese en equiparables incrementos de empleados ni en mejores salarios. En resumen: según este estudio, a la ciudad de Ámsterdam el turismo le salía a deber.

Aunque no es muy científico decir lo siguiente, es más que posible que en esa ciudad siga siendo así y que en todas las demás también. Es lo que pasa cuando se abren de manera acrítica las puertas a los operadores globales y concentrados del modelo económico imperante. Es lo que pasa cuando se orientan las políticas públicas a fomentar la llegada de visitantes y se dejan en segundo plano los intereses y la vida de los residentes.

Confirmado: el mundo es ya realmente un pañuelo. Hay gente que hoy se puede permitir vivir en Dubái, Moscú o Ciudad de México y pasar el fin de semana en alguna de sus segundas residencias de París, Londres o Madrid. El fenómeno puede ser relativamente reciente en esta última o en Barcelona, pero lleva tiempo sucediendo en las primeras ciudades globales. Y tiene que ver tanto con la definitiva internacionalización del mercado inmobiliario y su atractivo financiero para grandes fortunas y fondos como con esa mezcla de estatus y esparcimiento que casi inevitablemente se busca cuando el dinero no es un problema. Para un rico ruso, saudí o mexicano es normal comentar a sus amigos que ha pasado unos días en su otra casa cenando en un restaurante de Mayfair o en una recepción privada en el Louvre o comprando quesos en el Mercado de La Paz.

Hay muchas distorsiones de la vida urbana a partir de este proceso. La primera, obviamente, tiene que ver con el precio de la vivienda. Aunque el mercado de los billonarios puede resultar un universo paralelo para el resto de los humanos, su presencia y potencia afecta más allá del lujo. En economía todo está conectado. Como ocurre con los depredadores en la sabana, los grandes capitales internacionales obligan a los nacionales a buscar otros espacios de caza que, a su vez, obligan a fortunas menos afortunadas a moverse y así sucesivamente. Por eso, Madrid, una de las grandes capitales que más tarde ha llegado a este mercado, es en la que más se está encareciendo este tipo de producto inmobiliario, al que están accediendo ricos latinoamericanos pero también estadounidenses, chinos y personas de otros lugares.[3]

Esta clase de nuevos y exóticos vecinos suele concentrar sus inversiones en barrios concretos, guiados por las agencias inmobiliarias dedicadas al lujo y siguiendo la pista del estatus y la imitación. En Londres fue Kensington y luego Chelsea, en Madrid es el barrio de Salamanca. Los efectos en el paisaje y en los comercios no tardan en aparecer: oferta que se adapta y, sobre todo, precios que expulsan incluso a los que pensaban que se lo podían permitir todo. Los restaurantes y las tiendas viven un proceso evolutivo para acoplarse a las necesidades —los caprichos— de la especie recién llegada sin imaginar que es el principio de un camino a ninguna parte. Porque, como saben bien en Londres, el final de la historia es que los barrios se vacían porque esos vecinos no lo son y su principal interés es inversor. Por ejemplo, en Chesterfield Hill, un barrio de Westminster en que las casas pueden costar veinte millones de libras, el 53 por ciento de ellas están vacías.[4] Lo están por diversas razones relacionadas con mantener la seguridad y la opacidad del patrimonio, el extraño funcionamiento de la rentabilidad de operaciones económicas llenas de ceros y el aburrimiento.

El vaciado de barrios ocurre también en París —en Le Marais, Saint-Germain-des-Prés o Île Saint-Louis—, Ginebra —Old Town—, Nueva York —Midtown Manhattan, Billionaires' Row en la calle Cincuenta y siete—, Miami —Brickell, Fisher Island—, San Francisco —Nob Hill, Pacific Heights, SoMa— o Sídney —Mosman, Point Piper—. El proceso está bien documentado y es conocido para cualquiera con acceso a internet, por eso extraña aún más la forma de celebrar la llegada de estos inversores a las ciudades: medios de comunicación que titulan como si fuera el final feliz de una novela romántica —«Madrid y Barcelona seducen a los millonarios de todo el mundo para comprar casas»—[5] y políticos que presumen de seguir un modelo como Londres.

Otra forma insólita y creciente de vecindad que queda a medio camino entre el turismo y los billonarios que invierten en viviendas de lujo es la que conforman lo que internacionalmente se conoce como *expats* o nómadas digitales: asalariados o profesionales autónomos que, por decisión propia, se van a vivir a otro país. *Expats* ha habido toda la vida y la literatura y el cine se han nutrido bastante de historias de extraños que viven y producen extrañamiento —*Trópico de Cáncer*, de Henry Miller, o el Ripley, de Patricia Highsmith—. Pero, coincidiendo con el tercer bum del turismo y la posibilidad de estar conectado en cualquier parte del mundo, es cuando se convierte en una tendencia, casi en una forma de vida.

Es, además, un tipo de no vecino muy deseado por los municipios. Las ciudades que encargan a consultoras sus planes estratégicos incluyen entre sus objetivos uno que suele definirse como «atraer talento» que, básicamente, consiste en ofrecerse para que tanto grandes empresas con montones de empleados como profesionales independientes con buenos sueldos las elijan para vivir.

Parte de la culpa se le puede atribuir a Richard Florida. El investigador estadounidense publicó en 2002 *The Rise of the Creative Class: And How it's Transforming Work, Leisure, Community and Everyday*, la primera de una serie de obras sobre un nuevo grupo económico internacional al que denominó «clases creativas».[6] Dentro de este amplio saco, el profesor de la Universidad de Toronto incluía a profesionales del sector tecnológico, artistas y trabajadores de las industrias culturales, pero también a abogados, médicos y gestores de proyectos.

Florida sostenía que las ciudades que resultasen efectivamente atractivas para estos profesionales serían las que encontrarían una prosperidad sostenida sobre tres T: talento, tecnología y tolerancia. Esto es importante según la visión del autor porque su análisis aseguraba que el premio gordo se lo llevarían las urbes dinámicas, vivas, divertidas, liberales e inclusivas.

Florida se adelantaba e influía en todo un ciclo de la vida urbana, un *zeitgeist* que en ese momento parecía positivo pero que luego hemos visto que no lo ha sido tanto. De esta manera, el norteamericano ponía el marco teórico para el desarrollo de las ciudades marca y todos sus desequilibrios. La gentrificación, una de las palabras icónicas de este milenio, es el problema quizá más evidente de esta mirada. Su onda expansiva ha supuesto la expulsión de vecinos y su sustitución por otros más pudientes, en muchos casos *expats* de las dichosas clases creativas. Pero detrás de esa dinámica hay algo más profundo y estructural: el espíritu competitivo que convierte las ciudades en ciudades marca, esa forma de creerse y administrarse como empresa o, por qué no, como *start up*.

Florida, que años más tarde reconocería su responsabilidad en el desaguisado —en unos capítulos vuelvo a esto—, en realidad no hace otra cosa que atrapar algo que siempre ha sido esencial en el desarrollo de las ciudades: su valor como punto de encuentro de una comunidad de personas que, trabajando juntas, desarrollan nuevas ideas. Eso, en distintos momentos de la historia, ha dado lugar a avances culturales y artísticos, sociales, políticos y, sí, económicos. La evolución de la economía de las distintas sociedades humanas se puede observar a partir de la evolución de las ciudades. Pero hoy el modelo es casi único y la competición y el crecimiento, además, se han convertido en obsesión.

Volviendo a los *expats*, si me atrevo a calificarlos como especie exótica de vecindad es porque su presencia provoca trastornos en el entorno. Son profesionales pertenecientes a clases creativas venidos de todo el mundo —esencialmente del mundo desarrollado— que reciben, en la mayoría de los casos, salarios de sus lugares de origen o de las poderosas empresas que los contratan y, por eso, disponen de una capacidad adquisitiva muy superior a la media y distorsionan el mercado inmobiliario y los precios de la vida en general.

Además, como se dice de otros vecinos exóticos de los que hablo enseguida, «el problema es que no se integran». Si las ciudades han avanzado a lo largo de la historia porque grupos de gente diversa se juntaban para hacer cosas en común, puede sonar como una buenísima idea traer a los mejores del mundo. Pero ¿está toda esa gente trabajando en y para lo común? ¿De qué manera la ciudad se ve beneficiada por las ideas que surgen de personas cuyo talento está a sueldo de empresas internacionales? ¿Cómo mejora la vida urbana la presencia de habitantes que, en muchos casos, crean comunidades aparte de las locales? ¿Hay que potenciar la llegada de este tipo de vecino sin tratar de contener los impactos que puede provocar?

Aunque el turismo, las inversiones millonarias y la atracción de talento internacional son asuntos que generan, sobre todo los dos primeros, análisis críticos y cada vez más protestas, hay otro que tiene que ver con la llegada de nuevos vecinos que es, sin duda, el que más atención reclama. Tanto los medios de comunicación como los partidos políticos estatales y locales dedican montones de titulares y promesas al que, por eso, aparenta actualmente uno de los principales problemas de las ciudades y de la sociedad en general: la inmigración.

Migrante es quien cambia de residencia más allá de fronteras administrativas, sean nacionales o internacionales. Todas las ciudades, desde el mismo origen del concepto, están conformadas y aún se siguen conformando a partir de migraciones. Incluso en lugares donde aún el movimiento de personas está controlado o restringido, la partida del campo a la ciudad ocurre. Sucede porque es natural, porque la gente acude a las urbes pensando que en ellas va a poder prosperar. Si no hubiera estos movimientos de llegada y salida, las ciudades serían comunidades cerradas, casi endogámicas, y no sé siquiera si merecerían tal nombre o habría que llamarlas de nuevo aldeas.

Como ya se ha mencionado en este libro, en Europa y Estados Unidos las ciudades crecieron sobre todo en los siglos XIX y XX. Muchas de las personas que llenaron esas urbes lo hacían desde zonas rurales de los propios estados. El proceso hoy se sigue dando a gran escala en los países más pobres, donde la mayor parte de la población aún habita en el campo.

Inmigrante es quien hace una migración a otro país. Para ser considerado migrante o inmigrante —la primera palabra contiene a la segunda—, el cambio de residencia tiene que ser por un periodo de tiempo determinado, normalmente a partir de seis o doce meses. Por tanto, un turista que al cabo de unos días vuelve a su lugar de procedencia no es un inmigrante. Pero un *expat*, por ejemplo, puede serlo. Y un inversor inmobiliario también. Sin embargo, por alguna razón, tendemos —yo mismo lo hago en este libro— a reservar el sustantivo «inmigrante» a quienes vienen de fuera con pocos recursos.

En vista de la progresión de los partidos autoritarios y nacionalistas, cuyos discursos están construidos, en buena parte, sobre el rechazo a este tipo de inmigración, debemos suponer que las ciudades tienen grandes problemas causados por los extranjeros con pocos recursos. Se habla de llegadas masivas nunca vistas, de crisis de refugiados, de choque de civilizaciones, de conflictos culturales, de delincuencia e inseguridad, de falta de integración, de abaratamiento de los salarios y robo de empleos, incluso de un gran reemplazo. Para los profesionales y académicos que llevan años estudiando el fenómeno de forma independiente, buena parte de todo esto no es más que mitología.

Así lo define Hein de Haas, catedrático de Sociología en la Universidad de Ámsterdam, profesor de Migración y Desarrollo en la Universidad de Maastricht y fundador y codirector del International Migration Institute de la Universidad de Oxford. *Los mitos de la inmigración*, se llama el libro en el que desmonta falsos axiomas que circulan sobre el fenómeno.[7] Es el punto de vista de alguien que, como sociólogo y geógrafo, ha trabajado sobre el terreno, en lugares de salida y llegada de migrantes, y maneja los más fiables estudios sobre el tema.

Las migraciones forman parte de la naturaleza humana, el afán explorador, la curiosidad y la búsqueda de recursos nos han movilizado desde el principio de los tiempos. Por eso, De Haas cree que plantear el tema como disyuntiva, a favor o en contra, «excluye la comprensión de la naturaleza, las causas y las consecuencias» de un proceso que es, aunque nos cuenten lo contrario, normal.

Como he señalado antes, el crecimiento urbano que se dio sobre todo en los siglos XIX y XX en Europa y Norteamérica tiene que ver con la migración y, por supuesto, la inmigración: «En total —explica De Haas—, entre 1846 y 1940, unos 150 millones de personas cambiaron de continente; el 9 por ciento de la población mundial en 1900». Millones de británicos, italianos e incluso alemanes se fueron a Estados Unidos, Canadá, Argentina o Brasil. Los españoles viajaron asimismo a diversos países de América y a Francia y Alemania. Y los portugueses y los finlandeses y los noruegos también se movieron. Y su llegada estuvo acompañada de desconfianza, hostilidad, violencia. De conflicto, otra cosa inherente al ser humano y a la ciudad.

La inmigración tomó un camino inverso en la segunda mitad del siglo cuando los países industrializados requirieron mano de obra barata y enviaron invitaciones a antiguas colonias y otros países de influencia. Así, Gran Bretaña recibió migrantes de las Indias Orientales, Pakistán o la India. Los magrebíes y otros africanos llegaron a Francia. Los turcos, a Alemania. Los brasileños, a Portugal. Los puertorriqueños, cubanos y mexicanos, a Estados Unidos y Canadá. Y muchos otros latinoamericanos empezaron a viajar a España. También hubo conflictos por ello.

El proceso sigue existiendo. Es la economía la que activa la llegada de personas de fuera, también la ilegal, a través de formas de contratación informales y el boca a boca. Hasta la reciente nueva ola patriótica, los gobiernos, incluso los que más alto han jurado que cerrarían fronteras, han hecho la vista gorda ante esas llegadas fuera de la ley pero necesarias para cubrir la mano de obra requerida en agricultura, construcción, hostelería, empleo doméstico y cuidados.

Las nuevas formas de populismo se están mostrando, aparentemente, más rígidas con esta ilegalidad y están modificando el punto de vista sobre el tema de políticos más moderados. Las redadas y persecuciones ejecutadas en distintas ciudades estadounidenses por el Servicio y Control de Aduanas (ICE) y ordenadas por Donald Trump desde el principio de su segundo mandato provocan aplausos y, por eso, réplicas. Habrá que ver cómo afecta todo esto a la economía de los territorios y la vida de las urbes.

Porque, en la mayoría de los casos, los inmigrantes pueden ser más o menos exóticos, pero son vecinos que realizan tareas que contribuyen a tejer y consolidar las comunidades a las que llamamos ciudad. No son trabajos robados, son empleos sin demanda entre los residentes de las sociedades de llegada por diversos motivos como el descenso de la natalidad, el aumento de la formación académica o la emancipación e integración de las mujeres en el mercado laboral.

¿Qué pasa entonces con el aumento de los índices de delincuencia relacionado con la llegada de inmigrantes? Volviendo al análisis de Hein de Haas, se trata de otro mito. Es más, el autor asegura que la inmigración, especialmente la ilegal, reduce la criminalidad violenta. Citando a otros investigadores, ofrece datos que lo corroboran y sugiere que puede ser debido a que «los índices de criminalidad dependen en gran medida de la capacidad de las comunidades de barrio para organizar el control social sobre la base de unos valores compartidos». Lo que sí ocurre es que la criminalidad de las segundas y terceras generaciones de inmigrantes aumenta hasta ponerse al nivel de la ejercida por autóctonos, algo que De Haas llama «el lado oscuro de la asimilación».

Este proceso de asimilación se da de diversas formas. En algunos casos se produce de forma ascendente, superando el nivel de los padres migrantes, tengan más o menos educación, y en ocasiones el de los autóctonos, pero, en otros, es descendente. Hijos de trabajadores migrantes poco cualificados que no consiguen subir ningún escalón de clase social, normalmente por causas que tienen que ver con segregación espacial y discriminación racial, pero también con pérdida de sentido de pertenencia y desaparición de los lazos comunitarios.

Aquí las trampas son diversas, tanto las que condicionan la vida de esos muchachos —normalmente son hombres jóvenes— delincuentes, y que están relacionadas con la exclusión y la vida en barrios empobrecidos, aislados y olvidados, como las que influyen en nuestra percepción del otro.

Las sociedades que conforman nuestro mundo, a pesar de lo que queremos creer, no son más diversas que las de antes. Son, en realidad, cada vez más uniformes, ya que los valores culturales llegan a todas partes de forma inmediata a través de medios de comunicación y canales digitales para imprimir carácter tanto a los que se quedan como a los que vienen.

El choque de civilizaciones es un golpe suave en la mayoría de los casos, buena parte de los inmigrantes vienen adaptados de casa. Pero el otro siempre ha sido el culpable. Lo fueron en Europa mozárabes, gitanos y judíos en distintas épocas y, en Norteamérica, italianos, irlandeses e incluso alemanes. Ahora se acusa a los latinos en Estados Unidos y a los musulmanes en el Viejo Continente de no querer integrarse y de mantener sus costumbres. Los datos demuestran que se trata de otro mito, pero el problema quizá no sea tanto si es o no real esa integración, sino que nos parezca necesaria.

Lo que pasa hoy es que, creyéndonos cada vez más únicos, somos cada vez más homogéneos; una sociedad compacta de narcisistas para la que la diferencia es algo que debe ser asimilado, anulado. A veces, incluso la presunción de tolerancia no es más que otra razón para adorarse, no un reconocimiento verdadero del otro. ¿Qué es una sociedad diversa? ¿Una que admite que haya muchos otros? Pero ¿quién es el uno y quién el otro? ¿Y cómo funciona eso de admitir?

«Creemos que, para acreditar nuestra humanidad, tenemos que tranquilizar a quienes la ponen en tela de juicio. ¡Miradnos, somos como vosotros! Es una agitación sin fin: esfuerzos desmesurados para apropiarnos de sus códigos, de sus maneras, de su cultura». Son palabras de Louisa Yousfi, periodista francesa de ascendencia argelina. Su libro *Seguir siendo bárbaro* es un alegato contra la integración desde ese otro lado al que se le exige esta forma de sometimiento.[8]

La convivencia no debería ser una conquista, sino una coexistencia en la que hay un intercambio entre unos y otros —y entre las distintas comunidades que conforman— que enriquece y hace avanzar al todo también a partir de los conflictos y el diálogo necesario para su resolución. Una buena ciudad, una ciudad sana, es la que se nutre del encuentro entre personas distintas. Esta reunión debería estar hecha de respeto, derechos y responsabilidades, no de identidades construidas a partir del rechazo a otras. El planteamiento «o como nosotros o fuera» es una forma de desnaturalizar al distinto, de echarle la culpa y quitarse responsabilidad por maltratarlo.

El filósofo Kwame Anthony Appiah lleva años reflexionando en torno a la identidad y habla del esencialismo como nuestra tendencia a simplificar, categorizar y generalizar y, por tanto, crear estereotipos sobre los otros. Una herramienta que nos sirve para generar identidades grupales, muchas veces a partir de la confrontación. Se conforma así un círculo vicioso por el que «es mucho más probable que los humanos lleguemos a esencializar a los grupos sobre los que tenemos pensamientos negativos y, a la vez, es más probable que alberguemos pensamientos negativos sobre grupos que ya hemos esencializado previamente».[9] Los discursos identitarios se aprovechan de esta predisposición y, haciéndolo, nos permiten el maltrato al tiempo que nos distraen de lo que nos maltrata. La reflexión también vale para la tolerancia condescendiente y caritativa de quienes presumen de multiculturalismo como si fuera una butaca de diseño.

El mundo es un pañuelo, pero no a todos los que lo habitan les dejamos exprimirlo de la misma manera. El planeta es como una gigantesca ciudad para algunos, que pueden cambiar de barrio cruzando fronteras sin ningún problema ni legal ni cultural ni social. Para unos —para nosotros, puesto que yo estoy a este lado del privilegio—, el movimiento es una invitación a disfrutar del dinamismo y la vitalidad de urbes que presumen de ser diversas y cosmopolitas. Para los otros, moverse es una forma de buscarse la vida y, al mismo tiempo, de renunciar a ella. Una sucesión de negaciones —de derechos, de identidades, de costumbres— que empieza por no reconocer su condición. No son trabajadores, ni vecinos, ni siquiera personas. Son los inmigrantes.

La ciudad digital

Los bambuti son un pueblo de cazadores recolectores cuya estirpe conecta con los primeros humanos en África. Las distintas tribus que lo conforman han vivido siempre en el bosque de Ituri, al nordeste de la República Democrática del Congo. Aunque llevan años sufriendo una drástica reducción de su población y un obligado desplazamiento por la deforestación y el acoso de los que ven la selva como recurso, aún quedan pequeños núcleos en ese hábitat.

El mundo dentro del bosque lluvioso es completamente distinto al que habitamos nosotros. En este tipo de selva, el sol nunca se termina de distinguir como esfera, tan solo se aprecia su brillo traspasar las capas de hojas. La cúpula vegetal lo cubre prácticamente todo y por eso tampoco existen las estrellas ni el cielo. La cantidad y densidad de información que llega a través de los sentidos es enorme y muy diferente a la que percibimos aquí fuera. No hay en todo el día o la noche algo que se acerque ni de lejos a un instante de silencio. La humedad es tan notoria como una caricia con un trapo mojado. Todo son olores que se mezclan. Y la vista mira corto porque la espesura oculta lo demás y, ocupada en la supervivencia, acostumbra a enfocar los minúsculos detalles cercanos que pueden suponer una nueva ración de proteína o una amenaza mortal.

Los bambuti viven en un hábitat sin cambios de estación y en el que tampoco es tan evidente la condición binaria del paso del día a la noche. Por eso tienen una percepción distinta del tiempo. Acostumbrados a observar cómo la metamorfosis hace vida de la muerte, tampoco poseen una idea trascendental del más allá. Su organización prescinde de jefes y soluciona los conflictos a base de diálogo. Tienen escaso desarrollo tecnológico porque necesitan poco para vivir: redes y pequeñas lanzas, arcos y flechas para cazar y una trompeta —*molimo*— hecha de bambú que sirve como herramienta de aviso y para rituales en los que interactúan con el bosque. Su entorno es alimento, residencia, vecino y dios, un todo condicionado por las circunstancias espaciales y ambientales.

Leo en *Topofilia* de Yi-Fu Tuan la experiencia del antropólogo británico Colin Turnbull acompañando más allá de Ituri a Kenge, un bambuti de veintidós años, a finales de la década de los cincuenta del siglo XX.[1] Fuera de su contexto, el estado de Kenge es, más que un desconcierto, un desarreglo orgánico: sus sentidos no le sirven para existir en ese otro mundo. Por ejemplo, Kenge ve a lo lejos, en la llanura, una manada de búfalos y pregunta a Turnbull qué tipo de insectos son. El bambuti no tiene perspectiva visual, nunca la ha necesitado, y cuando el antropólogo le explica que son búfalos, fuerza la vista y consigue reconocer a los animales, pero sigue pensando que son extraños e inofensivamente pequeños. Cuando el antropólogo le dice que, de hecho, son el doble de grandes que los búfalos del bosque que conoce, se encoge de hombros, y cuando le explica que lo que pasa es que están lejos y por eso se les ve así, se limpia el barro de brazos y piernas, desentendiéndose de algo que no está preparado para comprender.

Pienso en Kenge y en los bambuti cuando observo cómo nos afecta el universo que se nos ha abierto con el desarrollo de las tecnologías de la información (TIC). Nuestra forma de ver, escuchar, aprender, comprar, vivir, todo está mutando. De alguna manera, estamos en una mudanza hacia un mundo digital, pero manteniendo nuestra existencia en el de siempre, y esto está provocando trastornos en nuestra forma de percibir, sentir y ser, pero también en nuestras ciudades, tanto en lo espacial como en lo comunitario.

En su libro, Tuan explica que el ambiente tiene una dimensión material y emocional. Somos como somos por un contexto que es tanto un entorno físico como un compendio de significados culturales y sociales. Nuestro cosmos es la organización del mundo que entendemos y que imprime carácter a, con perdón, nuestro carácter y a nuestros sentidos. El cosmos de Kenge es el bosque lluvioso y el nuestro son las ciudades. Ambos ambientes están en continua transformación, pero de distinta manera. Mientras que en la selva de los bambuti el tiempo es una sucesión de pequeños instantes en la que es muy difícil percibir una evolución lineal, en la nuestra es más fácil observarla porque, entre otras cosas, así es como nos la hemos ido narrando.

Las tecnologías siempre han acelerado cambios en las sociedades humanas. El fuego, la rueda, el arado, la imprenta, el alumbrado, la máquina de vapor, el teléfono, el automóvil, el ascensor, la televisión. Lo que hemos ido inventando ha impactado en el entorno transformando lo cultural y lo simbólico. Lo mismo ocurre con internet y lo que ha traído después, aunque tendemos a obviarlo quizá porque aún seguimos considerando que lo que sucede en esa parte de nuestro cosmos no traspasa a esta. Cuando empezó lo online, lo llamábamos el mundo virtual y todavía hoy lo entendemos así. De hecho, hacemos alusiones a los internautas como si fuera un colectivo específico y no la humanidad casi entera.

Más de 5.500 millones de personas tienen acceso a internet y más de 5.200 a redes sociales.[2] No es un mundo virtual. Lo que hacemos, vivimos, hablamos y sentimos a través de esa tecnología afecta a nuestros espacios y significados sociales, culturales y personales, a nuestro ambiente. La mudanza digital nos transforma y también está transformando nuestras ciudades.

Ahora mismo, entre nosotros y la ciudad hay, en muchos casos, un intermediario: las pantallas. A través de ellas podemos buscar un medio de transporte, una recomendación o una dirección sin necesidad de levantar la cabeza, mirar a nuestro alrededor o preguntar a nadie. Con ellas, también, podemos creer estar en dos sitios a la vez: en una calle, en un autobús, en una conversación con amigos en un banco y, al tiempo, en una historia de crímenes que oímos en un pódcast, en un vídeo que nos muestra algo que está pasando en otro lugar y en un diálogo permanente con otros amigos a través de una aplicación de mensajería. La vida que vivimos a través de las pantallas afecta a nuestra percepción del entorno y a nuestra experiencia de la realidad.

Por ejemplo, ¿somos capaces de orientarnos o hemos perdido parte de nuestra inteligencia espacial a costa de encargarle el trabajo a las aplicaciones de GPS? Los mapas, una herramienta que nos ayudaba a conocer el mundo, ahora funcionan como un guía que nos lleva de A a B sin que pongamos a actuar a nuestros sentidos. Son un tipo de tecnología *user-friendly* que, como apunta Richard Sennett, «aplaca y crea pasividad».[3]

En *Construir y habitar*, Sennett explica que hay tecnologías que ayudan a coordinar, sin eliminar, las actividades de y en la ciudad, y otras que determinan la experiencia de los ciudadanos. El autor norteamericano menciona el concepto de conocimiento encarnado, ligado no solo a lo aprendido por nuestra mente, sino también a la práctica que nos da lo que hacemos y lo que percibimos con los sentidos. Necesitamos «tocar, oír, oler un lugar». Cuando las tecnologías diseñadas para individualizarnos nos aíslan de la experiencia urbana, atrofian nuestra forma de estar en nuestro cosmos.

Mientras algunos de sus dueños están empeñados en la mudanza interplanetaria, las llamadas empresas tecnológicas no cesan de insistir en la posibilidad de una vida virtual. Second Life fue el primer fracaso, y el metaverso de Mark Zuckerberg, el siguiente. Pero, en verdad, ya están consiguiendo que estemos más en otro lado que en el que nos toca. Es sabido que los distintos beneficios que sacan de los usuarios pasan por extender el tiempo que permanecemos en sus plataformas, aplicaciones y canales, da igual que sea jugando a *Fortnite* que colgando y viendo *reels* o pendientes de los trucos narrativos de una serie. A los motores de extracción de datos y a las estrategias publicitarias no les importa si estamos pendientes de las pantallas en nuestra habitación o en la calle, aunque lo saben y actúan en consecuencia. Lo que quieren es que estemos dentro. Y estamos.

Apocalipsis del *retail* es el catastrofista concepto creado por algún medio estadounidense para referirse a los cierres de comercios en ciudades de todo el mundo. El término comienza a usarse en 2017 y expresa las consecuencias de las crisis sufridas por el sector —de 2008 a la pandemia—, pero, sobre todo, del impacto de la expansión del consumo online.

Aunque hay informes y analistas que aseguran que es una exageración, lo cierto es que dominan las estadísticas negativas. En el Reino Unido, en 2024, cerraron treinta y siete comercios al día, un 29 por ciento más que el año anterior.[4] En Estados Unidos, el incremento ha sido muchísimo mayor: un 69 por ciento.[5] En España cierran veinticinco tiendas minoristas al día y el sector ha perdido casi 120.000 empleos desde 2006.[6]

La realidad se ve paseando por cualquier ciudad. Las calles principales siguen llenas de negocios, muchos de ellos franquicias o propiedad de grandes cadenas nacionales o internacionales, las únicas capaces de soportar los costosísimos alquileres de esas zonas *prime*. Pero incluso en esas calles, además de la concentración de la propiedad y la oferta, se ve una especialización en negocios destinados al que está de visita. En esas mismas zonas, en las vías secundarias, el panorama comercial empieza a desertificarse. En los barrios de moda hay mucha rotación y permanecen algunos negocios más artesanos y pintorescos, a pesar de los cambios en el consumo y la subida de los alquileres. Son los capaces de atraer a las clases creativas locales y foráneas y de manejarse con tino en la venta online y a través de redes. En los barrios de clase media pervive alguna tienda de alimentación que trata de competir con los grandes supermercados y sus satélites de conveniencia, hay restaurantes y van cerrando los demás negocios. Y, en los barrios populares, la homogeneización es todavía más evidente, sin casi presencia de pequeños comercios.

Las causas de lo que está ocurriendo son diversas: la locura inmobiliaria, la pérdida de poder adquisitivo de las clases medias y bajas y el aumento de la desigualdad, las dificultades con el transporte y los suministros, las subidas de precios, las crisis sucesivas… Y la irrupción del comercio online, especialmente, de gigantes como Amazon, Alibaba, Temu, Shein, Zalando o ASOS, que, indudablemente, ha sido decisiva.

Las ventas del comercio electrónico en el mundo han crecido desde 2014 hasta 2024 de 1.300 a 6.300 millones de dólares.[7] En Europa, tres de cada cuatro personas compran online, hemos pasado del 53 por ciento en 2010 al 75 por ciento en 2023. Para consumidores de entre veinticinco y cuarenta y cuatro años, el porcentaje es del 85 por ciento. Lo que más se compra es ropa, zapatos y accesorios (69,7 por ciento), pero también comida a domicilio (29,9 por ciento) y cosmética (28,2 por ciento), además de entradas para eventos o servicios de *streaming*.[8]

El cambio de hábitos es imparable. Y lo es no tanto por causas naturales, sino por imperativo del modelo. Tendemos a pensar que las transformaciones tecnológicas forman parte de nuestra evolución como especie; que las redes sociales, por ejemplo, son como el fuego, un cambio provocado por nuestra inteligencia colectiva, un destino necesario que nos hace avanzar hacia algo mejor. No es así. La diferencia está en la propiedad y, por eso, en los objetivos. El fuego era una herramienta compartida, un bien común; las redes, por seguir con este ejemplo aunque valen otros, pertenecen a empresas que quieren aumentar beneficios como sea. Entre una tecnología y otra hay miles de años de transformaciones sociales y económicas que las ciudades han impulsado y el surgimiento del capitalismo ha terminado de acelerar. En los últimos tiempos, la aceleración está siendo exponencial y casi siempre en favor de los objetivos de corporaciones que, al operar en este universo digital que a veces parece paralelo y ajeno al alcance de las normativas locales, imponen su criterio sobre los intereses generales.

Cada vez que bajamos la cabeza hacia una pantalla estamos entrando en lo que en marketing digital se llama un «embudo de conversión», una forma planificada de llevarnos a un objetivo comercial. Es decir, estamos dando información privada, consumiendo contenidos y siendo potenciales compradores. La publicidad online es especialmente agresiva, persistente y eficaz gracias a su capacidad de captar y gestionar datos y a herramientas como el *retargeting*, que te recuerda que has dejado cosas sin comprar, consigue que encuentres lo que crees que deseas y que creas desear lo que te vas encontrando. En la competición por atraer clientes están las grandes empresas nativas de lo online mencionadas anteriormente, pero también gigantes del comercio tradicional, de Walmart a Zara. Cadenas que han transformado sus espacios presenciales en lugares donde poder complementar la experiencia digital. Por supuesto, también hay pequeños proyectos que prosperan gracias a la publicidad online y su capacidad para permitir operaciones internacionales, pero los presupuestos que manejan los gigantes son un rodillo.

Uno de los efectos de todo esto es que el paisaje de las ciudades se está transformando y el cambio afecta a su vitalidad. Se entiende a partir de una de las ideas principales de Jane Jacobs. Para la urbanista y activista estadounidense, la clave de la salud de las urbes está en su diversidad, en que los barrios y calles tengan mezcla de usos residenciales, recreativos y comerciales. Las tiendas son parte fundamental de este cóctel que llamamos ciudad. Para su vitalidad, pero también para su seguridad. Porque, gracias a la presencia de comercios, las calles tienen más ojos. Este concepto de «ojos en la calle» acuñado por Jacobs habla de las personas que están, que van y vienen, que compran, que venden, que interactúan y que con su presencia sugieren un comportamiento social positivo y ofrecen vigilancia sin medios coercitivos.[9] Cuando se pierden tiendas y se convierten en locales vacíos o en viviendas turísticas, desaparecen ojos en la calle y se desvanece una de las esencias de lo urbano, el pequeño comercio.

La mudanza digital acarrea otros cambios en el paisaje. Hay, por ejemplo, una feroz competencia por ser la aplicación a través de la cual accedemos a los servicios de movilidad. El negocio llamado MaaS —*Mobility as a Service*; movilidad como servicio— aglutina distintas operaciones que llevan tiempo en nuestras urbes: servicios de transporte bajo demanda como Uber; marcas de coche compartido como ShareNow; bicicletas y patinetes privados y también compartidos; reserva y pago de aparcamiento a través de apps, e integración de la planificación de viajes en medios de transporte público, como autobuses o taxis.

Desde el principio se han sucedido fusiones y adquisiciones dentro de un sector que, sin llegar a ser rentable, ya vive un proceso de concentración que indica el interés por parte de los inversores. Pero la competición de estas empresas no es solo un asunto privado. Su lucha es también contra el transporte público, es decir, contra uno de los logros más importantes de la ciudad moderna. La contienda no es justa porque estas compañías están sostenidas por millonarias rondas de financiación que les permiten operar sin cubrir costes y perdiendo dinero durante años con el fin de ir acabando con la competencia, privada y pública, hasta resultar indispensables y dedicarse entonces a recuperar la inversión con subidas indiscriminadas de tarifas.

Uber, por ejemplo, ha perdido millones de dólares desde que surgió en 2009. El primer año que ha tenido beneficios ha sido 2023, en buena parte empujados por los ingresos de la división de reparto de comida a domicilio.[10] Aunque sus perspectivas son buenas, le queda para recuperar toda una historia de pérdidas. Buena parte del dinero de esa columna del balance ha sido destinada al juego sucio contra competidores —espionaje industrial—, administraciones —batallas legales, inversión en lobby, software para escapar de las normas— y conductores —salarios bajísimos y más batallas legales—. Por el camino, Uber, pero también Lyft, Bolt, Cabify y otras compañías similares han ido haciendo un daño quizá difícil de reparar a los más regulados servicios de taxis de localidades como Los Ángeles, Nueva York y Londres, y, en algunos casos, a flotas de autobuses.

El trayecto a la ciudad digital provoca también cambios en nuestra forma de alimentarnos y en el sector de la hostelería, con la proliferación de servicios de comida a domicilio y sus externalidades —empleos precarios, cocinas fantasma, accidentes—, y ha estado a punto de facilitar una revolución, la del teletrabajo. A pesar de que distintas voces, desde expertas en recursos humanos hasta defensoras de la eficiencia y la protección del medioambiente, llevaban años insistiendo en que era una buena idea, fue a partir del confinamiento obligado por la COVID-19 que muchas personas y empresas en todo el mundo comprobaron que la vida profesional podía seguir más o menos igual lejos de las oficinas.

Durante el último lustro hemos estado imaginando ciudades en que la presencialidad laboral era tan solo una opción, con menos emisiones provocadas por los trayectos al trabajo, más tiempo libre para disfrutar del ocio y una reconfiguración de los usos de los barrios provocada por este cambio de costumbres urbanas. Pero no. La norma ahora es imponer de nuevo que la gente vuelva a la oficina si no todos los días de la semana laboral, sí buena parte de ellos. Incluso Zoom, una de las compañías que se aprovechó de la tendencia y la posibilitó a través de sus herramientas de comunicación, reculó de su decisión de establecer el trabajo a distancia y ya tiene a la mayor parte de su plantilla sentada en sus oficinas. Los motivos que se han dado han sido en casi todos los casos relacionados con la productividad, pero detrás también hay intereses inmobiliarios y de amortización de activos en ladrillo.

¿Qué innovaciones nos quedan por ver en las calles? ¿Cumplirán, por ejemplo, los vehículos autónomos las expectativas que nos hemos ido creando al ver *El coche fantástico* o leer *Homo Deus*, de Yuval Noah Harari? Lo sabremos pronto porque ya circulan robotaxis en ciudades de China y Estados Unidos, y se van relajando las normativas que estaban frenando su implantación en otros lugares. En cualquier caso, y tomando como modelo la solución al dilema moral instalada en la inteligencia artificial (IA) que gobierna esos cacharros, la vida del conductor está por encima de todo. Es decir, los primeros beneficiarios de todas las nuevas tecnologías que impacten en nuestras urbes serán las empresas que las desarrollen, establezcan y gestionen. Que luego nos vengan bien a los demás, ya se verá.

Hasta ahora había conseguido escribir sobre ciudades digitales sin mencionar el concepto de *smart cities*, pero es momento de pisar este charco. Con el cambio de milenio, especialmente a partir de 2010, empezamos a oír hablar de las ciudades inteligentes en las que íbamos a habitar. Montones de presentaciones en eventos y despachos mostraban un ideal urbano en el que el *big data*, el internet de las cosas y la IA, entonces aún una promesa, iban a ayudar a las administraciones en materia de eficiencia energética, diseño de infraestructuras, gestión de recursos, redes de transporte o recogida de residuos, y por fin podríamos habitar en arcadias hasta ahora solo imaginadas en los relatos de ciencia ficción.

El tono irónico del párrafo anterior expresa un reproche a la actitud acrítica que tienen muchas veces los responsables de las administraciones y muchos ciudadanos a la hora de comprar los argumentos de venta de las empresas tecnológicas. Porque buena parte del imaginario *smart* que acabo de reproducir con retranca venía provocado por la acción consultora del sector privado queriendo impulsar el negocio de lo que hoy podríamos considerar las viejas glorias de las TIC, empresas como AT&T, Indra, Siemens o Telefónica.

Aunque tanto estas compañías como muchas otras están actualmente operando en multitud de urbes a través de contratos públicos con servicios que tienen que ver con la idea de ciudad inteligente, la denominación ha ido cayendo en desuso porque desde distintos sectores se ha logrado mostrar que, detrás del relato, hay una propuesta de negocio que puede comprometer asuntos peliagudos como la privacidad. De hecho, como lo de las *smart cities* coincidió en el tiempo con los movimientos municipalistas que, sobre todo en España, acabaron llevando a activistas a gobiernos locales, se dio un interesante debate en torno a los datos como bien común e infraestructura urbana del cual salió, por ejemplo, la Oficina Municipal de Datos del Ayuntamiento de Barcelona, que aún, al menos testimonialmente, defiende la gestión pública también en esta materia.

Entre las experiencias que se suelen exponer como casos de éxito de la colaboración entre empresas tecnológicas y ayuntamientos está Helsinki, con una estrategia que incluye un gemelo digital para planificación urbana y recursos para mejorar la movilidad, todo con ayuda de Nokia; Seúl, con la colaboración de Samsung y la utilización de IA para optimizar el transporte, la conexión con los ciudadanos e incluso la respuesta a terremotos, o Copenhague, que ha trabajado con Siemens en diversas áreas para ser la primera capital neutra en emisiones de carbono en 2025 (objetivo no cumplido).[11]

Entre los fracasos, hay historias para todos los gustos. La de Lavasa podría servir a Italo Calvino si le diese por resucitar y escribir una segunda parte de *Las ciudades invisibles*. El sueño de un multimillonario indio —Ajit Gulabchand, presidente de Hindustan Construction Company— que quiso crear, de la nada y lejos de todo, una ciudad inteligente de gestión privada que se pareciese a la italiana Portofino.[12] El proyecto estaba destinado a decenas de miles de habitantes, pero la quiebra la sufren los pocos optimistas que compraron propiedades y que hoy intentan salvarse de una ruina que también arrastra a inversores y administraciones.

Otra ciudad nacida a partir del convencimiento de que la gestión privada es mucho mejor que la pública es Próspera, ubicada en la isla de Roatán, en Honduras. En su web se pueden leer reclamos como este: «Experimenta la creación de empresas de forma eficiente con Próspera, donde puedes constituir tu entidad en línea en menos de un día, beneficiarte de un régimen fiscal favorable y de un sistema normativo flexible. Nuestra plataforma de gobernanza electrónica te permite gestionar todos los aspectos de tu negocio de forma rápida y digital, para que puedas dedicarte a lo que importa, desarrollar tu empresa».[13] El proyecto, fundado por fondos de capital riesgo, se basa en la idea de crear zonas de empleo y desarrollo económico (ZEDE) nacida de la cabeza del economista estadounidense Paul Romer, que tiene un Premio Nobel por su participación en la teoría del crecimiento endógeno. Romer es uno de los promotores del concepto de ciudades autónomas —*charter cities*—, que propone a países pobres acoger urbes privadas de capital extranjero y regidas por otras formas de gestión y de toma de decisiones. Aunque esta ZEDE fue efectivamente creada por el Gobierno hondureño para desarrollar el proyecto, hay distintas sentencias judiciales, incluida una del Tribunal Supremo de ese país, que consideran que su condición viola la soberanía nacional. El litigio se ha extendido a tribunales internacionales y, aunque la ciudad sigue abierta y operando —como es un emprendimiento privado, habrá que decirlo así—, hay serias dudas de que vaya a prosperar.

Google también tiene en su historial una experiencia urbanística fallida. El gigante tecnológico californiano quiso ir un paso más allá en la ambición *smart* y fundó en 2009 una división de planificación urbana llamada Sidewalks, S. L., en la que puso como CEO a Daniel L. Doctoroff, un millonario venido de la banca de inversión que llegó a ser teniente de alcalde para desarrollo económico de Nueva York. El gran proyecto de Sidewalks pretendía la transformación de un barrio de Toronto, una propuesta que incluía rascacielos construidos con madera, coches autónomos y una constante recolección y gestión de datos para optimizar el funcionamiento de todas las dinámicas del vecindario. El proyecto fue abandonado en mayo de 2020. Según Google, por dificultades derivadas de la pandemia por COVID-19, pero sin duda también por la presión de la comunidad torontiana ante lo que resultaba una demasiado evidente pérdida de derechos fundamentales.[14]

En todos estos casos, también en los de éxito, surgen cuestiones en torno a la privacidad, la vigilancia y la cesión de poderes al sector privado. La información es poder —también económico— ahora más que nunca. Lo explica Manuel Castells:

> A lo largo de la historia, un instrumento fundamental para ejercer poder es el control de la información y el monopolio sobre la comunicación. Para ello, es crucial recopilar información sobre las personas de manera asimétrica a través de la vigilancia, sin que los vigilados sean conscientes. En el capitalismo informacional, la acumulación de información sobre las actividades humanas y su consiguiente comercialización es una forma de acumulación de capital.[15]

El sociólogo muestra en su libro *La sociedad digital* cómo los poderes corporativos controlan las redes y medios por los que circulan los mensajes de la ciudadanía. De hecho, son propietarios también de los servidores que guardan la información incluso de las administraciones —Amazon Web Services, por ejemplo, presume de clientes como la NASA, la CIA y el Gobierno de España, entre otros— y de los artefactos que permiten que circule —Starlink, una de las empresas de Elon Musk, tiene más de seis mil satélites en órbita, casi cinco millones de clientes y una penetración enorme en el sector militar—.[16]

Como ha quedado demostrado en procesos electorales pasados —la primera victoria de Donald Trump, el Brexit, Bolsonaro, entre otros—, la capacidad de influencia a partir de este control de la información es decisiva y puede ser usada para manipular formas de pensar, de comportarse y de votar. En los últimos tiempos, los magnates de las grandes empresas tecnológicas han dado un paso más en su relación con el poder político. Musk, pero también Bezos, Cook, Pichai y Zuckerberg, ya apoya de forma manifiesta a gobiernos y partidos que le prometen facilidades. Como muchos de ellos demuestran un trayecto ideológico hacia lo radical y conspiranoico, habrá que ver si su interés en la política tiene un afán más allá de objetivos económicos. Aunque solo fuera así, nadie debería estar tranquilo. En primer lugar, porque han escogido ponerse del lado de la división y la ira. Y, también, porque sus empresas controlan herramientas de uso masivo que transforman hábitos, ideologías y, por tanto, sociedades.

La conexión permanente ya está provocando estas transformaciones. Volviendo a Castells, el exministro español cita un estudio que señala que hasta el 40 por ciento de las nuevas parejas en Estados Unidos se han conocido a través de aplicaciones. Los datos estadísticos son de antes de la pandemia, así que probablemente el porcentaje haya subido desde entonces. En cualquier caso, muestran un cambio en la forma en que nos relacionamos, y no solo en lo sentimental.

Castells defiende que este cambio no es necesariamente negativo. «Internet aumenta nuestra sociabilidad general. Y su uso empodera a personas que están desempoderadas, en especial mujeres, minorías étnicas y personas dispersas geográficamente con ideas afines». Con este argumento, el sociólogo explica cómo lo digital ofrece la posibilidad del encuentro entre pares y señala que está haciendo surgir una nueva forma de «sociabilidad intensa»: «Se ha demostrado que la sociabilidad desconectada y en línea son acumulativas, no excluyentes. Es decir, cuanto más social seas cara a cara, más lo serás por internet, y cuanto más socialices por internet, más ampliarás tu sociabilidad general».

Y, en parte, lleva razón. De hecho, de esta manera internet cumple y amplía una función que hasta ahora desempeñaban las buenas ciudades, la de acoger al que en su lugar es extraño y darle la posibilidad de encontrarse con otros iguales, de sentirse acompañado. Pero, al mismo tiempo, provoca burbujas ideológicas y de clase, ansiedad, dependencia y nuevas formas de soledad que tienen que ver con la saturación de contactos y, a la vez, la ausencia de contacto. Como escribe el propio Castells, «la interacción es una función del alcance del ancho de banda de la comunicación, y el mayor ancho de banda es la interacción humana directa».

Los mecanismos adictivos, los problemas de salud mental, el impacto en la atención y las interferencias en la comunicación interpersonal que provoca la vida digital están bien documentados por autores de confianza como Marta Peirano, Bruno Patino, Sherry Turkle y muchos otros. Pero, además de estos traumas más o menos orgánicos, esta mudanza a ese otro lado que insistimos en llamar virtual tiene un impacto decisivo en la concepción que tenemos de nosotros mismos como individuos y de la sociedad. Un impacto, por eso, político.

«No existe esa cosa llamada sociedad, hay individuos hombres y mujeres y hay familias». La frase, extraída de una entrevista a Margaret Thatcher en la revista femenina británica *Woman's Own* en 1980, está hoy inscrita en el sentir general expresado, implícita o explícitamente, a través de los medios digitales, ya sea por políticos, comunicadores, *influencers* o cualquiera de nosotros. El capitalismo, «sistema económico basado en la propiedad privada» según todas las definiciones, se sostiene sobre el individualismo. El neoliberalismo que abanderó Thatcher va más allá y, como se percibe en la cita anterior, trata de debilitar los vínculos entre el yo y el nosotros para facilitar la esquiva de conceptos como responsabilidad, solidaridad o justicia social. La evolución turbocapitalista y narcisista, potenciada muy especialmente por las formas impuestas desde los canales digitales, se aúpa en el elogio de la singularidad para terminar de romper los distendidos ligamentos de la cohesión.

Lo digital es una continua exaltación del yo. Por una parte, las empresas recogen nuestros datos para darnos, dicen, una experiencia diseñada en exclusiva para cada uno de nosotros. Nos sentimos el centro del mundo cuando usamos una aplicación de mapas o cuando abrimos una plataforma de *streaming* de audio o vídeo; de manera inconsciente, creemos que, si alguien hace tanto esfuerzo por conocer nuestros gustos, es que nuestros gustos importan, que somos relevantes. Además, vemos que todo el mundo utiliza sus redes y canales para hablar de sí mismo y hacemos igual: nuestro selfi, nuestra opinión, nuestra receta de torrijas. Conviene recordar, otra vez, que esta vanidosa y aburrida forma de compartir información no es una evolución natural de lo que somos, está potenciada por los algoritmos, que fomentan este tipo de contenidos. En cualquier caso, todos caemos en eso que Richard Sennett llama «la mercadotecnia de la personalidad»,[17] y que él atribuye a los políticos, pero que se ha extendido a toda la sociedad conectada.

Sean sobre lo que sean, las comunicaciones que realizamos se están convirtiendo en anuncios de cada una de nuestras marcas personales, marcas que compiten unas con otras por captar atención. Los ciudadanos, como las ciudades, tendemos a convertirnos en producto y a contar lo que queremos ser a ojos de los demás en cada una de nuestras interacciones.

En lo digital puede convivir el anonimato con el exhibicionismo. No sucede así en la ciudad, donde el anonimato es un valor que te permite ser independiente y autónomo sin dejar de formar parte de algo colectivo y, por eso, más grande, pero el exhibicionismo y el narcisismo son considerados formas de destacar que rompen la costumbre social. No ocurría así hasta ahora porque, como trato de explicar en este capítulo, los comportamientos de lo virtual son muy reales y están transformando la sociedad. En este proceso de hipertrofia del yo cada vez hay menos espacio y comprensión del nosotros y, por eso, es también un proceso de anulación de la ciudad como experiencia comunitaria.

¿Cómo afectará la IA a todo esto? He dejado para el final la última gran innovación tecnológica —a la espera de la computación cuántica, que se supone que es la siguiente—, precisamente porque quería relacionarla con la conciencia, con el yo. A pesar de que hay muchos expertos —Castells entre ellos— que sostienen que tan solo será una reestructuración, ya estamos viendo cómo su uso se generaliza para realizar labores que antes hacían profesionales, también los de las clases creativas. Aunque esto acaba de empezar, lo normal es que vaya a más y termine siendo un golpe importante para los ingresos de las clases medias, ya bastante mermados por asuntos como la inflación o el precio de la vivienda. Si esto es así, supondrá otro impacto para la vitalidad en las ciudades. Pero ¿qué ocurrirá con ese yo encantado de haberse conocido que estamos desarrollando?

Tengo la sensación de que la IA puede suponer un trastorno importante para la identidad de *homo faber* que hemos construido durante siglos, pero que está especialmente potenciada desde la cultura yoísta de los vídeos de YouTube, Instagram y TikTok. Creo, además, que puede aumentar la confusión entre lo real y lo virtual, entendido esto ahora como lo creado por el otro, por la máquina, y que por eso puede fomentar el aturdimiento. Pero nos toca esperar, no creo que mucho, para ver cómo es esta próxima crisis existencial y cómo nos afecta como individuos y como sociedad.

Ciudades iguales

¿Qué es lo que nos activa? ¿Cuál es la motivación que nos incita a prestar atención o levantarnos del sofá? ¿De dónde sale el impulso curioso que produce exploraciones, descubrimientos científicos y obras de arte? Linus Torvalds es un ingeniero informático finlandés conocido por crear el núcleo Linux, uno de los proyectos de software libre más relevantes del mundo. En otoño de 1998, la víspera de dar una conferencia en la Universidad de California en Berkeley junto a Manuel Castells y el también finlandés Pekka Himanen, Torvalds rumiaba cómo orientar su ponencia entre las de tan insignes profesores. Y se le ocurrió que, ya que habían llamado a un sociólogo (Castells) y un filósofo (Himanen) para departir sobre tecnología, él podría hablar de filosofía y sociología. Su charla versaría sobre qué estimula a actuar a los hackers como él y al ser humano en general.

Para Torvalds, nuestras motivaciones se reducen a tres categorías esenciales: supervivencia, vida social y entretenimiento. Según esta tesis, llamada por su autor «ley de Linus» —ojo, que hay otra ley de Linus que tiene que ver con la detección de errores en la programación de código abierto—, el progreso es pasar de una fase a otra. Este pensamiento le sirvió para solucionar con éxito la charla y, luego, escribir el prólogo del libro de Himanen, *La ética del hacker y el espíritu de la era de la información*.[1]

81

El primer estímulo es bastante obvio y Linus no se detiene mucho en él. Los dos siguientes, dice, surgen de esta pregunta: ¿por qué está la gente dispuesta a morir? Lo de la vida social lo argumenta aludiendo al amor romántico, la familia, la religión o la patria. Apunta, a su manera, a los relatos comunes que nos unen, pero que también pueden llegar a enfrentarnos hasta la muerte.

Con entretenimiento se refiere a «algo intrínsecamente interesante y retador». Pone como ejemplo la expresión «morirse de aburrimiento» y explica que hay mucha gente que preferiría fallecer antes que sentir tedio, y señala que eso es lo que vincula a quienes suben montañas para tirarse en paracaídas desde lo alto con los matemáticos que dedican toda una vida a resolver una ecuación.

Torvalds, por cierto, descarta explícitamente el dinero como palanca motivadora. Explica que tenerlo sirve para conseguir bienes materiales, pero no garantiza alcanzar ni la vida social ni el entretenimiento que dan significado a la existencia.

No sé si las motivaciones de nuestra especie se pueden reducir a las tres que propone esta ley de Linus, pero sí creo que la diversión es un estímulo para que movamos el culo, la mente y cualquier otra parte o sentido de nuestro organismo. Casi cada vez que bajamos la cabeza a mirar el teléfono, por ejemplo, es porque esperamos encontrar algo que nos entretenga, ya sea en lo profesional o en lo ocioso. También cuando llevamos un rato solos, ahítos de la infinitud que nos ofrece lo digital, y llamamos a un amigo para quedar. Por supuesto, la promesa de entretenimiento está presente cuando compramos un billete para pasar un fin de semana en Helsinki solo porque alguien que seguramente no conoce la ley de Linus nos ha dicho que merece la pena.

Combatir el aburrimiento se ha convertido en la miel más efectiva y democrática para atraernos. No importa si eres demasiado joven o un poco viejo, si estás forrado o en bancarrota, seguro que hay una o varias diversiones que te van a sacar de todo lo que estés haciendo para darte una merecida distracción. Además, ahora el entretenimiento viene en un paquete con una oferta de experiencias que incluyen orgullo de pertenencia y diferenciación.

«Experiencia», por cierto, es una palabra clave, un término que se repite en todos los argumentarios de marketing, también del urbano. Existe, por ejemplo, una categoría en el mundo de los viajes llamada turismo experiencial que dice centrarse en las «emociones y sentimientos» que perciben quienes la practican. Como si esto fuese una novedad, como si ningún viajero ni turista en la historia —desde Ulises hasta los tres muchachos de *Resacón en Las Vegas*— hubiera partido para experimentar emociones y sentimientos distintos a los que vivía en casa.

Uno diría que el sustantivo «experiencia» requiere de un adjetivo que complete el significado, pero en el mundo de ahora no es necesario. Cualquier ciudad te invita a vivir su singular experiencia a través de costosas campañas que se asemejan sospechosamente a otras carísimas campañas que venden las experiencias impares de otras ciudades. Cualquier restaurante anuncia que comiendo en él tendrás una experiencia única, sin concretar si se refiere a una pitanza fabulosa o a una indigestión. Experiencia, por eso, se ha convertido en una no palabra que se repite sin cesar para tratar de ocultar el elefante en la habitación de la promesa constante de entretenimiento y conexión. Porque ¿no empezamos a tener la sensación de que, al final de esta huida constante del aburrimiento, lo único que encontramos es más aburrimiento y más desolación? ¿Y si buena parte de las experiencias sin atributos que nos proponen desde distintas partes para escapar de nuestra presuntamente tediosa rutina diaria fueran finalmente la misma experiencia previsible, soporífera y repetida? ¿Y si todo es igual a la vez en todas partes?

Esta es la tesis del periodista y crítico cultural estadounidense Kyle Chayka en su libro *Mundofiltro*.[2] Chayka sostiene que los flujos algorítmicos que rigen el funcionamiento de las plataformas y canales digitales no solo nos han hecho consumidores y ciudadanos más pasivos, sino que, a base de reforzar nuestro punto de vista, han logrado que nuestras vidas sean más aburridas. «Puesto que los sistemas algorítmicos influyen sobre el tipo de cultura que consumimos como individuos, moldeando nuestros gustos personales, determinan también el tipo de lugares y espacios hacia los que gravitamos». Es decir, la ciudad digital tiene también influencia en la física, imprime en ella carácter y estética.

Para Chayka, esa influencia es definitiva. La automatización —«los algoritmos son mecanismos de automatización»— ha colonizado diversas facetas de nuestra existencia y nuestros gustos. No solo los de los clientes/ciudadanos, también los de quienes diseñan las ofertas/políticas. Chayka habla de cafeterías que son iguales en San Francisco, en Hong Kong, en Bogotá y en Valencia, y de habitaciones de Airbnb que son clónicas vayas donde vayas. Pero también sucede con planes culturales calcados y estrategias de regeneración urbana similares. Las mires por donde las mires y las vivas por donde las vivas, las ciudades son cada vez más parecidas.

Puesto que los algoritmos de redes y plataformas digitales están diseñados para que pasemos el mayor tiempo disponible enganchados a su oferta de contenidos, tienden a ofrecernos aquello en lo que mostramos más interés e interacción. Existe, por una parte, un efecto burbuja que nos evita lo diferente, pero hay más. El gusto de cada uno se va adaptando a una moda conformada por los gustos de la inmensa mayoría porque ese es el producto que regurgita e impone lo digital.

Es un gusto atrofiado, ajeno a la variedad existente, y engañado, porque se cree satisfecho en su singularidad. La culpa, según Chayka, es del algoritmo, pero no solo. «Hoy tenemos a nuestro alcance más opciones culturales que nunca y podemos acceder a ellas a voluntad. Somos libres de escoger cualquier cosa. Sin embargo, a menudo elegimos no tener elección, dejar que nuestra esfera la moldeen unos flujos automáticos».

Pero ¿tenemos realmente esa libertad de elección? Sin meternos en el debate sobre la conciencia y el libre albedrío, merece la pena recordar el ruido que produce la saturación de la oferta. La cantidad de contenidos de todo tipo que están a nuestra disposición es tan inmensa que la delegación en la demanda es una necesidad o incluso una imposición.

Por todo lo anterior, el paisaje comercial en ciudades de todo el mundo parece estar repetido. Cafés de especialidad, tiendas de segunda mano, comercios de sucedáneos del cannabis, *hostels* y hoteles, panaderías y pastelerías, etc. Da igual que estés en Madrid, Barcelona, Berlín, Ámsterdam, París; son los mismos negocios con una decoración similar y una comunicación casi calcada. Por supuesto, en esta uniformización del territorio urbano, además de los algoritmos, también influyen las estrategias de marca ciudad, la evolución del modelo productivo y los capitales globales operando con lógicas fordistas de rentabilidad.

En cualquier caso, el resultado es que todas aquellas personas que pretenden huir del aburrimiento subiendo a un avión y cambiando de ciudad tienen la misma sensación que si hubieran cogido el metro para moverse a otro barrio. Vayas donde vayas, todo resulta extrañamente familiar. Y en esta expresión, «extrañamente familiar», que suena casi a oxímoron pero no lo es, puede estar uno de los secretos del éxito de todo esto.

¿Qué gracia tiene que, si lo que nos mueve es huir del aburrimiento, lo que encontremos una vez que hemos llegado a otro lugar sea lo mismo que podemos hallar en nuestra urbe? La clave está en el vaciado de la palabra «experiencia». Todo debe ser algo, pero no mucho, una prueba rápida y superficial, lo suficientemente atractivo para entrar y hacer *check*, aunque no tanto como para impedirnos salir corriendo a por lo siguiente. Y, además, ha de ser fácil, ergonómico. Es como si las técnicas de experiencia de usuario (UX) que se utilizan para diseñar webs, aplicaciones y plataformas digitales y mantenernos en ellas gastando horas de nuestra vida a base de saltar de un contenido a otro, se empleasen en diseñar la oferta comercial de las ciudades. Solo que no hay unos ingenieros informáticos detrás haciéndolo. O, al menos, no directamente.

Tampoco son informáticos quienes están detrás de las distintas estrategias de desarrollo y cultura urbanas. Como ya se ha dicho en este libro, los administradores de lo público se han ido dejando llevar por los cantos de sirena del sector privado para diseñar tanto planes de regeneración como estrategias de marketing o propuestas culturales y de eventos. En busca de la diferenciación en el cada vez más competitivo mercado de las ciudades que pretenden gustar, la tendencia es a proponer cosas casi iguales. Si allí triunfa un festival de música, aquí haremos otro aún más grande. Si allá hay una oficina que fomenta la realización de producciones audiovisuales, acá abriremos la nuestra y le añadiremos unos cuantos millones para la subvención de rodajes. Si fuera lo que se está llevando es el aumento de la presencia policial en las calles y el acoso a inmigrantes, dentro armaremos a nuestros agentes como para ir a una guerra.

La uniformización se extiende a todo tipo de políticas. Pongo un ejemplo. En España, «la Ley 7/2021, de 20 de mayo, de cambio climático y transición energética, establece la obligación para municipios de más de 50.000 habitantes, territorios insulares y municipios de más de 20.000 habitantes, cuando se superen los valores límite, de establecer zonas de bajas emisiones antes de 2023».[3] Estas zonas de bajas emisiones (ZBE) se costean con fondos Next Generation movilizados por el Ministerio de Transportes y Movilidad Sostenible y, por eso y por el imperativo legal y económico que supondría no aplicarlas, hasta los gobiernos municipales refractarios a la idea por asuntos de posicionamiento político han ido haciendo las suyas. Pero ¿es necesario que todos estos lugares tengan su ZBE? Partiendo de la base del interés general de reducir las emisiones y, por tanto, el uso de vehículos privados contaminantes, ¿las ciudades dormitorio metropolitanas de más de 50.000 habitantes requieren de ZBE cuando no hay tráfico de paso diario en sus centros urbanos o deberían articular otros planes de movilidad conjuntos que facilitaran los trayectos en transporte público a sus vecinos? ¿Habría estado bien hacer una norma más flexible que revisase las necesidades particulares de cada tipo de urbe —o incluso de cada urbe— y financiado las actuaciones pertinentes? Por supuesto, todas estas cuestiones son retóricas porque las cosas no siempre operan desde el cuestionamiento. Las ciudades que se creen singulares son todas iguales, entre otros motivos, porque funcionan a partir de respuestas, no de preguntas.

> ¿Cuáles son las desventajas de la identidad?; y, a la inversa, ¿cuáles son las ventajas de la vacuidad? ¿Y si esta homogeneización accidental —y habitualmente deplorada— fuese un proceso intencional, un movimiento consciente de alejamiento de la diferencia y acercamiento a la similitud? ¿Y si estamos siendo testigos de un movimiento de liberación global: «¡Abajo el carácter!»? ¿Qué queda si se quita la identidad? ¿Lo Genérico?

Esta vez las preguntas se las hace el afamado arquitecto neerlandés Rem Koolhaas. Pertenecen a un texto llamado *La ciudad genérica*,[4] que es como una postal sellada en 1996 y recibida en estos tiempos de singularidad igualitaria. Koolhaas define y elogia lo que él llama ciudad genérica y lo hace de una forma tan divertida como contradictoria, provocadora en cualquier caso. Habla el arquitecto de los efectos de la expansión de las urbes en la segunda mitad del siglo XX y parte de una premisa: la ciudad existe incluso a pesar de quienes la intentamos comprender, analizar y planificar: «Los profesionales de la ciudad son como jugadores de ajedrez que pierden frente a los ordenadores. Un perverso piloto automático burla constantemente todos los intentos de capturar la ciudad, agota todas las ambiciones de lograr su definición, ridiculiza las aseveraciones más apasionadas sobre su fracaso presente y su imposibilidad futura, la impulsa implacablemente en su huida hacia adelante».

Koolhaas se adelanta a la mudanza a la ciudad digital —«la Ciudad Genérica es lo que queda después de que grandes sectores de la vida urbana se pasaran al ciberespacio»—, a los procesos de gentrificación nacidos de las buenas intenciones —«la peatonalización, pensada para conservar, simplemente canaliza el flujo de los condenados a destruir con sus pies el objeto de su presunta veneración»— y al furor turístico-inmobiliario —«los hoteles se están convirtiendo en el alojamiento genérico de la Ciudad Genérica, en su pieza edificatoria más común»—. Pero lo más interesante es su punto de vista sobre la identidad.

El arquitecto retrata la pulsión identitaria de los administradores de lo urbano, esa imposible pretensión de ser modernos a base de comerciar con la historia. «La identidad concebida como esta forma de compartir el pasado es una proposición condenada a perder: no solo hay —en un modelo estable de expansión continua de la población— proporcionalmente cada vez menos que compartir, sino que la historia también tiene una ingrata vida media, pues cuanto más se abusa de ella, menos significativa se vuelve».

Muchas ciudades marca tratan de serlo a partir de unos presuntos valores históricos, tangibles e intangibles, que convierten en parte del producto. Como ya se ha dicho, caso de que esa identidad existiese de tal manera, su propia comercialización es el principio de su extinción. Pero ¿es esa la única identidad de una localidad? ¿Es la identidad, o las identidades, algo inamovible o cualquier intento de capturarlas es un retrato de algo ya pasado? ¿No será la preocupación por lo identitario una cortina de humo que nos impide apreciar asuntos más relevantes para nuestra vida?

Muchas veces se ataca, por ejemplo, a la invasión turística por sus efectos sobre la identidad de un lugar. El mismo Koolhaas cae en ello cuando escribe sobre «la masa siempre creciente de turistas, una avalancha que, en su búsqueda perpetua del "carácter", machaca las identidades de éxito hasta convertirlas en un polvo sin sentido». Se defiende así algo que es un imaginario emocional, la presunta personalidad de una urbe, mientras se olvidan los efectos socioeconómicos que produce la uniformización. Como si fuera posible habitar en un relato.

Las ciudades que presumen de ser singulares, pero son iguales, tienen algo más que un problema de pérdida de identidad y se están vaciando de algo mucho más importante: vida.

La biodiversidad se define como la variedad de la existencia, la pluralidad de seres y relaciones entre ellos y con el medio, o sea, la Tierra y la atmósfera. Es importante que la biodiversidad se mantenga para calibrar y conservar la salud del planeta. La merma de especies y ecosistemas es causa, efecto y otra vez causa de un desequilibrio que es el inicio de una serie de catastróficas desdichas. Pensamos que todo esto es válido solo para los documentales de animales y los discursos medioambientales, pero no. Es también una explicación para entender qué y cómo es una vida urbana económica y socialmente sana.

La pérdida de identidad es un síntoma, no el problema. El temazo de la homogeneización es la pérdida de diversidad. Detrás de los flujos algorítmicos que describe Chayka en *Mundofiltro* hay un oligopolio de empresas cada vez más poderosas para las que modificar y amaestrar nuestro gusto es un medio para un objetivo que se justifica en los informes trimestrales a los accionistas. Al final de todas esas habitaciones de hotel y Airbnb clonadas, de tantísimo *coworking* repetido y de la misma flor dibujada en cada taza de café de especialidad, hay un grupo reducido de fondos e inversores diseñando una estrategia de control de costes en la que la repetición es una ventaja competitiva. También hay una concentración de la oferta que elimina o se lo pone muy difícil a los pequeños empresarios y promueve condiciones laborales que son, asimismo, similares y no necesariamente mejores.

La uniformidad es una muestra de desequilibrio en el que todos, menos los que la provocan, salimos perdiendo. Siendo todo igual tenemos menos opciones tanto de competir en el mercado, como empresarios o autónomos, como de elegir entre su oferta. Somos precarios como empleados, como consumidores y como ciudadanos. Y se produce un aplanamiento del deseo, que pierde también diversidad ante la apisonadora de la concentración. La tercera motivación de la ley de Linus se diluye así en un exceso de oferta demasiado similar. La huida del aburrimiento solo produce más sopor porque todo lo que se nos ofrece es lo mismo. Lo cual puede llegar a ser, con perdón, una forma de totalitarismo.

Eso es lo que sugiere Mark Fisher en *Realismo capitalista* cuando se pregunta «hasta qué punto el deseo que suscitan Starbucks y iPhone es finalmente un deseo de abrazar el capitalismo».[5] Para el filósofo inglés, que usaba Starbucks como ejemplo quizá porque los cafés de especialidad no llegaron a tiempo para inundar su pensamiento, el carácter genérico de esas cafeterías, «su capacidad de erradicar la individualidad y la iniciativa de los empleados», puede ser lo mismo que se reprochaba a los regímenes comunistas. «¿Qué nos impide pensar, en definitiva, que el deseo de Starbucks es el deseo reprimido de comunismo? ¿Qué es este tercer espacio que Starbucks ofrece, un espacio que no es el hogar ni el trabajo, sino una prefiguración degradada del comunismo mismo?».

El problema con la identidad es como el que tiene el payaso con el sombrero cuando, cada vez que lo intenta coger del suelo, le da una patada y lo empuja unos metros. No hay manera de atraparla. Sin embargo, hay quien cree que es posible no solo asirla sino controlarla. El Ayuntamiento de Barcelona, por ejemplo.

Una propuesta de Esquerra Republicana de Catalunya (ERC), es decir, de la izquierda nacionalista, solicita «impulsar los cambios normativos necesarios para impedir la exposición y venta de productos turísticos ofensivos o de mal gusto que degradan la imagen de la ciudad».[6] El origen de esta preocupación es que en las tiendas de souvenirs de allí se venden abrebotellas cuyo mango es un falo de madera, camisetas en las que se imprimen lemas como «I love latinas» y «I love cocks», así como todo tipo de artículos con mensajes cachondos, en el amplio sentido de la palabra.

La raíz del asunto está en el Plan Especial de Ordenación de Establecimientos Comerciales Destinados a la Venta de Artículos de Recuerdo o Souvenirs. Se trata de una norma hecha a principios de siglo que establece el número máximo de comercios del ramo en zonas de alta afluencia turística en una ciudad en la que esa afluencia es altísima casi en todas partes. En ella se marca también lo que se considera souvenir y lo que no. Sí lo son «artículos textiles con referencias a Barcelona, reproducciones de monumentos, productos deportivos relacionados con el Barça, el Real Madrid, la Selección española o productos tradicionales como abanicos, mantillas o artesanías con referencias locales». No lo es todo lo demás: los sombreros mexicanos, las camisetas de Pablo Escobar o los penes multifunción que llenan los establecimientos.

Según algunos comerciantes, el problema está ahí: si no les dejan ser tienda de souvenirs, pero su mercado es el turista porque hay calles por las que no pasan ya vecinos, algo tienen que vender. Por cierto, que el sector de los souvenirs —las tiendas que los venden, pero también sus fabricantes— está viviendo un importante crecimiento y está inmerso en el mismo proceso de concentración y homogeneización que todos los demás.[7]

Es interesante el reportaje que cuenta esta noticia porque refleja el despiste que hay en algo a lo que se da tanta importancia como la marca ciudad. Jordi Corominas, concejal de ERC, dice que no se trata de «una cuestión moral», sino de evitar «que la marca Barcelona aparezca en un llavero en forma de pene». Más allá de la simpática paradoja que se aprecia al comprobar que a un político nacionalista no le molesta que la marca Barcelona se asocie a una bailaora de sevillanas o un escudo del Real Madrid, pero sí que se relacione con un órgano sexual, lo fascinante es ver cómo entendemos la identidad urbana como algo estático, que se puede definir y, por tanto, fijar.

¿Cuáles son los valores y atributos de la marca Barcelona? Pues, seguramente, si preguntamos a este y otros concejales, algunos empresarios y también a bastantes ciudadanos, aún hablarán de un imaginario que va de la historia a la modernidad pasando por lo gastronómico: la Catedral del Mar, el *disseny* y la tortilla deconstruida como vértices de un triángulo identitario. Pero la experiencia de marca real de quien visita la ciudad puede estar más cerca, en ocasiones, del Museo Erótico, los abrebotellas fálicos o las raciones de paella prefabricada a precio de angulas. O del ruido de las ruedas de maletas, las despedidas de soltero en el Puerto Olímpico y las peleas de madrugada en la Rambla. O de las fiestas llenas de champán en las piscinas de los hoteles de lujo, el blanqueo de capitales a través de negocios inmobiliarios y los bolsos de más de diez mil euros que se venden a diario en el paseo de Gracia.

Para el neurocientífico británico Anil Seth, la identidad individual se empieza a entender solo si la miramos de dos maneras.[8] Por un lado, el yo relacionado con el cuerpo, en el que incluye las emociones y los estados de ánimo. Por otro, el yo narrativo, que tiene que ver con la subjetividad que se construye desde el pensamiento, donde los relatos propios y ajenos tienen un papel fundamental. Pero, claro, esto sirve para tratar de comprender el yo individual; el social es mucho más complejo, ya que está formado por centenares o miles de cuerpos y centenares de miles de relatos. Por eso, cuando se habla de la identidad de una comunidad urbana, ¿de qué se está hablando? La verdad, no lo tengo claro y sospecho que quienes la sacan como bandera para sus actuaciones, aún menos.

Quizá por eso se sienten capaces de reducir algo tan complejo y dinámico a una marca. Inmersas en la competición por ganar mercado, las ciudades se conciben como un producto que hay que vender, una mercancía a la que hay que dotar de identidad y, por eso, de singularidad. El problema es que esa singularidad es artificial porque es un medio, una herramienta para lograr un fin, que es mercantil. El éxito en esa carrera será, en cualquier caso, un camino para ser aún menos singulares. Porque, si lo que se pretende es atraer clientes y accionistas, hay que gustar y, por eso, adaptarse a sus gustos. Lo cual no es ser uno mismo, sino ser como quieren los demás y como requieren las necesidades de la oferta comercial. Por eso hay falos que abren botellas al lado de imanes de la Sagrada Familia. Y por eso los hay, iguales, en Bangkok y en Ámsterdam. Porque el público, si no es el mismo, es parecido; tanto en este segmento del mercado como en otros. Por eso todas las ciudades que quieren ser singulares acaban siendo semejantes.

Vuelvo a la ley de Linus para cerrar el capítulo. Las ciudades, históricamente, han sido lugares que posibilitan satisfacer las tres motivaciones planteadas por el hacker finlandés: espacios donde encontrar formas de supervivencia, gentes con las que tener vida social y maneras de huir del aburrimiento. Pero, últimamente, están muy concentradas en ofrecer recursos para aliviar el tedio, ya sean sombreros mexicanos, botellas de champán, pisos de lujo o festivales de música. Una oferta de entretenimiento que, además de ser cada vez más previsible y uniforme, es más intrascendente y vacía de lo que Linus Torvalds considera verdaderamente motivador. «Con entretenimiento me refiero a algo más que a jugar con tu Nintendo», dice el hacker. Y pone el ejemplo de Albert Einstein rompiéndose los sesos para encontrar una explicación unificada del universo.

Las consecuencias de esta obsesión de las urbes por ser pasatiempos afectan directamente a las motivaciones que conforman la segunda y la primera fase de la ley de Linus. Es como si la simplificación y mercantilización absoluta del entretenimiento signifícase el inicio de la autodestrucción. Porque lo que estamos viviendo en tantas ciudades dedicadas con convicción al ocio es la desaparición de la vida social y los lazos comunitarios, el desvanecimiento de muchos relatos comunes, la pérdida del sentido del nosotros, un común que sí hace identidad y, sin el cual, podemos ir directos a acabar con la primera fase, con la supervivencia.

La ciudad *Monopoly*

El georgismo es una filosofía política y económica del siglo XIX bastante olvidada hoy que propone considerar que lo que da la naturaleza es de todos y que solo lo creado por cada individuo es suyo. Por tanto, la propiedad privada, lo hecho por cada uno, debe estar libre de impuestos, pero para el uso de bienes comunes —lo existente, lo natural— sí debe haber una imposición fiscal. Llevándolo a lo inmobiliario, el suelo debería ser propiedad común, aunque podría estar en manos privadas, y por eso sujeto a un único impuesto sobre el valor de la tierra cuyos ingresos revertirían en la sociedad en forma de servicios o de renta. Lo que se haga sobre ese suelo, las construcciones y negocios, estaría libre de impuestos. Como se entiende a través del ejemplo, uno de los objetivos del planteamiento es evitar la especulación y fomentar la prosperidad a través del trabajo.

El georgismo debe su nombre y sus fundamentos al economista estadounidense Henry George, al que me extraña que no esté recuperando algún *youtuber* para hacerse el interesante. Sus teorías se inspiran tanto en las de Adam Smith y John Stuart Mill como en el pensamiento de Pierre-Joseph Proudhon, y, a su vez, han influido en gentes como Milton Friedman o Joseph Stiglitz. Pero, sin duda, su herencia más extendida es un juego de mesa que sirve como primer curso para introducirse en el capitalismo especulador: el *Monopoly*.

The Landlord's Game es el nombre de su versión original creada en 1903 por Elizabeth Magie Phillips, una escritora feminista estadounidense que lo ideó para explicar y difundir las ideas de Henry George. El objetivo era demostrar divirtiendo los nefastos efectos del monopolio y el uso especulativo de la tierra. El tablero ofrecía dos modos: *Monopoly* (monopolio) y *Prosperity* (prosperidad), y, según el rol que se escogiese, se podía vivir una u otra experiencia y entender, o eso pretendía ella, que la buena era la segunda.

La georgista envió el juego a la empresa Parker Brothers en 1910 para ver si le interesaba comercializarlo, pero esta lo rechazó. *The Landlord's Game* tuvo un recorrido modesto, se llegó a vender en el Reino Unido con otro nombre y circularon copias por universidades hasta que, en 1934, un comercial de calefactores denominado Charles Darrow patentó un juego supuestamente nuevo llamado *Monopoly* que enseguida vendió a Parker Brothers. Años después, Darrow admitió haber copiado a Elizabeth Magie Phillips, y Parker Brothers aprovechó la negociación para quedarse los derechos mundiales de lo que ya era un exitazo.

No deja de tener su chiste que sea este el trayecto por el que el juego que nos enseña lo divertido que es ganar dinero con la especulación ha llegado a nuestras vidas. Sin duda, es un buen ejemplo de cómo el modelo económico es capaz de apropiarse incluso de aquello que lo cuestiona y de transformarlo en un producto al que se puede sacar rendimiento y convertir, de paso, en ideología. De todos modos, aunque la historia del *Monopoly*[1] es toda una enseñanza, no sería justo atribuir los problemas de vivienda que asolan las ciudades a los hermanos Parker.

«La mayor parte de la población de la ciudad que se jactaba de sus conquistas mundiales vivía en alojamientos estrechos, ruidosos, sofocantes, fétidos e infectos; pagaba alquileres exorbitantes a caseros implacables, soportando diariamente indignidades y terrores que los insensibilizaban y embrutecían». Esta cita podría pertenecer a un autor contemporáneo que quisiera retratar la realidad de cualquier urbe global y, sin embargo, es como describe Lewis Mumford la situación de la vivienda en la Roma imperial.[2]

En Grecia, en Roma, en la Edad Media, en las ciudades renacentistas y barrocas, en la Ilustración... El poder en las urbes se ha manifestado, consolidado y enriquecido, entre otras maneras, apropiándose del suelo y de lo construido sobre él. También desde siempre ha habido intentos de poner freno a la rapiña. Julio César, por ejemplo, trató de limitar el precio de los alquileres para frenar la desigualdad galopante, pero la falta de mecanismos de control, el rechazo de las élites, el crecimiento descontrolado de la ciudad y la corrupción lo hicieron imposible. Motivos que también nos suenan hoy.

Esta forma de operar del poder con respecto a algo tan esencial como la vivienda ha dado beneficios que tienen que ver con las rentas obtenidas por los alquileres, pero también con unas condiciones de vida que garantizaban miseria, necesidad y, por tanto, sometimiento. Otra vez, el surgimiento del capitalismo y la Revolución Industrial perfeccionaron el sistema.

Si fue en el siglo XIX cuando las ciudades europeas empezaron a acoger centenares de miles e incluso millones de habitantes, fue por la transformación del modelo productivo y la necesidad de mano de obra. Normalmente, cuando se habla del crecimiento urbano y se celebra como una estupenda idea que demuestra que nuestra especie es la más lista, se suelen obviar procesos de concentración de poder, apropiación de bienes comunes y sometimiento de la población. Procesos como los cercamientos.

Estos poco georgistas *enclousures* comenzaron en Inglaterra a mediados del XV y sirvieron a los nobles para, con la excusa de buscar la eficiencia agrícola y mitigar la pobreza, quedarse las tierras comunales. Así, no solo se pasó de lo colectivo a lo privado, sino que se obligó a la servidumbre. Los cercamientos continuaron durante siglos y forzaron a miles de campesinos a migrar a las ciudades en busca de algo que llevarse a la boca. Fue esta mano de obra desesperada la que luego trabajó en las peores condiciones en las fábricas de Londres, Manchester o Birmingham, y la que necesitó un lugar donde dormir, una vivienda que en casi todos los casos llevaba incluido el prefijo «infra-» y era ofrecida a precios abusivos por los señores urbanos propietarios del suelo.

Procesos similares ocurrieron en Francia, en Dinamarca, en Rusia... En España, la desamortización incluyó la privatización de tierras comunales y provocó que miles de campesinos buscasen la supervivencia en ciudades en fase de industrialización dentro de la península ibérica y en América. Seguramente, la vida de muchos de estos campesinos de todos estos países no daba para una égloga, pero lo que encontraron al final de viaje sí ha servido para multitud de relatos sobre miseria, como los de Víctor Hugo, Émile Zola y Charles Dickens, y pensamientos más o menos revolucionarios como los de Henry George o Karl Marx y Friedrich Engels.

> Lo que hoy se entiende por penuria de la vivienda es la particular agravación de las malas condiciones de vivienda de los obreros a consecuencia de la afluencia repentina de la población hacia las grandes ciudades; es el alza formidable de los alquileres, una mayor aglomeración de inquilinos en cada casa y, para algunos, la imposibilidad total de encontrar albergue. Y esta penuria de la vivienda da tanto que hablar porque no afecta solo a la clase obrera, sino igualmente a la pequeña burguesía.[3]

La cita pertenece a *Contribución al problema de la vivienda*, un libro de Friedrich Engels que habla de la escasez de vivienda en ciudades de Europa, principalmente alemanas. Engels ataca la idea pequeñoburguesa y también proudhoniana de combatir las miserias del alquiler a través de la compra. Según él, eso solo consigue endeudar y atar a los trabajadores a un sistema injusto e ineficaz. Para él, la solución al problema es, cómo no, la abolición del capitalismo y la socialización de los medios de producción. Más allá de sus ímpetus revolucionarios, Engels se anticipa a un par de cosas y propone algo con sentido.

Su texto ya avisa de que «la penuria de la vivienda» se puede extender a la burguesía, algo que estamos viviendo actualmente. Y la forma en que expresa cómo las propuestas que pasan por la propiedad llevan al endeudamiento y a la integración en un sistema injusto anticipa, por ejemplo, las políticas de desarticulación social del dictador Francisco Franco —«No queremos una España de proletarios, sino de propietarios»— o de Margaret Thatcher —«No existe esa cosa llamada sociedad»—.

Finalmente, la propuesta de Engels que hoy cobra sentido no es una revolución comunista completa, sino la desmercantilización de buena parte de la vivienda de las ciudades. O renunciamos a que nuestras urbes sean casillas de un tablero de juego en el que especulan sobre todo grandes capitales internacionales, o la desigualdad hará imposible seguir viviendo en ellas.

¿Es la vivienda la principal causa de la crisis de unas ciudades en las que el simple hecho de habitar se ha convertido en una quimera? ¿Es la escasez de oferta digna a un precio posible el origen de esa sensación que muchos tenemos de que el futuro se nos está desmoronando? ¿Hay algún atisbo de algo que no sea una catástrofe que pueda frenar la escalada de precios del mercado inmobiliario en todos sus segmentos y territorios? Estas son las principales cuestiones que, a diario, atormentan a muchos de quienes tratamos de habitar en ciudades.

Según Eurostat, el precio de la vivienda en Europa entre 2010 y 2024 ha subido un 48 por ciento, y el de los alquileres, más de un 20 por ciento. Hay tres países —Estonia, Islandia y Hungría— con subidas de más del 200 por ciento y ocho —Austria, Bulgaria, Letonia, Lituania, Luxemburgo, Noruega, Portugal y República Checa— en los que el incremento ha sido más del 100 por ciento.[4] Según la Organización para la Cooperación y el Desarrollo Económicos (OCDE), entre 2015 y 2024, los precios han aumentado un 54 por ciento en Estados Unidos y un 32 por ciento en China. En Estados Unidos y España, alrededor del 20 por ciento de los inquilinos destinan más del 40 por ciento de sus ingresos a pagar su vivienda, sea comprada o alquilada.[5] El esfuerzo en afrontar el gasto se ceba especialmente en las clases bajas.[6] Según el Banco Mundial, más de 1.600 millones de personas en el planeta se ven afectadas por esta emergencia habitacional.[7] Según ONU-Habitat, el 97 por ciento de las viviendas en los países desarrollados o en vías de desarrollo no son accesibles financieramente para quienes se destinaron en un principio.[8]

Buena parte de los datos del párrafo anterior son medias nacionales, y, cuando se mira en detalle lo que está ocurriendo en las ciudades presuntamente exitosas, se ve el verdadero alcance del desastre: Manchester, 51,4 por ciento; Oporto, 35,6 por ciento; Roma, 28 por ciento; Lisboa, 24,8 por ciento; La Haya, 21,9 por ciento; Madrid, 17 por ciento... Estos son los incrementos del precio de los alquileres en un año en distintas urbes europeas.[9]

No se libra casi nadie. En los Países Bajos, con un porcentaje de vivienda social por encima del 30 por ciento, la vivienda media cuesta más de diez veces el salario modal holandés y el precio se ha duplicado a lo largo de la última década.[10] En Dinamarca, también con un porcentaje alto de vivienda social —alrededor de un 20 por ciento—, tampoco están bien. Según un informe de Copenhagen Economics, los precios han tenido incrementos de un 7 por ciento interanual durante la última década y se prevén problemas más graves.[11] Incluso en Viena, el modelo más citado de buenas políticas de vivienda, hay turbulencias. Entre 2005 y 2023, los precios de venta subieron un 210 por ciento, y los alquileres, un 89 por ciento.[12]

El problema se agrava en países con poca vivienda social: Rumanía, Estonia, Croacia están por debajo del 2 por ciento. En España hay solo un poco más de ese porcentaje. Además, en regiones

100

y ciudades como Madrid, las administraciones han ido vendiendo su cartera de pisos con algún tipo de protección a distintos fondos para paliar problemas de liquidez. De hecho, podría decirse que, al menos desde la crisis de 2008, la misión de los distintos gestores de lo público ha sido garantizar que no se repitiese el desmoronamiento... del sector privado. Gracias a esas políticas, los ciudadanos lo vamos teniendo más y más difícil.

El fenómeno de la venta de suelo y/o viviendas a fondos se ha repetido de distintas maneras en lugares como Londres, Berlín, Ámsterdam, Nueva York o Chicago, entre otros. Con el afán de gestionar los territorios como si fueran empresas, la estrategia de sanear cuentas con el caramelo más goloso de la ciudad les ha parecido buena idea a diversos gobernantes de distintas regiones. Lo mismo que fomentar la llegada de capitales internacionales a través de herramientas como la Golden Visa, el visado de oro. Aprobado en España en 2013 para inversiones, inmobiliarias y otras, superiores a quinientos mil euros con el cebo de recibir la residencia, este tipo de programas ha sido aplicado también en Portugal, Grecia, Italia, el Reino Unido, Italia, Irlanda, Estados Unidos, Canadá, Australia, Nueva Zelanda, Hong Kong... En los últimos años, distintos gobiernos han ido retirándolo o prometiéndolo, pero el daño, también estético, está hecho.

Lo mismo ocurre con lo que en España llamamos SOCIMI (sociedades anónimas cotizadas de inversión en el mercado inmobiliario) y en casi todo el mundo REIT (*real estate investment trust*), sociedades para la canalización de inversiones inmobiliarias sujetas a una tasa impositiva sobre los beneficios entre inexistente y minúscula. La idea, según sus promotores, es atraer capitales y fomentar el mercado de alquiler. La realidad detrás del argumento es bien distinta, puesto que estas herramientas han sido vehículos para la concentración y el acaparamiento, el aumento de la especulación y el encarecimiento de los precios.

La crisis de 2008 no supuso el fin del capitalismo, como se atrevió a decir en un momento de excesiva motivación Nicolas

Sarkozy. Además de todo lo repasado en los párrafos anteriores, muchos fueron los gobiernos que rescataron a los bancos de sus países sin pedir nada a cambio, ni siquiera un sitio en sus consejos de administración. Y bastantes fueron también los que crearon un «banco malo» —porque todos sabemos que los demás bancos son buenísimos— para hacerse cargo de lo que en el sector llaman «activos tóxicos», una curiosa forma de denominar una de las perversiones del sistema: viviendas embargadas, con alto riesgo de impago, inmuebles cuyo valor es menor que la deuda contraída y bienes troceados a través de hipotecas *subprime* detrás de los cuales hay, en muchos casos, gente vulnerable que se ha quedado en la calle.

En España, el banco malo se llama SAREB (Sociedad de Gestión de Activos Procedentes de la Reestructuración Bancaria); en Irlanda se llama NAMA (National Asset Management Agency); en Estados Unidos, TARP (Troubled Asset Relief Program); en el Reino Unido, UKAR (UK Asset Resolution)... En Grecia, en Italia y también en Alemania hay instituciones similares, y en muchos de esos países se han dedicado a asumir los bienes con lastre de los bancos para luego hacer paquetes con ellos y vendérselos a fondos e inversores internacionales que han seguido operando con las reglas del *Monopoly* como guía ética.

Así pues, la emergencia habitacional no es una catástrofe natural. Es consecuencia de la voracidad de los grandes jugadores y las políticas que favorecen sus intereses y no los de los ciudadanos.

Hay más ejemplos de esta forma de actuar del sistema político a instancias del modelo económico. Por ejemplo, el turismo. Aunque todavía quedan asociaciones de propietarios de viviendas turísticas que lo niegan, no hay que ser muy listo para entender que la derivación de miles de pisos y edificios al alquiler temporal resta oferta y encarece los precios. El sector, además, ha sido especialmente potenciado por las administraciones tras el derrumbe de 2008 como solución urgente para asear las cuentas, tanto de cara a las agencias de calificación y las instituciones internacionales como a ojos del electorado.

Además de los engañosos datos de empleo y PIB que aporta, el turismo contabiliza como exportación y por eso los estados europeos vieron en él una oportunidad para tapar agujeros en la balanza de pagos. Países sin mucha tradición como Islandia, pero también los que siempre han jugado esta carta, como Grecia, Italia o España, decidieron facilitar de diversas maneras el negocio: ampliación de aeropuertos, exenciones fiscales, subvenciones... Por supuesto, también permitieron la multiplicación de los alquileres turísticos y temporales.

Airbnb nace precisamente en 2008 y su expansión corre paralela a la salida de esa crisis. Es verdad que al principio poca gente previó el daño que esta y otras plataformas iban a hacer al mercado de la vivienda, pero también es cierto que enseguida empezó a haber datos de su impacto y, tiempo después, intentos de ciudades como San Francisco —donde nació la empresa—, Ámsterdam o Barcelona por frenar su desarrollo mientas otras se dedicaban y aún se dedican a fomentarlo.

El mercado de viviendas turísticas ha evolucionado y la tendencia ha sido a la concentración en manos de grandes gestores locales y fondos internacionales. Las normativas también han ido cambiando y, aunque hay ciudades que tratan con poco éxito de luchar contra su crecimiento y la capacidad de las plataformas para escurrir el bulto, normalmente se favorece esa concentración. ¿Cómo? Poniéndoselo difícil a la oferta de pisos sueltos mientras se potencian las operaciones en edificios completos, con rápidas aprobaciones de cambios de uso si es necesario.

En esto del turismo vamos de doctrina del shock en doctrina del shock. Porque, tras el golpetazo de 2008, llegó la COVID-19, el confinamiento y una salida de esta nueva crisis en la que la apuesta por los viajes se ha multiplicado, olvidando los costes sociales que ya se habían evidenciado. Ha pasado más de un lustro desde la pandemia y el impacto del modelo turístico en la oferta y el precio de la vivienda en todo tipo de ciudades es una de las causas de la emergencia habitacional en la que está inmersa buena parte del mundo. Las protestas y manifestaciones han vuelto y, con ellas, las declaraciones bienintencionadas de jefes de Estado, presidentes regionales y alcaldes. Pero la realidad sigue yendo mucho más deprisa que sus promesas y cada vez socava más el bienestar de la sociedad.

No solo no se ve luz al final del túnel, sino que la conversación sobre el tema inmobiliario está viciada y la oscuridad no hace más que aumentar. Cuando se plantean medidas como el control de precios y la protección de los inquilinos, se utiliza a los pequeños ahorradores como escudos humanos y se defiende con su ejemplo el derecho a vivir de las rentas. ¡Propietarios del mundo, uníos!

Y, lo peor de todo, se tapa la emergencia culpabilizando a la víctima y señalando a lo que en España mal llamamos ocupación e inquiokupación como la razón fundamental por la que no hay más pisos en el mercado. Así, un problema estructural se convierte en una lucha de puntos de vista entre ciudadanos, pequeños inversores contra arrendatarios, para paralizar cualquier intento de política valiente.

El recurso a los pequeños inversores es una cortina de humo. Estos son algunos datos que da el antropólogo y fundador del Sindicat de Llogateres (Sindicato de Inquilinos) Jaime Palomera, quien también recurre a la metáfora del *Monopoly* para describir el funcionamiento del sistema: más de la mitad de las viviendas compradas en los últimos diez años han sido adquiridas sin necesidad de hipoteca y «el 15 por ciento de esas adquisiciones fueron realizadas por extranjeros» que no viven en España. La mitad de las viviendas inscritas en el Registro de la Propiedad en los últimos años son «de sociedades que tienen un mínimo de ocho inmuebles». El número de personas con más de diez viviendas ha aumentado «nada menos que un 20 por ciento» en diez años. El 57 por ciento de los inmuebles está «en manos de actores que se dedican activamente al negocio del rentismo y que tienen —como mínimo— tres propiedades en alquiler».[13]

El agujero abierto en ciudades y sociedades no deja de crecer. La diferencia entre quien posee varias casas y el que no tiene ninguna es como la del que está dentro de la nave espacial disfrutando de la climatización y la ligereza que da la ausencia de gravedad y el que se ha quedado fuera sin cable ni motor que lo devuelva al interior, a la deriva en el espacio infinito. La situación se va agravando y cada vez afecta a más gente que pensaba que estaba en el lado bueno del privilegio.

Las clases medias no rentistas empiezan a dejar de serlo. Las distancias entre segmentos se van agrandando, también de forma literal. El arrendatario cuenta los días que le quedan para el fin del contrato de alquiler como el condenado a muerte marca su cuenta atrás en las paredes de la celda: sabe que el casero va a subir el precio de la vivienda porque así es el mercado, amigo. Y el mercado actúa, el arrendatario se tiene que ir a vivir mucho más lejos y, por eso, vive menos porque el tiempo es vida y ahora tiene que moverse desde esa nueva esquina del universo hasta sus lugares habituales de trabajo y socialización. Seguramente, en los trayectos lea en algún medio que la soledad no deseada crece en entornos urbanos y tienda a pensar que es, otra vez, un fenómeno natural. Pero no.

El mercado no es un ente impersonal o una fuerza invisible como el magnetismo. El mercado tampoco son esos supuestos pequeños ahorradores, aunque algunos se dejen llevar por sus irresistibles y codiciosos cantos de sirena. El mercado son los grandes actores inmobiliarios, constructoras, promotoras, bancos y grandes fondos, los verdaderos jugadores y propietarios del tablero, las fichas y los dados que han logrado la adaptación del impulso político a sus necesidades de rentabilidad. Porque, por muchas subidas del salario mínimo, reducciones de jornada y propuestas de renta básica que se hagan, mientras el precio de la vivienda siga incrementándose a este ritmo, aquí y en todas partes no hay quien viva.

Un argumento habitual es que todo esto en realidad va de un cambio demográfico y, por eso, se necesitan más casas y que no hay porque no se libera suelo, y, además, que no es fácil construir porque los bancos ya no aportan fácilmente la financiación necesaria para acometer compras. Que no es el mercado, que no es ni bueno ni malo, que es la política que no se adapta como debiera a la evolución de la sociedad y las costumbres.

¿Y no tiene nada que ver el mercado en cómo evolucionan las costumbres? ¿No influyen las dificultades de emancipación, la emergencia habitacional y la precariedad que la situación provoca en decisiones como la de formar una familia? ¿De verdad necesitan los grandes jugadores del sector estrategias de relaciones públicas que les hagan quedar como víctimas de todo esto?

Aunque no lo parezca, en el mundo contemporáneo hay ejemplos que demuestran que se puede tener cierto control sobre el mercado y proteger la función social de la vivienda. Incluso hay alguno que nos recuerda a Henry George. Su idea de que el suelo es de todos es, de cierta manera, la base de las políticas de vivienda de Singapur, muchas veces mencionadas como ejemplo positivo pero quizá imposible. Positivo porque en esa ciudad Estado alrededor del 80 por ciento de los ciudadanos habitan en residencias construidas por la Housing and Development Board (HDB), una agencia gubernamental creada en 1960. Los precios son accesibles gracias a subsidios directos, préstamos a bajas tasas de interés y un sistema de ahorro obligatorio —Central Provident Fund (CPF)—. Los pisos son en propiedad durante noventa y nueve años, luego vuelven al Estado. Y los barrios son sanos y diversos porque, por norma, está garantizada la mezcla de usos y poblaciones, se vigila el equilibrio entre población malaya, china o india lo mismo que la variedad de clases y se planifica la presencia de zonas verdes, escuelas, hospitales, transporte y el resto de equipamiento y dotaciones necesarias.

¿Por qué digo que es un ejemplo quizá imposible de imitar? Singapur es un estado minúsculo, uno de los más pequeños del mundo —728 km²—, y también tiene un sistema político peculiar. En principio, es una república democrática con representación parlamentaria de distintos partidos, pero, desde su independencia en 1959, solo gobierna uno: el Partido de Acción Popular. Aunque muchos indicadores internacionales elogian al país por sus bajas tasas de corrupción, no deja de ser un sistema autoritario.

Viena es el otro gran modelo en materia de vivienda. Más cercano a la realidad de la mayor parte de ciudades occidentales que Singapur, sus raíces vienen de hace más de un siglo. Tras la Primera Guerra Mundial, ganó las elecciones allí el Partido Socialdemócrata Obrero Austriaco y comenzó un periodo de más de diez años, conocido como la Viena Roja. En ese tiempo se construyeron más de 60.000 unidades de vivienda pública entre las que destacaba el enorme complejo Karl Marx-Hof, casi 1.400 apartamentos para alojar a unas 5.000 personas, uno de los mayores edificios residenciales del mundo. Desde entonces, y salvo el parón de la dictadura y la guerra, no se ha parado de construir.

Hoy, con una población de dos millones de personas, hay unas 400.000 viviendas sociales. Más de 200.000 son pisos municipales, totalmente públicos, y el resto son de cooperativas y entidades sin ánimo de lucro. Casi el 80 por ciento de los vieneses puede optar a una vivienda social, municipal o cooperativa porque los umbrales de renta son altos. Medio millón de personas viven en viviendas públicas y la espera para acceder a ellas es, como máximo, de dos años. Para los pisos que se destinan al mercado privado, hay unas condiciones exigentes de estado, mantenimiento y también contractuales. Se protege al arrendatario por ley y, por si acaso, hay un sindicato de inquilinos poderoso. Las nuevas promociones deben dedicar dos tercios a vivienda protegida para que la proporción se mantenga o incluso crezca, y hay control de precios de los alquileres. Aunque, como mencioné antes, ya se ven problemas por la llegada de grandes capitales internacionales, el modelo funciona y no lo hace por imperativo autoritario, sino por la consolidación de unas políticas pensadas para el bien común. Viena, además, no deja de ser atractiva por ello. Al contrario: su identidad también se construye por esa convicción en torno a la función social de la vivienda.

A partir de Singapur y Viena, los ejemplos son más imperfectos. En realidad, muchos lugares como el Reino Unido empezaron a dejar de ser modelo de políticas de vivienda justo cuando el mundo se convirtió en un mercado global. El paso a una economía interconectada y eminentemente financiera contaba con la vivienda como elemento central justo en el momento en que las ciudades comenzaron a competir por ser sexis y a confundir atraer interés con permitir la extracción de su valor, también y muy principalmente el inmobiliario.

La vivienda es lo mismo un activo que un problema global y lo es porque alimenta y es alimentado por poderes trasnacionales que, al hacerlo, se van haciendo más poderosos. Por eso, con este tema uno tiene la misma sensación de estar en una trampa que con el del cambio climático. Ambos son reconocidos por casi todos como dos de los grandes desafíos de las sociedades humanas. Ambos ocupan titulares, programas electorales y hasta campañas publicitarias. Ambos, por todo ello, dan la impresión de estar en vías de solución. Y, sin embargo, el espacio que separa el relato de la realidad es cada vez mayor. Nunca hemos contaminado tanto ni tan rápido y nunca hemos vivido una crisis tan grande ni generalizada de vivienda. Cuesta mucho ser optimista en materia medioambiental, pero cuesta muchísimo más serlo mientras se busca una casa para vivir.

Porque se trata de algo tan sencillo y ahora mismo tan difícil como eso: vivir. No es difícil encontrar la palabra alojada en esa otra que tanto se ha repetido en este capítulo: «vivienda». Por esta razón, en muchas constituciones está reconocido como un derecho ciudadano y en todas las propuestas teóricas se defiende su

función social. Casa, hogar, residencia, domicilio, techo, apartamento… Todos esos sinónimos significan también refugio y acogida, pero el problema es que el mercado es capaz de hacer polisé-
mico lo que le conviene. Lo explican Peter Marcuse y David
Madden:

> La vivienda significa muchas cosas para distintos grupos de
> personas. Es el hogar de sus residentes y el lugar de reproducción
> social. Es la mayor carga económica para muchos y, para otros, una
> fuente de riqueza, estatus, ganancias o control. Significa trabajo
> para quienes la construyen, administran y mantienen; ganancias
> especulativas para quienes la compran y venden; e ingresos para
> quienes la financian. Es fuente de ingresos y objeto de gastos fisca-
> les para el estado, y un componente clave de la estructura y el
> funcionamiento de las ciudades.[14]

El ya fallecido urbanista alemán Peter Marcuse —hijo del filósofo Herbert Marcuse— y el sociólogo estadounidense David
Madden recogen en su libro *En defensa de la vivienda* la pelota del
derecho a la ciudad lanzada en 1968 por Henri Lefebvre y luego desarrollada por otro pensador de lo urbano, David Harvey, y
promueven un derecho radical a la vivienda. Buena parte de
sus propuestas son las que vienen repitiendo sindicatos de inquilinos
y activistas: desmercantilizar la vivienda, controlar precios, defender a los arrendatarios, multiplicar la inversión y la construcción de
vivienda pública, penalizar a propietarios de viviendas vacías, potenciar la labor de cooperativas de vivienda y otras fórmulas de
propiedad más sociales. Son todas ellas formas de aliviar el problema que, sin embargo, son sistemáticamente atacadas como inútiles
por quienes tienen el verdadero control.

Marcuse y Madden dan, además, una pista sobre algo importante. Sostienen que las buenas políticas de vivienda deben centrarse
tanto en proporcionar casas como en mantener las conexiones sociales, el bienestar comunitario y la infraestructura pública. Y eso

también se puede leer a la inversa: la comunidad, para seguir siéndolo, debe entender, empatizar y luchar por superar la emergencia habitacional. En ese sentido, y puesto que habitamos un planeta que ya es como una gran ciudad, ¿qué pasaría si los movimientos por la vivienda actuasen de forma global, como actúan sus némesis, los poderes inmobiliarios y financieros?

Las huelgas de alquileres o inquilinos han sido un mecanismo de lucha de la sociedad civil en distintas ciudades a lo largo de la historia: Glasgow, en 1915; Nueva York, en 1919; Barcelona, en 1931... En los últimos años ha habido huelgas mucho más reducidas y otros métodos de presión —en Berlín, en 2021, se hizo un referéndum para socializar los activos de los grandes tenedores de casas; un 57,6 por ciento votó a favor—, pero todos han sido locales, barriales o incluso solo en edificios amenazados. Esta descontextualización del problema únicamente beneficia a quienes lo crean y, por eso, lo potencia. De hecho, cuando los grandes fondos compran un inmueble y empiezan a presionar a sus inquilinos para que se vayan, prefieren negociar con cada uno que hacerlo colectivamente. Suelen ser los sindicatos de inquilinos los que aglutinan a los agraviados y hacen más eficaz la negociación. Siguiendo esta lógica, para luchar contra la *monopolyzación* del planeta, esta forma de actuar debería extenderse no ya a una ciudad o a un país —algo que aún no ha ocurrido—, sino a todo el mundo.

Al final la pelota vuelve a Lefebvre y Harvey, al derecho a la ciudad. Cito a Harvey: «El derecho a la ciudad es mucho más que la libertad individual de acceder a los recursos urbanos: se trata del derecho a cambiarnos a nosotros mismos cambiando la ciudad. Es, además, un derecho común antes que individual, ya que esta transformación depende inevitablemente del ejercicio de un poder colectivo para remodelar los procesos de urbanización».[15]

Desde que el autor británico escribió esto en 2008, los procesos de urbanización y deshumanización de las ciudades se han acelerado, y por eso su propuesta puede sonar aún más lejana que entonces. Pero hay algo en el problema de la vivienda y en los movimientos que luchan contra él que puede ser el resorte para que las cosas cambien. Se trata de que nos pongamos de acuerdo en que merece la pena hacer de la ciudad, más que un lugar, un hogar.

Ciudades desiguales

En teoría de juegos, uno de suma cero es aquel en que la ganancia de un participante es la pérdida de otro. Son ejemplos el tenis, el ajedrez o el póquer. Esta teoría matemática se aplica también a la economía; a sus partes —una negociación salarial, el reparto de la inversión publicitaria de una administración— y al todo, porque hay quien cree que el sistema capitalista es un juego de suma cero. Su argumento es que lo que se denomina crecimiento y desarrollo es la victoria de unos pocos sobre todos los demás y sobre la naturaleza, el resultado de la ecuación extraer para ganar empobreciendo.

Frente a estos aguafiestas, los hay que sostienen que el capitalismo es suma positiva, o sea, un juego en el que todos los participantes pueden salir beneficiados, al menos en situaciones específicas. Son los optimistas, los que consideran que, con innovación, cooperación, comercio y mucho esfuerzo, una tarta puede crecer hasta el infinito y proporcionar comida a todo el mundo, incluso cuando los trozos de unos pocos van agrandándose de forma exponencial.

Es una disputa que nos lleva de vuelta a Richard Florida. El mismo urbanista estadounidense que creó y difundió el concepto de clases creativas publicó quince años después un libro llamado *The New Urban Crisis*, que es una expiación y mucho más.[1]

Digo que es una expiación porque Florida reconoce su culpa por haber fomentado el discurso que sirvió a la competición entre ciudades globales por atraer talento e inversión y muestra sus consecuencias. La obra, menos conocida que *La clase creativa*, es muy relevante como retrato de las secuelas de los procesos contemporáneos y globales de urbanización. Lo resume bien en su subtítulo: *How Our Cities Are Increasing Inequality, Deepening Segregation, and Failing the Middle Class and What We Can Do About It* (cómo nuestras ciudades están agrandando la desigualdad, profundizando la segregación y fallando a la clase media, y qué podemos hacer al respecto).

Lo que viene a explicar Florida es que el éxito de unas ciudades supone el fracaso de otras y que, dentro de las triunfantes, también aumenta alarmantemente la desigualdad. De esta manera, sugiere que el proceso de urbanización de las ciudades globales se asemeja bastante a un juego de suma cero y lo hace con datos de urbes de todo el mundo, especialmente norteamericanas.

El profesor de la Universidad de Toronto cuenta que lo que él llama «urbanismo en que el ganador se lleva todo» ha afectado a las ciudades de una forma análoga a la globalización industrial, provocando la concentración y el acaparamiento por parte de gigantes multinacionales mientras las pequeñas —compañías y urbes— «compiten por porciones cada vez más insignificantes del pastel». La comparación es muy apropiada porque, efectivamente, las ciudades han decidido comportarse como empresas.

Florida señala que en esta competición hay ganadoras —«las cincuenta mayores metrópolis del mundo albergan apenas el 7 por ciento de la población mundial, pero generan el 40 por ciento de la actividad económica global»— y, por eso, hay perdedoras.

Dentro de este grupo están las urbes fracasadas de la competición nacional, que pierden población y recursos en favor de la metrópoli y entran en un estado de tristura y decadencia crónico. Él menciona, sobre todo, las de Estados Unidos, ciudades del Cinturón del Óxido como Detroit, Cleveland, Indianápolis, Cincinnati, Mineápolis o Milwaukee, que no pueden recuperarse de la desindustrialización. Menciona también las del Cinturón del

Sol, urbes como Atlanta, Dallas, Austin, Nueva Orleans o Phoenix, algunas de las cuales atraen a gente a sus desarrollos suburbanos, pero pocas logran tener economías sólidas. «Decenas de millones de estadounidenses —escribe— siguen atrapados en una pobreza persistente».

Este proceso provoca una crisis que va más allá de lo económico, un sentimiento de pérdida, fracaso y olvido que deriva en un enfado creciente que se expresa, entre otras maneras, en elecciones en las que ganan las propuestas autoritarias que alimentan y se alimentan de la frustración y la ira.

El asunto no es exclusivo de Estados Unidos. Está pasando en el resto del mundo desarrollado, y en Europa todos podemos reconocer las ciudades perjudicadas de nuestros propios estados y la deriva que provoca esta decadencia. También hay urbes perdedoras en los países en desarrollo y pobres y la mayoría de ellas tienen enormes carencias de recursos e infraestructuras. Ciudades que pueden estar ganando población, pero pierden a sus ciudadanos más formados, que tienden a irse a las metrópolis estrellas de Occidente.

Florida confirma otra cosa evidente: esta forma competitiva de hacer —o, más bien, deshacer— ciudad aumenta la desigualdad también dentro de las presuntas ganadoras del juego. Y habla de la consecuencia más clara de la carrera por atraer inversores: la escalada de precios de la vivienda es un cáncer para la vida social de una urbe y también para su economía. «Es difícil mantener una economía urbana funcional cuando profesores, enfermeras, trabajadores de hospitales, policías, bomberos y empleados de restaurantes y servicios ya no pueden permitirse vivir a una distancia razonable de sus lugares de trabajo».

De hecho, apunta más alto y, poniendo como ejemplo a Londres, viene a decir que nadie está libre de ser gentrificado: «Lo que solíamos considerar como gentrificación se está transformando en una nueva fase de plutocratización u oligarquización». Y lo mismo que sucede en Londres, como he mencionado ya, ocurre en muchas otras de ciudades del mundo.

Por eso, para medir la desigualdad urbana ya no basta con tener en cuenta a las fortunas locales, sino que se debe analizar la llegada de esa plutocracia internacional y los efectos que provoca. Se trata de una suerte de especie alienígena, con una capacidad de gasto inagotable que transforma el mercado inmobiliario, pero también provoca cambios en la oferta comercial y de ocio.

El proceso es una sucesión de vaciados que tiene que ver con la segregación, de la que hablaré enseguida, pero también con la desaparición de la vida urbana. Estos gentrificadores de ricos son los inversores que muchas administraciones buscan desesperadamente para, en teoría, animar las economías locales. Amigos de la rentabilidad financiera y enemigos de la literalidad que lo último que pretenden de las viviendas que adquieren es vivir en ellas. Lo que quieren son lugares seguros donde invertir su dinero. Son los vecinos que nunca están.

A esta despoblación hay que sumar otras. Existen compradores que sí usan sus viviendas, pasan por ellas una o dos veces al mes, bien por trabajo, bien por ocio. Van volando entre urbes en primera o en su avión privado, eligen en qué casa se quedan y están un rato en ella para moverse a continuación a la siguiente o de vuelta a donde realmente habiten. Aunque sean residentes oficiales, no pasan el tiempo suficiente para formar parte de la vida de la ciudad, no interactúan con los vecinos ni compran en los comercios, son sombras privilegiadas cuya no presencia deja mucha huella. Como la dejan, también en negativo, las viviendas turísticas que se suman a estos procesos y añaden más vacío a barrios cuya fama y belleza se convierte en su propia maldición.

«Las comunicaciones de los pueblos entre sí están tan difundidas por todo el globo terrestre que uno podría casi decir que el mundo entero es una sola aldea, donde tiene lugar una feria permanente de todas las mercancías y en la que cualquier hombre con dinero, sin salir de su lugar, puede aprovisionarse y disfrutar de todo lo que producen la tierra, los animales y el trabajo humano».[2] Geminiano Montanari fue el científico y filósofo italiano que escribió estas palabras que tan bien definen las ciudades y la economía de hoy. Aunque lo cierto es que él lo hizo en 1680 en un tratado sobre el dinero, citado dos siglos después por Karl Marx en su *Crítica de la economía política*.

Más allá de mostrar que quizá en todo momento los humanos hemos tenido la sensación de estar viviendo demasiado deprisa, la cita de Montanari sirve a Branko Milanović para iniciar uno de sus múltiples trabajos sobre desigualdad: *Desigualdad mundial. Un nuevo enfoque para la era de la globalización*.[3] El economista serboestadounidense, uno de los más prestigiosos expertos sobre el tema, sostiene que las ganancias de la globalización no se han distribuido de forma equitativa. Según sus análisis, hay perdedores y ganadores en este proceso.

Dentro de los primeros están «las clases pobres y medias» de los países en desarrollo, especialmente las economías asiáticas que emergieron en las primeras décadas de siglo —China, la India, Vietnam o Indonesia—, que se vieron beneficiadas por los procesos de deslocalización llevados a cabo por las naciones ricas. Los perdedores pertenecen a «la clase media-baja del mundo rico», a la que el cambio de modelo productivo ha supuesto un importante declive de ingresos.

Milanović ve una relación entre el crecimiento de unos y el estancamiento de otros y apunta, en línea con Richard Florida, que «"el ganador toma todo", como se dice a menudo, es una de las características de la globalización actual». Conviene aclarar que no es este autor ni un radical ni un apocalíptico —tampoco lo es Florida, por cierto—: señala el decrecimiento como una «fantasía» y admite que la globalización es «una fuerza tanto del bien como del mal». Tampoco cree en la mala fe de quienes la impulsaron, tan solo en su mala puntería. Para él, otra paradoja de esta dinámica es que sus promotores: Reagan, Thatcher y sus secuaces, tal vez no esperaban que fuera a perjudicar a la mayoría de sus ciudadanos, «precisamente aquéllos a quienes trataron de convencer de las ventajas de las políticas neoliberales en comparación con los regímenes benefactores más proteccionistas».

¿Quizá por todo esto los populismos proponen el fin de la era global y prometen cierta vuelta a la autarquía con el argumento de que los locales van primero? Sin duda, al menos como alimento de su programa electoral. El posicionamiento del relato de muchos de los líderes de la nostalgia autoritaria del mundo occidental es un nacionalismo que va del imaginario a la economía, mensajes escogidos para emocionar tanto el corazón como el bolsillo de esa clase media-baja de los países desarrollados que se ha visto inmersa en las últimas décadas en una crisis permanente, económica y existencial. Lo que hay que ver es si ese relato corresponde luego con las políticas que pretenden implementar.

La respuesta puede estar en algo que señalaba Richard Florida y que confirma Branko Milanović y cualquier otro experto al que se acuda. Los verdaderos ganadores de la globalización son los pertenecientes al 1 por ciento más rico: la plutocracia, que se ve beneficiada por la posibilidad de mover sin trabas su capital, las crecientes opciones de evasión fiscal y las acciones de las administraciones de todo el mundo que han facilitado sus estrategias inversoras.

En *Desigualdad mundial*, Milanović cita el ranking de Forbes de 2013 según el cual hay 1.426 individuos o familias en el planeta cuya riqueza es igual o superior a 1.000 millones de dólares. Cuando escribo esto, según esa misma lista, son 2.781 —de ellos, solo 383 son mujeres, por cierto—.[4] No es demasiada gente —mucha menos que el 1 por ciento de la población mundial—, pero acumula 14,2 billones de dólares, el récord desde la existencia de la lista. Eso es más del 10 por ciento del PIB mundial. Es muchísimo dinero y, por eso, muchísimo poder.

Aunque es evidente que cada milmillonario busca alcanzar sus propios objetivos, también lo es que casi todos ellos tienen intereses comunes. El principal: ganar más. Y eso les hace ser verdaderamente influyentes en las políticas de los gobiernos de todo el mundo, ya sean populistas o demócratas de toda la vida, supranacionales, estatales, regionales o municipales. Como explica Milanović, es «un ciclo de retroalimentación positiva, las políticas en favor de los ricos aumentan aún más los ingresos de los ricos, lo que a su vez hace de los ricos prácticamente las únicas personas capaces de hacer donativos significativos a los políticos y, por consiguiente, los únicos a quienes escuchan los políticos».

Aunque lo de las donaciones alude de manera específica a la forma de financiarse de los dos grandes partidos estadounidenses, esta plutocracia tiene diversas vías de ejercer influencia y presión. Puede ser negativa, mediante amenazas y chantajes más o menos explícitos, y positiva: promesas de inversión y creación de empleo, acuerdos de colaboración público-privada e incluso donaciones que, al menos en los titulares, lucen como generosas y altruistas. Muchas veces, ni siquiera tienen que esforzarse porque las administraciones se mueven primero. Se percibe un creciente complejo de inferioridad entre políticos frente a grandes empresas globales; algo que puede tener que ver con el dinero que manejan unos y otros pero que también tiene rasgos de fascinación, casi de enamoramiento. Esto se aprecia también en los gobiernos locales.

Durante los últimos años, hemos podido observar comportamientos casi ridículos en este sentido. Por ejemplo, en 2017 Amazon anunció que quería abrir su segunda sede principal y pidió a las ciudades interesadas que destacaran sus activos —educación, transporte, infraestructuras, nivel de los trabajadores...— y, más importante, mostraran los incentivos fiscales que estaban dispuestas a otorgar a cambio de la llegada de la empresa.[5] Hasta 238 localidades se presentaron a este concurso que podría haber dado para un esperpéntico reality show o para un capítulo de *Los Simpson*, como ese en que un emprendedor convence a Springfield para invertir en un monorraíl que solucionará todos sus problemas.

En la larguísima lista de aspirantes había todo tipo de ciudades de Estados Unidos, Canadá e incluso México; entre ellas, algunas capitales globales y casi todas las perdedoras de la nueva crisis urbana identificada por Florida. Por cierto, este extraño concurso surgió el mismo año de la publicación de su libro *The New Urban Crisis*, en el que renegaba del impacto en las políticas públicas de su teoría sobre las clases creativas que tan bien retrata la puja.

Finalmente, Amazon decidió dividir su segunda sede en dos y prometió llevar 25.000 trabajadores a cada una: National Landing, en el condado de Arlington, Virginia, y Long Island City, en Queens, Nueva York, fueron las afortunadas ganadoras. Virginia había ofrecido 750 millones de dólares en subsidios. Nueva York, exenciones fiscales por valor de 1.525 millones de dólares y 325 millones en subvenciones. La sede de Nueva York nunca salió adelante, sobre todo por la presión en contra de activistas que mostraron lo incongruente del movimiento. Las oficinas de Arlington sí abrieron, pero, sorpresa, han creado mucho menos empleo del prometido y la empresa se ha excusado diciendo que los 25.000 puestos eran un objetivo para 2038.[6] Una meta que casi seguro no se cumplirá, teniendo en cuenta que, a finales de 2025 y gracias a la implementación de la IA en sus procesos, la compañía ha anunciado 14.000 despidos en todo el mundo a los que muy probablemente seguirán muchos miles más.

Por supuesto, las regiones siempre han promovido la llegada de industrias y han utilizado para ello incentivos fiscales y subvenciones. Pero antes esas dinámicas reflejaban un cierto equilibrio entre los poderes políticos y los económicos. Ahora, en lo de Amazon, en los visados de oro, en la subvención a eventos deportivos y musicales y en muchas otras cosas se le ven las vergüenzas a un modelo en el que las administraciones son, demasiado evidentemente, el pez pequeño.

Ocurre esto, además, en un momento en el que las grandes empresas son sobre todo tecnológicas y, por eso, no generan demasiado empleo y, en muchos casos, sí causan ingentes costes sociales —incremento del precio de la vivienda o de los servicios locales— y medioambientales —por el uso de los recursos, electricidad y agua, principalmente—. No importa, contemplando cómo tantos territorios corren ahora por acoger centros de procesamiento de datos se ve que los problemas pueden llegar a ser más deseados que las soluciones.

Como decía, hay en todo esto una fascinación por la modernidad y la tecnología que genera una confusión entre lo aspiracional y lo necesario. Es, quizá, un defecto muy humano, aunque es también un recurso al que se agarra históricamente el capitalismo a través de la publicidad, el de generar deseos que nos alejan de nuestro ser. Pero, sobre todo, lo que se percibe es una evidente influencia del poder económico en el político que va desde estos concursos por tener sedes de empresas a las ineficaces y a veces inexistentes políticas de vivienda, pasando por la derivación de servicios públicos como la sanidad o la educación al sector privado. Servicios públicos, por cierto, que son indispensables para recortar la brecha de la desigualdad. Milanović los denomina «reductores automáticos de la desigualdad».

Una de las secuelas más claras de que algo está fallando estrepitosamente es que el llamado ascensor social lleva tiempo averiado y nadie hace nada por arreglarlo, sino todo lo contrario. Los círculos están cada vez más cerrados y nacer en el privilegio garantiza quedarse en él. Nacer fuera es estar apartado toda la vida.

Se habla mucho de meritocracia. Las redes y los influyentes que las llenan de contenido lanzan mensajes en los que la cultura del esfuerzo puede con todo. Se logra así que la gente con menos recursos y los jóvenes se convenzan de que no hay barreras para sus sueños, pero la realidad se empecina en demostrar que la movilidad social está estancada. Un informe de la OCDE habla de amenazas para «la igualdad de oportunidades y la movilidad social de las generaciones actuales y futuras» y da titulares sostenidos por datos como los siguientes: «Los niños cuyos padres tienen un estatus socioeconómico más alto tienen mejores resultados en el futuro» o «Las personas que se encuentran en la parte inferior y superior de la distribución del ingreso tienden a permanecer en la misma posición».[7]

En realidad, no hace falta leer a Milanović ni a Piketty ni pasar el día sumergido en informes o estudios para comprobar cómo está impactando la desigualdad en nuestras ciudades, basta con pasear por ellas. Por las periferias, fuera de los centros históricos que se venden como reclamo y de los barrios en los que se puede ver y vivir el mundo entero, pero incluso ahí mismo. En el banco frente al comercio donde tomas el café de especialidad, en el aeropuerto en el que aterrizas para tu *city break*, en el parque donde paseas a tu perro. En Estados Unidos, el número de personas sin hogar aumenta a ritmos superiores al 10 por ciento anual —más del 18 por ciento de 2023 a 2024—.[8] Son casi 800.000 personas contabilizadas, con un incremento del sinhogarismo en familias muy relevante en grandes ciudades como Chicago y Nueva York. En Europa, el proceso es similar, y en países como Francia e Inglaterra se ha multiplicado por dos el número de personas sin hogar.[9] En Alemania hay 25,8 por cada 10.000 habitantes; en Austria, 21,7; en Francia, 30,7.

Detrás de las palabras y los números hay significados y, tras estos, vidas. Cuando se dice que los ganadores de la globalización son superricos con más de mil millones de dólares entre cuentas y patrimonios, se habla de gente que necesitaría varias existencias para agotar su dinero. Cuando se apunta que los perdedores del proceso son las clases medias-bajas de los países ricos, se cuenta la historia de quienes están precariamente agarrados a lo que llamamos normalidad y la de un número creciente de personas que han sido, quizá definitivamente, expulsadas de esa normalidad que cada vez es más anormal. Gente que desaparece pero que se queda a la vista. Protagonistas del vaciado de nuestras ciudades.

La historia confirma que las ciudades han sobrevivido a repartos en los que siempre alguien ha querido quedarse la mayor parte del

121

pastel. Las distintas formas de poder que han ido gobernando y marcando los rumbos sociales urbanos han tratado de someter de diversas maneras a los que han considerado sus súbditos, y la economía siempre ha formado parte de ese vasallaje. Hoy, la distancia se está haciendo más grande que nunca. La de ingresos y rentas, pero también la física, la espacial. Porque, a pesar de la desigualdad siempre presente, la ciudad ha sido el ámbito en que los ricos, los pobres y los de en medio se encontraban, se cruzaban, se hablaban. No digo que convivían, porque mi idealización de lo urbano no da para tanto, pero sí que coexistían en calles y plazas, a veces incluso en los mismos edificios. Esto ocurre cada vez menos.

«Segregar», dice el diccionario, es «separar a alguien por motivos sociales, políticos y culturales». También por motivos raciales y económicos, habría que añadir a la definición. Las ciudades se han hecho por la llegada sucesiva de pobladores en busca de fortuna. Gentes venidas del campo y/o del extranjero que han ido, en buena parte de los casos, habitando lindes, descampados y huecos. Esas ciudades de llegada —como las define el periodista canadiense Doug Sanders en un interesante libro—[10] formadas por la diáspora han sido primero guetos que luego se han ido diluyendo y convirtiendo en ciudad consolidada en cuanto a lo espacial y en energía y vida en cuanto a lo poblacional. La ciudad, por tanto, siempre ha separado, pero también ha dado oportunidades para mezclarse, agitarse y hasta prosperar. Y por eso es una forma de estar juntos en la que hemos sido insistentes a lo largo del tiempo. Hoy, seguimos juntándonos en ciudades, pero el cóctel, en muchas de ellas, ya no funciona.

Solemos asociar la segregación espacial con separaciones por etnia o procedencia. Después de años de conversación sobre multiculturalismo y diversidad, quizá pensemos que este tipo de divisiones está cada vez menos presente, pero no es así. En Estados Unidos, el 80 por ciento de las áreas urbanas de más de doscientos mil habitantes están más segregadas ahora que en 1990.[11] La lista de ciudades divididas en lo étnico en este país coincide en buena medida con la de las urbes perdedoras de la nueva crisis urbana: Detroit, Milwaukee, Cleveland... Sin embargo, la encabezan dos áreas metropolitanas de postín, Nueva York y Chicago. Los Ángeles va en sexta posición.

En Europa, París, Bruselas y Estocolmo están muy segregadas mientras que otras ciudades como Londres, Ámsterdam o Berlín, que han conseguido mezclarse mejor, mantienen barrios en los que se concentra buena parte de las poblaciones inmigrantes, en muchos casos de segunda y tercera generación. En España, la separación residencial no es tan visible en las grandes urbes, aunque crece la de las comunidades venidas del norte de África y de China.

Como explican muchos autores y puede entender cualquiera observando y preguntando, no siempre es una exclusión impuesta; muchas veces es una reunión de conveniencia. Los que llegan tienden a estar cerca unos de otros. Es un proceso orgánico, es adonde les llevan los contactos que tenían cuando salieron, el lugar donde se pueden sentir en casa y disponer de lazos comunitarios fuertes y efectivos. Hay muchas ciudades dentro de la ciudad y esta es una lógica urbana natural y, hasta cierto punto, saludable. De hecho, una señal de que el problema es grave aparece cuando estas vecindades empiezan a romperse.

La desigualdad quiebra todo lo que encuentra a su paso, también las comunidades más cohesionadas. La segregación socioeconómica que provoca es como los escombros que expulsa una bomba al explotar: gente que se desperdiga por todas partes, alejándose de lazos, costumbres y contactos en busca de un lugar donde poder sobrevivir. La ciudad desigual es un campo de minas en el que habitamos con miedo a ser el siguiente que sale despedido.

Académicos de la Universidad de Stanford han hecho un estudio a partir de datos anonimizados de los móviles de 9,6 millones de personas en 383 áreas urbanas de Estados Unidos en el que han analizado los encuentros entre personas de distinta clase social —infiriéndola por el barrio en el que los datos muestran que cada uno pasa la noche—. Los resultados indican que la segregación es mayor en las ciudades de más de 100.000 habitantes.[12]

El MIT de Boston lleva años trabajando de una forma similar, con datos de teléfonos, y su Media Lab ha desarrollado, junto con la Universidad Carlos III de Madrid, un proyecto llamado The Atlas of Inequality[13] —Atlas de la desigualdad—. Dentro de él, hay una herramienta de consulta online en la que uno puede seleccionar distintas ciudades norteamericanas, ver en un mapa la interacción de diversos grupos sociales en distintos espacios —tiendas, cafeterías, restaurantes, iglesias, colegios...— y comprobar su grado de desigualdad.[14] Hacerlo es muy revelador.

«La desigualdad en Estados Unidos está en los mismos niveles de la Gran Depresión», dice en una charla Esteban Moro, profesor de Network Science Institute en la Universidad Northeastern y uno de los responsables del proyecto del MIT.[15] Moro explica cómo esa desigualdad y la segregación consiguiente tienen un enorme coste económico: individual —el de las personas y familias separadas— y colectivo —de inversión en equipamientos, infraestructuras, transporte, etc.—. Además, el investigador español insiste en algo menos tangible pero también muy importante: «Las comunidades con más capital social, es decir, no solo que conocen más gente, sino que esa gente es más diversa, suelen disfrutar de mejor salud, mayor bienestar, más felicidad, y una de las cosas más importantes es que también tienen mayor sensación de pertenencia a las comunidades, respecto a aquellas que no».[16]

En Europa, la segregación por motivos socioeconómicos también crece. No hay estudios tan detallados que comparen tantas ciudades como los de Estados Unidos, pero las investigaciones vienen señalando el incremento de la separación desde las primeras décadas del milenio, tanto en las ciudades que uno se puede esperar —Londres, París— como en las que no tanto —Estocolmo—.[17]

En España, un análisis de la evolución de dos décadas de las tres ciudades más pobladas: Madrid, Barcelona y Valencia, muestra el incremento de la polarización espacial y la desigualdad.[18] Los primeros veinte años de este siglo son los de la carrera por ser ciudades globales, los de la gentrificación y la turistificación, los de las nuevas tecnologías, los de la desindustrialización y la deslocalización, los de la consolidación del neoliberalismo, los de las crisis financieras y víricas, los que han hecho, por ejemplo, que Madrid celebre ser una de las urbes más atractivas de Europa al mismo tiempo que los datos señalan que es una de las más segregadas, una región en la que el 21,6 por ciento de la población —casi un millón y medio de personas— está en riesgo de pobreza y/o exclusión social.[19]

La Fundación FOESSA, una institución creada por Cáritas Española y dedicada a la investigación social, realiza informes anuales sobre desigualdad. En uno de los últimos señala que la exclusión crece —19 por ciento en 2024 versus 16 por ciento en 2007— y apunta a que hay casi un 40 por ciento de hogares en el límite y 4,6 millones que enfrentan dificultades para hacerse cargo del coste de la casa.[20] «El esfuerzo que las familias realizan para el pago y mantenimiento de la vivienda no ha dejado de aumentar en los últimos años», explica Raúl Flores, su secretario técnico.

El empleo ya no es una salida suficiente. Una de cada diez personas trabajadoras vive en exclusión. Aunque las tasas de desempleo han bajado, se crean trabajos «a menudo de baja remuneración y estabilidad. Es decir, un empleo con menor capacidad de integración social y económica, en el que se ocupan, precisamente, personas de un colectivo en especial vulnerabilidad».

La desigualdad se ceba sobre todo en colectivos específicos. Los datos de FOESSA dicen que el mayor riesgo está en la población migrante —47 por ciento en esta situación—, los hogares sostenidos por mujeres —21 por ciento frente al 16 por ciento de los comandados por hombres—, las familias con hijos menores de 24 años o con algún miembro con discapacidad —24 por ciento en ambos casos— y las familias monoparentales —29 por ciento—. Y hay otro dato que explica por qué el futuro empieza a ser un concepto cada vez más difícil de imaginar para mucha gente. Dice el informe: «Es muy preocupante que la exclusión social severa en la infancia sea ahora (15,4 por ciento) más del doble que en 2007 (7,2 por ciento) y la evolución que ha tenido entre la juventud de 18 a 29 años, que ha pasado del 6,4 por ciento en 2007 al 11 por ciento en 2024».

Las brechas se abren de muchas maneras y en muchos perfiles, hay segregación por lugar de procedencia, la hay también por estudios y por ingresos, pero cada vez crece más, en España y en el mundo, la separación por generaciones.

Ciudades viejas y solitarias

La palabra «distopía» fue pronunciada por primera vez en 1868 en el Parlamento británico, en un discurso del político y economista John Stuart Mill contra la actuación en Irlanda de los gobernantes conservadores comandados en ese momento por Benjamin Disraeli. Dijo así: «Tal vez sea demasiado halagador llamarlos utópicos; más bien se los debería llamar distópicos o cacotópicos. Lo que comúnmente se llama utópico es algo demasiado bueno para ser practicable; pero lo que ellos parecen favorecer es demasiado malo para ser practicable».[1] Un siglo y pico después, es difícil diferenciar el término de la realidad que debería deformar.

Es cierto que los humanos hemos creído en otros momentos de nuestra existencia estar demasiado cerca del apocalipsis, pero también lo es que antes se imaginaban utopías y arcadias, y hoy cuesta encontrar relatos de futuro con algo de luz. La hay, aún, en los augurios de la economía, aunque incluso a los apóstoles del capitalismo se les nota poco convencidos de su fe. Las promesas de la política están actualmente más llenas de ira que de esperanza. Y en las historias de ciencia ficción es donde mejor se puede apreciar lo negro que lo vemos todo de aquí en adelante. Cuesta encontrar libros, películas, cómics, series o canciones que hablen de un mañana al que uno le apetezca llegar. Ahora, los cuentos de lo próximo son mayoritariamente pesimistas. Y, en muchas ocasiones, llevan muy poco adelanto respecto al horario de los hechos reales. Vivimos, y así lo manifestamos a menudo, «como en un capítulo de *Black Mirror*».

En 2006 se estrenó en todo el mundo una película dirigida por Alfonso Cuarón llamada *Hijos de los hombres* y basada en un libro de P. D. James del mismo nombre publicado en 1992. Protagonizada por Clive Owen y con una Julianne Moore que no sobrevive a los primeros veinte minutos, retrata una humanidad enfrentada a múltiples conflictos en un futuro nada lejano: 2027. Son problemas que podemos reconocer. Por ejemplo, el hijo de Owen y Moore ha muerto años atrás a causa de una pandemia de gripe. En el hoy del guion se ve un Londres donde hay personas que viven separadas por vallas: unos son ciudadanos, los otros son refugiados o «cucarachas». La policía militarizada patrulla las calles y se lleva a los inmigrantes a campos de concentración a las afueras mientras los ricos, dentro de sus zonas de seguridad, hacen vida normal, o sea, beben carísimos tintos de Burdeos entre obras de arte cuyo valor nadie sabe calcular.

Pero el argumento principal de la película es el apocalipsis demográfico. En la primera secuencia vemos en las noticias que el último ser humano nacido en la Tierra, un veinteañero argentino, ha muerto en una pelea. El espectador observa la consternación que el suceso provoca y se hace cargo al instante de la situación: hace años que la humanidad es incapaz de procrear, el fallecimiento del muchacho confirma el fin de la especie. Cuarón no se para a explicar de dónde viene la infertilidad. El asunto le sirve como premisa para hacer una película sobre la esperanza; un relato bastante cristiano en el que hasta hay un mesías, que en este caso es mujer y negra.

No es la única ficción que trata la disminución de la población como amenaza, algo que también está en el chasquido de Thanos en los filmes de *Los Vengadores* o la «partida súbita» del 2 por ciento de los humanos en la serie *The Leftovers*. También las hay que tratan la sobrepoblación, como *Blade Runner*, *Avatar* o la serie británica *Utopia*. Los narradores nos advierten de los peligros de ser demasiados o de quedarnos en solo unos pocos siguiendo tanto las tesis de la biología como las de la economía. Al otro lado de la cuarta pared, vivimos ambas situaciones al mismo tiempo.

Los humanos somos ahora unos 8.200 millones. Se estima que llegaremos a 9.700 en 2050 y a 10.100 en 2100.[2] La población aumenta, pero el crecimiento se va ralentizando y las previsiones dicen que a partir de 2070 puede ser negativo. Por regiones, el asunto se ve más claro. África pasará de 1.550 a 2.460 millones de 2025 a 2050. Y alcanzará los 3.800 en 2100. Las Américas reflejan un poco la curva general: 1.050 en 2025, 1.150 en 2050 y 1.080 en 2100. En Asia, la caída es más evidente: 4.830, 5.280, 4.600. Y en Europa la cuesta abajo empieza ya: 744, 703, 592 en 2025, 2050 y 2100.[3]

Como se ve, tenemos crisis demográficas para todos los gustos, pero hay una tendencia dominante en las metrópolis del mundo que presume de moderno y desarrollado: la población envejece. Y aquí encontramos otra paradoja de esas ciudades que nos quieren hacer creer a través de sus estrategias de marca que son dinámicas, vibrantes y emprendedoras, es decir, jóvenes: lo cierto es que se están haciendo viejas. Se vive más, pero se procrea casi nada.

En Europa, ahora mismo, más del 20 por ciento de la población ha cumplido ya los sesenta y cinco años y solo el 16 por ciento tiene menos de quince. En Asia y Norteamérica, la tendencia es la misma, aunque con algo de retraso. Solo África se mantiene joven en las estadísticas.

La situación no es tan extrema como en *Hijos de los hombres*, pero los titulares ya nos avisan de que la distopía está aquí. Las escuelas públicas del centro de París, por ejemplo, se ven obligadas a reunir en sus aulas a niños de tres edades distintas.[4] Uno de los síntomas más característicos del proceso de vaciamiento del territorio rural llega de este modo a los centros de las ciudades globales, otra pista de su fragilidad. El envejecimiento de la población se extiende por Europa, donde la tasa de fertilidad de las urbes presuntamente exitosas está entre 1,2 hijos por mujer de Madrid y 1,8 de París. Roma y Milán tienen 1,3; Berlín, 1,4; Londres, 1,5; Ámsterdam, 1,6; Copenhague y Estocolmo, 1,7. Casi todas ellas están por debajo de las medias nacionales de sus países.

A diferencia de la película de Cuarón, nosotros sí disponemos de montones de análisis y estudios que ofrecen razones para este proceso de infecundidad. Tiene que ver, por ejemplo, con la emancipación de la mujer y su integración en el mercado laboral y el desarrollo y popularización de métodos anticonceptivos y de la educación sexual. Hay también factores culturales, como la evolución y fragmentación del concepto de familia y la progresiva priorización de otros caminos laborales o vitales. Incluso existen personas que, como motivo para no procrear, alegan cuestiones relacionadas con el cambio climático y la lucha contra la sobrepoblación. Pero, sobre todas las demás, destaca una gran razón: la economía.

En todas partes, pero especialmente en las ciudades de éxito, es cada vez más difícil plantearse formar una familia con niños en plural. El precio y la escasez de vivienda se convierte en un impedimento físico, espacial. Tenemos menos metros cuadrados para criar y vivimos cada vez más lejos para poder conciliar el trabajo con la familia. El coste de la crianza aumenta porque también es más caro todo lo demás: la educación, la alimentación, la salud... Ocurre esto mientras los servicios públicos se van debilitando y los lazos comunitarios desvaneciendo.

Tener hijos no solo se ha convertido en un lujo, también resulta ser un engorro. El afán último de cualquier especie, la supervivencia, es en nuestras sociedades modernas y desarrolladas un estorbo. Las ciudades están hechas para la prisa y el estrés, para el entretenimiento y la diversión. Entre trabajar, crear contenidos digitales, ir a presentaciones y estrenos, practicar el *after working*, asistir a festivales, viajar, hacer sentadillas, retocarse las uñas y la barba y tantas otras cosas, es como si nos hubiésemos dejado olvidada la reproducción en alguna esquina de nuestra llenísima agenda. Toda esta frenética actividad diaria podemos achacarla a cambios culturales que afectan a nuestro orden de prioridades o, si removemos un poco más hondo, señalarlas como exigencias de la economía que aniquilan las necesidades de nuestra naturaleza animal.

Hablando de animales, en todas las metrópolis aumentan las mascotas en las casas, especialmente perros y gatos. Hay quien sostiene que es una muestra de nuestro individualismo creciente, que un perro no nos confronta, que es otro capricho. Sería, pues, otro rasgo de una evolución cultural. Pero ¿y si es una demostración de que queremos tener familia, pero no podemos? Adoptar un animal requiere tiempo y dinero, aunque menos que el que necesita un hijo. Puede ser una especie de solución intermedia para quienes no tienen la seguridad —por decirlo con una perífrasis del gusto del modelo— de poder aspirar a más. Quizá esta conversión de familia en manada ejemplifique tanto los desvíos por los que nos llevan las exigencias económicas como nuestra genética cuidadora.

Otra facultad que viene de serie con nuestro ADN es la de distraernos con facilidad. Por eso, en los debates demográficos siempre hay quien utiliza el recurso de echarle la culpa a otro. En las avejentadas sociedades europeas y norteamericanas se extiende el convencimiento de que, si los locales no somos suficientes, serán los de fuera los que llenen el cupo. Hay quien lo ve como una solución y quien lo siente como un problema. Se va extendiendo el mito del gran reemplazo, esa idea de que los inmigrantes —especialmente los musulmanes en Europa y los latinos en Estados Unidos— planifican una invasión mediante gestación. Este caballo de Troya embarazado que nos meten en la cabeza está diseñado para que obviemos que es el modelo económico el que nos hace estériles. La culpa no es de los otros, no de esos otros, tampoco en este caso.

Se olvida también este mito identitario de que quienes llegan de fuera se enfrentan a los mismos costes y exigencias de vida irreconciliables con las familias numerosas que nosotros, pero desde situaciones normalmente más precarias. Las estadísticas dicen que, a pesar de esa mirada llena de superioridad y racismo que pretende ver diferencias culturales, también en la concepción de la familia, los inmigrantes se adaptan a nuestra costumbre de tener cada vez menos hijos. De hecho, muchos vienen de lugares en los que ya son bajos los niveles de fecundidad. En cualquier caso, y como señala el sociólogo Hein de Haas, «la migración no puede resolver problemas estructurales demográficos y económicos de las sociedades envejecidas [...]. Para compensar los efectos demográficos del envejecimiento haría falta promover unos niveles de inmigración políticamente inaceptables y nada realistas».[5]

Que sean los líderes más cercanos a la raíz verdadera del problema del envejecimiento los que difunden tesis como el gran reemplazo o los que proponen políticas de poco impacto real como los cheques bebé demuestra que las teorías de la conspiración fallan por arriba. Los que mandan sostienen que este capitalismo es un juego de suma positiva y que el crecimiento continuo es posible y necesario. Y ese crecimiento también comprende el de la población. Tenemos que ser más. Más trabajadores, más consumidores, más electores. Pero, como vamos siendo cada vez menos, en los centros de poder dicen estar muy preocupados. Y, a pesar de estarlo, lo único que se les ocurre es pisar los aceleradores que hacen imposible que nos apetezca juntarnos para tener hijos.

Vivimos en sociedades hiperexcitadas. Las ciudades son dispensadores de estímulos. Tenemos que desearlo todo, hasta el deseo. Y, sin embargo, follamos poco. Eso dicen las encuestas. Se suele señalar a los jóvenes, también en este caso, como extraños por su inapetencia, pero los datos apuntan a todas las generaciones. Nos deseamos mucho, pero nos tocamos menos.

No parece que el asunto responda a una ola de puritanismo. Aunque hay quien se queja de que la mojigatería sí se está extendiendo, la sensación es que el sexo está entre nosotros, de las canciones a OnlyFans pasando por los libros sobre consentimiento. Lo imaginamos, reflexionamos, contemplamos, debatimos y consumimos, pero no lo practicamos tanto. Quizá porque el sexo solo es reclamo, un medio para captar nuestra atención; puede que también sea por saturación, precisamente por la facilidad de acceso.

Muchos consumidores de drogas cuentan, una vez que lo han dejado, que añoran más el ritual que el colocón. Es decir, lo que echan en falta es encontrar un cómplice, susurrar un código, escapar al baño y preparar la dosis, hacer algo al otro lado de la frontera. Del mismo modo, muchos de quienes están conectados a Tinder explican que casi les produce más placer buscar que encontrar. Normal, la aplicación está diseñada para que eso ocurra, quiere que pasemos tiempo en ella, que nos enganchemos al proceso, que la necesitemos. Lo de ligar es una excusa.

Pasa con todas. Con las redes sociales, con las plataformas de *streaming*, incluso con las aplicaciones que prometen ayudarnos a meditar y desconectar. Lo que pretenden es nuestro tiempo y la manera de conseguirlo es ofreciéndonos estímulos, promesas de satisfacción que nunca llegan porque saciados no somos tan rentables.

Con las ciudades ocurre algo parecido. La búsqueda de la inquietud permanente es también el *modus operandi* de la urbe moderna. La sociedad de consumo nace, crece y encuentra el mejor lugar para desarrollarse en el espacio urbano, a ser posible grande y cosmopolita. Aunque ahora muchas de las promesas comerciales tienen su posible resolución online, es en la ciudad donde históricamente se ha exhibido el catálogo de deseos que desear. De un tiempo a esta parte, como repito a menudo en este libro, los municipios se han sumado a la oferta y se han enfrascado en una competición nacional e internacional por atraer atención. Hay que contribuir a la exposición de estimulantes para tener enganchado al cliente, eso que antes llamábamos ciudadano o incluso vecino.

Pasamos casi cada minuto de cada día como en uno de esos grandes bazares orientales: nuestra atención es permanentemente reclamada por estímulos que pueden venir de una pantalla o estar en una acera, pueden ser privados o públicos, ser entretenimiento o pretender ser información. Vivimos rodeados de un ruido que quiere que nos sumemos a él y lo celebremos, como si ser feliz pasase por estar histérico. Ese jaleo comprende una forma permanente de conexión con los otros que tiende a ser muy superficial, una conversación infinita y ligera que se da por WhatsApp o por mensajes directos en redes, una actualización fragmentada de las vidas de cada uno y de todos con los que estamos en contacto, da igual si son amigos o no, a través de fotos y vídeos breves que ni siquiera terminamos de ver.

«Me siento tan solo en un cuarto lleno de gente, estoy más solo cuando estoy entre la multitud, estoy solo y nadie me escucha».[6] Esto que cantaba la banda californiana Suicidal Tendencies en 1990 define muy bien el *zeitgeist* de la vida urbana actual. La era de la hiperconectividad es también la del aislamiento. Hablar de la epidemia de soledad de nuestras sociedades se ha convertido en un lugar común al que recurren frecuentemente medios de comunicación, investigadores y políticos. A veces se le denomina soledad no deseada, y otras, soledades urbanas. En unas ocasiones se enfoca el problema en los jóvenes; en otras, se apunta a la gente mayor.

Hay distintas escalas para medir la soledad, como las de la Universidad de California o la de De Jong Gierveld. Normalmente calculan, a través de cuestionarios, el sentimiento percibido de soledad en relación con la sociedad, pero también con la familia o la pareja, las conexiones con otras personas y el aislamiento.[7] El panorama que ofrecen es grave. Uno de cada cuatro jóvenes en el mundo se siente muy solo,[8] pero no es un tema generacional, ya que el 33 por ciento de los adultos se percibe también así.[9] El problema afecta más a las ciudades que al ámbito rural;[10] en las urbes no paran de crecer los hogares unipersonales: por ejemplo, casi el 30 por ciento de los estadounidenses viven solos.[11]

Existen desde hace tiempo políticas públicas con notoria visibilidad para enfrentar esta epidemia. En el Reino Unido se creó en 2018 «el primer Ministerio de la Soledad del mundo».[12] Tres años después, Japón estableció el suyo propio.[13] Las ciudades también actúan. Por ejemplo, Seúl anunció en 2024 una inversión de más de trescientos millones de dólares para frenar la soledad,[14] en un plan variado que incluye desde la creación de zonas verdes y el fomento de actividades al aire libre al establecimiento de consejeros de soledad online.

El escritor y periodista Derek Thompson llama a nuestro tiempo «el siglo antisocial». Así titula un ensayo en el que explica cómo, desde la eclosión de la sociedad de consumo en 1960 hasta nuestros días, hemos cambiado de hábitos de una forma que podemos creer escogida pero que quizá no lo sea tanto.[15] Al tiempo que se ha ido desinvirtiendo en equipamientos para hacer cosas en común —bibliotecas, canchas deportivas, parques...—, han crecido las infraestructuras destinadas a aislarnos, desde las residencias en casas unifamiliares en suburbios hasta el tamaño de los televisores. Para Thompson, la aceleración exponencial llega con la generalización del uso de los teléfonos inteligentes. «Los teléfonos hacen que la soledad esté más llena de gente que antes y las multitudes sean más solitarias», escribe como si actualizase la canción de Suicidal Tendencies.

Cada vez hay más gente que prefiere quedarse en casa. El llamado progreso se lo pone fácil: servicios de comida a domicilio, plataformas de *streaming*, consolas que se conectan a la red, conversación permanente a través de canales sociales... El capitalismo es ahora tanto turbocapitalismo como telecapitalismo. En el artículo de Thompson, un gráfico muestra cómo los minutos que los estadounidenses pasan al día en casa se han multiplicado por diez en los últimos veinte años. También dice que los jóvenes ya permanecen el 30 por ciento del tiempo que están despiertos frente a la pantallita.

La realidad está normalizando el fenómeno social japonés que nos parecía extraño y exótico cuando lo conocimos a finales del siglo pasado. Hoy somos todos un poco *hikikomori*, nos recluimos más tiempo en casa, rechazamos planes con otros y nos conformamos con la comida que nos traen y el entretenimiento que obtenemos a través del cristal líquido. No llegamos al aislamiento social ni a la agorafobia como los casos extremos que retrataba Tamaki Saito cuando estableció el término, pero nuestra reclusión crece y se extiende la pereza por mantener contactos que no sean digitales.

Thompson señala que esto es más frecuente en hombres que en mujeres y también explica cómo, aparte de las infraestructuras y tecnologías que lo posibilitan, existe una ejemplarización por parte de *influencers* que muestran a su público sus exigentes rutinas diseñadas, dicen ellos, para el éxito: se refiere a la sucesión de madrugones, meditaciones, ejercicios de fuerza y duchas frías de la que presumen los nuevos estoicos. En realidad, no son únicamente esas personas quienes transmiten que el éxito reside en estar solo, casi cualquier *youtuber* es un *hikikomori* que exhibe su aislamiento mientras vive de comentar los videojuegos, la música o las flexiones que practican otras personas. En nuestra sociedad, hay un modelo de triunfador que es un tipo que pasa más de doce horas al día sentado en un asiento ergonómico mirando pantallas y comentando todo aquello que no hace ni vive él. En realidad, casi todo el contenido digital es un yo gigante en el que los otros son el aderezo, los extras, el paisaje. Da igual que sea el canal de alguien con millones de seguidores que cualquiera de los nuestros, que tenemos muy pocos. Nuestra cara y nuestras cosas, las de cada uno, ocupan tres cuartas partes de la pantalla.

Por supuesto, hay conexión en la hiperconectividad que prometen las tecnologías digitales. Estamos presentes en muchas conversaciones permanentes, hablamos con amigos todo el rato e incluso con gente a la que no hemos llegado a conocer en persona —desvirtualizar, que se dice—. Mantenemos montones de contactos diarios, miles más de los que mantenían nuestros antepasados, desde el más dicharachero de los cazadores recolectores hasta la más popular actriz de los años dorados de Hollywood. Pero ¿cómo son esos contactos?

La escritora y psicoanalista Lola López Mondéjar explica en *Sin relato* cómo la posmodernidad nos lleva a perder nuestra capacidad de contar y contarnos, de entender y entendernos.[16] Su libro habla de la crisis de la subjetividad desde distintos puntos de vista y es especialmente valioso porque lo escribe una terapeuta, alguien que cada día se asoma al interior de personas diversas. Lo que cuenta es que uno de los principales y más extendidos deseos de nuestro presente es el de no-fricción. Y cita a la antropóloga Anna Lowenhaupt Tsing, que expresa que las culturas se consolidan y desarrollan precisamente a partir de fricciones: «Unas interconexiones de carácter extraño e irregular, inestable y creativo al mismo tiempo [...]. El encuentro es tensión y conflicto, choque de diferencias, pero esta fricción también es creativa y, por tanto, puede ser constructiva y abrir horizontes nuevos [...]. La fricción no es sinónimo de resistencia, sino que sirve para recordar la importancia de la interacción, para definir el movimiento, las formas culturales y el poder de la acción».[17]

Toda esta «fecundidad del conflicto», como la llama Amador Fernández-Savater,[18] es lo que estamos desechando al recluirnos en el aislamiento. El rechazo a la fricción reduce las experiencias, tanto su número como su calidad. La ciencia del cerebro explica que no es igual una conversación por WhatsApp que un encuentro en persona. Pero es que, además, evitar el conflicto es huir de la contrariedad, la diferencia y el rechazo, una manera de estar en el mundo que parece defensiva pero que puede terminar siendo muy ofensiva. Porque haciendo esto, siendo así, vamos rechazando al otro, al que no piensa como nosotros, al que es distinto.

El funcionamiento de los algoritmos de los canales y plataformas nos entierra en nuestros sesgos, nos da sobredosis de lo que creemos que queremos. Nos encierra en burbujas con afines y nos aleja de la discrepancia. La IA generativa es aún más peligrosa. Es capaz de establecer una conversación en la que su actitud siempre es agradable y obediente, sumisa. Además, puede articular narraciones y relatos en forma de texto, voz o imagen sobre cualquier cosa, aunque sea disparatada. Estamos dialogando a diario con tecnologías de captura de información y datos como si fueran amigos dóciles a nuestro servicio que nunca nos llevarán la contraria, esclavos simpáticos que nos ahorran el tiempo y el esfuerzo de tener pensamiento crítico y anulan así una parte de lo que nos hace humanos. Igual que los GPS nos guían negándonos la posibilidad de saber dónde estamos, los modelos de lenguaje de la IA nos dan opiniones, pero nos restan el proceso mental y argumental que nos lleva a ellas.

La incapacidad de generar nuestros propios relatos nos desarma como individuos y nos coloca como presas fáciles para ser captados por los mercaderes de la ira. Si no somos capaces de alcanzar la profundidad interior, estaremos cada vez más lejos de entender la complejidad que nos rodea y veremos el mundo de forma simplista y maximalista, dividido en dos bandos, en el que nosotros, gracias a nuestra subjetividad poco entrenada y frágil, siempre estaremos en el lado bueno.

Todo esto está ocurriendo ya y por eso hablamos de polarización y nos asustamos con el auge de los populismos y los mensajes de odio. Todo esto está ocurriendo, además, en estas ciudades tan estupendas, dinámicas y cosmopolitas de las que estamos tan orgullosos. Ciudades que se hacen viejas y se llenan de solitarios cada vez más enfadados unos con otros precisamente porque son —somos— cada vez menos capaces de soportar la contrariedad.

Ciudades que se están convirtiendo en no ciudades porque la fricción provocada por el encuentro entre distintos ha sido históricamente motor del desarrollo y la creatividad que se ha dado en ellas. Al principio de este libro digo que no hay ciudad sin ciudadanía, sin comunidad, y el axioma puede ampliarse manifestando que no hay ciudad sin conflicto, sin fricción.

¿En qué momento somos considerados viejos? En los países occidentales, la frontera entre la madurez y la vejez se traza en la edad de jubilación, en torno a los 65 años. Una edad de retiro que está siendo retrasada por eso de que vivimos cada vez más, nacemos cada vez menos y, por tanto, necesitamos más gente cotizando más años. No es solo que se haya extendido la cantidad de tiempo que pasamos por aquí, también está cambiando la calidad. Se vive más y, en general, se vive con mejor salud. Por eso los expertos dividen la tercera edad en varios paquetes: viejos-jóvenes (de 60 a 69), viejos-medianos (70 a 79) y viejos-viejos (más de 80).[19]

Como las formas y ritmos de marchitarse son diversos, su atención requiere de enfoques que también lo sean. El quid de la cuestión no está tanto en el nombre que damos a las edades, sino en construir discursos e implementar políticas que se paren en los matices y soporten la complejidad de las cosas. Como esto no está ocurriendo, las hacemos aún más complicadas. Porque, al mismo tiempo que las personas tardamos cada vez más en meternos en la decrepitud, el mercado laboral nos considera descartables antes. Aunque, en muchos sectores y empresas, a los cuarenta años ya te empiezan a mirar como una vieja gloria, los cincuenta es el momento en que la discriminación es evidente para casi todos. Por eso, una de las líneas de trabajo de las organizaciones del tercer sector es ayudar a personas de esta edad a reincorporarse al mercado laboral.

El edadismo en el trabajo es un problema transversal que afecta también a profesionales de alta cualificación, aunque suele estar más extendido y ser más excluyente en el caso de personas con empleos precarios. A la gente mayor se nos tiene por menos productiva, menos conectada con la contemporaneidad y sus necesidades, menos capaz manejar las novedades tecnológicas, menos flexible y, muy importante aunque se diga poco, más cara. No es extraño que grandes empresas con estructuras sobredimensionadas hagan de forma periódica planes de reestructuración de plantillas especialmente diseñados para desalojar a los mayores. Aun siendo costosos estos expedientes de regulación de empleo (ERE), les son beneficiosos porque se renueva a la baja la edad de los empleados y, sobre todo, las condiciones de sus contratos.

Los que pueden acogerse a un ERE son los afortunados. Normalmente, los mayores son despedidos sin más y, en la mayoría de los casos, pasan a estar en el vacío. A partir de los cincuenta, es muy difícil reintegrarse al mercado laboral. Quienes lo intentan y las ONG que les asisten repiten un argumento por el que son rechazados que retrata las incongruencias del sistema: demasiada experiencia.

Podría volver a responsabilizar a la voracidad del modelo económico por engullirnos y expulsarnos, y hacernos sentir más viejos de lo que somos, pero también esto tiene su complejidad. Los adultos de cuarenta y pico, habitantes de las ciudades que se consideran globales y dinámicas, nos creemos tan dinámicos y globales como nuestras urbes y nos sentimos lozanos quizá hasta que la muerte nos lleve la contraria. Por eso seguimos aceptando los planes jóvenes que nos ofrecen en un tono eminentemente joven. Buena parte del marketing público y privado de estas ciudades es para lo que algunos dan en llamar *adultescentes* y otros *joviejos*, seres humanos que pensamos, vestimos y nos comportamos como chavales. Los festivales musicales, las propuestas gastronómicas, los deportes para ver y hacer, los tardeos, las escapadas de fin de semana, incluso los planes con niños, todo eso y mucho más busca un público con camiseta, vaqueros y zapatillas de chaval, pero con una tarjeta con el crédito de un adulto solvente.

La juventud como concepto para enmarcar una identidad es una invención reciente cuyo nacimiento tiene que ver con el desarrollo de las ciudades y las sociedades de consumo después de la Segunda Guerra Mundial. Así lo explica Jon Savage en *Teenage. La invención de la juventud 1875-1945*.[20] Es en esa época cuando el mercado se da cuenta del negocio que hay en ese sector poblacional, lo convierte en un segmento y empieza a crear productos para su consumo al tiempo que lo relata como un ideal, una aspiración. Según Savage, antes de la primera fecha que marca en el título de su libro no existía el concepto, ni siquiera el de adolescencia. El mundo se dividía entre niños y adultos. Pero, primero la cultura, a través del ideal romántico, y luego la política, para fortalecer los nacionalismos, fomentaron un imaginario que acabó abriendo una brecha generacional y siendo tanto un argumento para el conflicto como para el consumo.

Cualquier ejemplo que uno pueda pensar vale para demostrar esa convivencia entre la contracultura y cultura de masas: desde los motoristas fuera de la ley que popularizó Marlon Brando en 1953 en la película *Salvaje* hasta la aparición del rock and roll más o menos por aquellos años; de las manifestaciones de Mayo del 68 que iban a cambiar el mundo al movimiento antiglobalización que se alzó contra los gobernantes que vinieron de esa primavera; de la movilización juvenil para ser carne de cañón en las dos grandes guerras a los ultras del fútbol.

Así es hoy, pero con una confusión mayor porque empieza a ser difícil determinar una estética diferencial entre jóvenes y adultos. Lo joven ha conquistado al resto de los segmentos. Vivimos en una eterna adolescencia no solo por los avances de la cirugía estética, los injertos capilares y los experimentos de la ciencia del rejuvenecimiento, sino porque el capitalismo ha sabido adaptar, otra vez, la máxima del despotismo ilustrado: todo por la juventud, pero sin la juventud.

Nuestras ciudades se muestran jóvenes a través de sus marcas, la oferta de ocio y cultura, y las opciones de consumo, pero en nuestras ciudades los jóvenes lo tienen cada vez más difícil. El imposible acceso a la vivienda reduce las posibilidades de emancipación. El mercado laboral, el que excluye a los mayores de cuarenta por viejos, ofrece a la chavalería una sucesión de contratos de prácticas que imposibilitan acumular experiencia valiosa y salir de la precariedad. Las tecnologías con las que han crecido los nativos digitales son una oportunidad para encontrar territorios propios, pero también un recurso que abarata los salarios. Por si todo esto fuera poco, la gente mayor con un preocupante complejo de Peter Pan los acusamos de flojos, inconstantes y caprichosos, y les lanzamos, con una persistencia maniaca, mensajes apocalípticos capaces de desanimar al optimista más recalcitrante.

La polarización que divide nuestras sociedades encuentra aquí y así otro caldo de cultivo. Quienes salen del complicado proceso adolescente y lo hacen fuera del privilegio se topan con que la vida misma es una sucesión de promesas vanas que nada más garantiza dos cosas: la frustración y, luego, la muerte. Desde su punto de vista, se puede sentir que la sociedad funciona de la siguiente manera: suben las pensiones de los mayores mientras los salarios de los jóvenes que empiezan no dejan de menguar; además, su emancipación se retrasa y, si sucede, pasa por incrementar las rentas de quienes ya tienen la vida resuelta, y encima la culpa es suya por elegir todas esas opciones de ocio y consumo que el mercado, dirigido por gente mayor, les pone a su alcance; si se quejan, malo, porque no tienen cultura del esfuerzo; si no se quejan, peor, porque están atontados.

Hay un montón de brechas en nuestras ciudades y la generacional no es de las más nuevas, pero quizá se esté ampliando demasiado. La adolescencia es el doloroso proceso por el que los

142

padres y los hijos aprenden a separar sus vidas. Normalmente, luego se van reencontrando. Hay que ver si ahora eso es viable. Metidos cada uno de nosotros, no solo los jóvenes, en lo que nos ofrece nuestra pantalla individual, hay menos conversaciones comunes y momentos compartidos. Menos capacidad para aceptar y resolver conflictos y menos empatía. También en este tema, en cuanto salta una chispa, se puede encender un fuego. Por todas partes hay amenaza de incendio.

Ciudades bipolares

«Polarización» es un término que hasta hace no mucho se usaba casi solo en ciencias físicas y que ahora, sin embargo, sirve para explicar el estado permanente de la política y la sociedad de cualquier parte del mundo. Polarizar es restringir en una dirección las vibraciones de una onda transversal o, de lo que hablamos últimamente, dividir la opinión pública en bandos contrarios en apariencia irreconciliables. Obviamente, la cosa viene de polos, de esos puntos extremos y opuestos de un cuerpo como, por ejemplo, la Tierra.

La raíz de este posicionamiento extremista tan extendido ahora procede de la forma en que nuestro cerebro simplifica la realidad. Así lo defiende el periodista y escritor Will Storr en su libro *La ciencia de contar historias*.[1] Storr se apoya en la neurociencia para explicar por qué nos apasionan las historias y cuáles son las mejores formas de crearlas para que sean atractivas. No habla específicamente de polarización, pero da pistas que ayudan a entender por qué estamos como estamos. «Quise averiguar —escribe— por qué personas inteligentes acaban creyéndose cosas absurdas».

Esta es la respuesta: «Nuestro cerebro nos convierte en los héroes morales que protagonizan las tramas de nuestras vidas. Tiende a someter los "hechos" que se topa por el camino a la trama de esa historia. Cuando estos "hechos" favorecen nuestro sentido heroico de nosotros mismos, es probable que nos los creamos, más allá de lo inteligentes que nos consideremos». Es decir, podemos tragarnos cualquier insensatez siempre que confirme nuestro sesgo y contribuya a la imagen de listos que tenemos de nosotros mismos.

Nos gustan las teorías de la conspiración porque nuestra cabeza se excita con la curiosidad y siente el impulso de resolver misterios. «El cerebro necesita comprender el mundo para poder cumplir con su misión de controlarlo». Estamos diseñados para encontrar una solución a todo, queremos respuestas y por eso damos por hecho que siempre hay un motivo detrás de cada cosa que acontece. «La causalidad es un elemento fundamental de nuestra manera de entender el mundo. El cerebro no puede evitar establecer conexiones de causa y efecto». Da igual que la vida no funcione así, nosotros la entendemos como una historia en la que todo suceso es consecuencia de uno anterior, protagonizado y planificado por alguien, con un efecto que impacta en otros protagonistas de una manera determinada para lograr un fin que ya estaba previsto. Aunque digamos que no creemos en Dios, tendemos a comprender la vida como si la escribiera un guionista.

Todo esto que hace nuestro cerebro de forma orgánica demuestra una tendencia biológica a la simplificación. «El mundo "de ahí fuera" —manifiesta Storr— es en realidad una reconstrucción de la realidad que se produce dentro de nuestras cabezas. Es un acto creativo del cerebro narrador de historias». Es, de hecho, un ejercicio de pura supervivencia. Nuestros sentidos recogen señales del exterior y las transforman en información que podamos comprender. Como decía Scully en *Expediente X*, la verdad está ahí fuera, pero aquí dentro, en nuestra cabeza, no cabe tal cual es y hay que adaptarla.

El neurocientífico Anil Seth explica la percepción de manera similar: «Lo que experimentamos está construido a partir de las predicciones (o "mejores conjeturas") que el cerebro hace acerca de las causas de las señales sensoriales [...]. Lo que percibimos en realidad es una fantasía neuronal producida de arriba abajo (o de dentro hacia fuera) refrenada por la realidad, no la imagen de lo que quiera que sea esa realidad llegada a nosotros a través de una ventana transparente».[2] ¿A qué venimos llamando, entonces, realidad? Lo aclara Seth: «Podría decirse que todos estamos alucinando todo el tiempo. Sucede simplemente que, cuando nos ponemos de acuerdo sobre nuestras alucinaciones, encontramos algo a lo que llamar realidad».

Así pues, las historias que nos contamos y que creemos juntos son eso que llamamos la realidad o, si nos ponemos muy firmes, la verdad. Entonces ¿existe una única verdadera realidad? La respuesta correcta quizá sea la inconcreta: depende de quién y cómo la mire y la cuente.

En cada época ha habido unas verdades creídas a pies juntillas por todos o casi todos, principios fundamentales que han ido cambiando a veces de una manera radical y abrupta. Por ejemplo, hemos sido animistas, politeístas y monoteístas. Hemos seguido a reyes que considerábamos dioses, a caudillos que gobernaban obedeciendo deseos de los ancestros, a dictadores con poderes sobrenaturales y a políticos que, pareciendo ser el vecino del tercero, prometían acciones dignas de héroes. Hemos considerado que las mujeres eran seres impuros e inferiores, que las personas de otro color eran una parada previa en la evolución, que los judíos eran innobles y debían ser arrinconados, expulsados e incluso exterminados.

Los humanos hemos asumido como verdad asuntos bien extraños a lo largo de nuestra historia, y por eso no debería sorprendernos tanto que ahora haya gente que esté convencida de que la Agenda 2030 es un plan para crear un nuevo orden mundial. Ni que haya también quien crea que va a arreglar el desbarajuste climático y social en el que vivimos.

No solo la realidad es algo que fabricamos a la medida de nuestra capacidad de comprensión, de la cultura de nuestra época y de los mensajes que se adaptan mejor a nuestro sesgo, es que además tenemos predisposición a lo binario. Nos es más fácil separar las cosas en dos, blanco y negro, izquierda y derecha, hombre y mujer, bueno y malo; nos cuesta entender la complejidad, admitir la diversidad, apreciar los matices. Estamos predispuestos a agruparnos en bandos, a sentirnos protegidos en grupos que, generalmente, existen por oposición a otros.

Una de las buenas noticias de nuestra evolución social es que esta forma de ser tribal se ha ido suavizando en las ciudades. Hay infinidad de matices posibles en esta afirmación. La historia urbana está llena de luchas de poder y sometimiento, de guetos, exclusiones y violencia, de pensamientos extremos y combatientes, pero, de forma casi inevitable, la ciudad es una forma de reunión que demuestra la complejidad de la vida más allá del binarismo, al menos dentro del ámbito de nuestra especie —porque las urbes siguen poniendo inconvenientes a la naturaleza no humana— y muy especialmente en la historia reciente.

Diversidad y complejidad siempre ha habido en las ciudades, pero, en Occidente, a partir de las ideas de la Ilustración se ha visto una evolución social —a través de revoluciones, en muchos casos— hacia la creación de unos derechos compartidos. Una conciencia de estar, a pesar de nuestras múltiples diferencias, en un mismo barco conformando esto que desde hace no tanto llamamos sociedad y que, desde hace aún menos, consideramos como una forma de definir a casi todos los que habitamos el mundo.

Aunque la palabra «sociedad» tiene su origen en la latina *societas* que, a su vez, viene de *socius* (compañero), en esos tiempos romanos se usaba únicamente en su acepción descriptiva de alianzas y negocios de un grupo de personas. Es en los siglos XVII y XVIII cuando se empieza a utilizar para referirse a algo más grande, a una agrupación de individuos e incluso colectivos. John Locke, Jean-Jacques Rousseau y Thomas Hobbes son algunos de los que ampliaron el significado del término. Antes, nos congregábamos y explicábamos en tribus, clanes, familias, reinos y ciudades, pero no teníamos un nosotros tan extendido.

Después de la Ilustración, el colonialismo y el capitalismo adaptan el mundo a nuestra mirada occidental, la de quienes lo exploramos para comerciar con él, y asumimos, desde nuestra subjetividad, que todo debe ser como queremos nosotros, aunque entonces y ahora haya un montón de diferencias y matices. Pero incluso los pensadores disidentes, como Marx o Bakunin, partían del concepto de sociedad, aunque fuese para proponer su transformación.

Como digo, es en las ciudades donde mejor se ve y se vive ese sentir común a pesar de las diferencias que llamamos sociedad. Es así, precisamente, por el encuentro y el roce permanentes que se dan en el espacio y la interacción urbanas. Las fricciones de las que se hablaba en el capítulo anterior nos permiten apreciar la complejidad de la existencia, la infinidad de matices que nos distinguen e incluso la ausencia de causas y causantes. Y, por eso, nos unen. Así ha sido hasta hace no mucho.

Porque uno de los síntomas del desvanecimiento de los valores urbanos es la polarización, esa palabra de moda que nos devuelve a la división en tribus y clanes. Ahora hay que elegir bando. Rojos contra fachas, hombres contra mujeres, jóvenes contra viejos, locales contra inmigrantes. Hemos ido dejando el gran nosotros para crear múltiples nosotros pequeños excluyentes e intransigentes.

El gran nosotros que imprime carácter al pensamiento de la segunda mitad del siglo xx siempre tuvo grietas, grupos y personas fuera del sistema y hasta contra él. En algunos casos, eran oposiciones duras, violentas, armadas. Disconformes que querían que fuese de otra manera o, al menos, se administrase con otro modelo. Los sesenta, setenta y ochenta del pasado siglo fueron tiempos llenos de activismo, luchas, discusiones e incluso algunos cambios a partir de tanto tumulto. Porque es a partir de las disidencias como evoluciona la sociedad. Algunas se las traga sin que le afecten, otras provocan pequeñas mutaciones a las que posteriormente llamamos progreso. En cualquier caso, no es que antes estuviéramos todos de acuerdo en todo. De hecho, hay que recordar que ese mismo nosotros, que hoy nos imaginamos tan cohesionado a pesar de las notas discordantes, existía en oposición a otro, el comunista. Solíamos considerar el mundo de una forma binaria y polarizada, con dos bloques enfrentados que, por cierto, obviaban la existencia de otras formas de organizarse.

Tras la caída del Muro, el polo comunista desvanecido no tuvo un sustituto de ese porte. Había alternativas que fueron mostrando su beligerante oposición, como las revoluciones islámicas, pero, tras muchos siglos de guerras, alianzas y enfrentamientos entre países, por primera vez en la historia casi la sociedad mundial se empezó a considerar como un todo. Por eso, quizá, los noventa y los años dos mil fueron tan optimistas, porque teníamos la sensación de estar por fin conectados, en la misma onda, escuchando las mismas canciones tristes de las mismas bandas de guitarras con camisas de franela y pantalones cortos, bailando en las mismas *raves*, apostando de la misma manera a un futuro con trabajos bien remunerados, casas que se podían pagar y nunca dejaban de subir de valor y ciudades que empezaban a ser diversas y, por eso, más divertidas y emocionantes.

En esos años, la globalización era tanto un proceso económico como cultural y emocional; algo así como un subidón de MDMA que provocaba sonrisas y ganas de celebrar juntos, pero que ocultaba la sombra de la resaca y la depresión química que estaba por llegar. Mientras alzábamos las manos en el aire, la deslocalización, la desregulación de los mercados financieros y la acumulación de capital y poder en muy pocas manos iban preparando el terreno para el bajón.

Tras el aperitivo que supusieron los movimientos antiglobalización, fue en la segunda década del siglo XXI que empezaron a salir a flote síntomas de que la sociedad se estaba rompiendo en bandos con intereses en apariencia poco conciliables. Los partidos tradicionales eran seriamente cuestionados por movimientos sociales espontáneos y, también, por nuevas agrupaciones con espíritu disruptivo. Aunque uno de los rasgos de esos primeros momentos era rechazar la significación a uno u otro lado, hay ejemplos a izquierdas y derechas. El 15M en España y Occupy Wall Street en Estados Unidos, UKIP en el Reino Unido y la Liga Norte en Italia —ambos partidos existían antes, pero su crecimiento fuerte empieza por entonces—, el Tea Party también en Estados Unidos, los chalecos amarillos en Francia y otros.

Es importante señalar que es el mismo tiempo en que el uso de las redes sociales y los canales de mensajería instantánea se extienden como un virus. De repente, empiezan a suceder tantas cosas tan rápido que nadie, ni siquiera los que las provocan, saben qué hacer con ellas. En 2016, el Reino Unido vota salirse de la UE con el Brexit y Estados Unidos elige hacer América grande de nuevo con Trump. La mayoría de los analistas señala que esos sorprendentes resultados se deben al alejamiento —económico, pero también ideológico y emocional— entre las grandes urbes globales y las periferias. La idea, desde entonces, se asume de forma literal y se establece un axioma que habla de una brecha entre lo que se siente en el campo y lo que impone la urbe. La brecha existe, pero no es tanto una cuestión geográfica: en todas partes hay periferias.

Uno de los que primero retrata la grieta es el geógrafo francés Christophe Guilluy. Lo hace en 2014 en el libro *La France périphérique*,[3] que habla del proceso en su país, y cuatro años más tarde en *No Society*,[4] que amplía el foco al resto del mundo desarrollado. En el primero ya explica que la fractura no es tanto territorial como económica y existencial. Aunque el fenómeno se observa más claramente en ciudades pequeñas y medianas lejos de las áreas metropolitanas, también está en zonas suburbiales e industriales —las que quedan— de estas.

Guilluy habla del declive de las clases populares blancas, de la paulatina desaparición de su presencia en medios y discursos políticos, de la pérdida de empleos, poder adquisitivo y servicios públicos; en definitiva, de decadencia y desatención. Todo ello tiene que ver con los procesos de liberalización, globalización y financiarización de la economía. Más que un efecto secundario, es una condición necesaria para que el objetivo de rentabilidad exponencial que se buscaba con esas dinámicas fuese posible. Las personas ya no somos imprescindibles para el modelo productivo; está bien que compremos y votemos, pero nada de aspirar a progresar ni tener servicios públicos.

Resurgen valores identitarios relacionados con el aumento de inmigrantes en barrios de clase trabajadora. Además, comienzan a saltar chispas contra las medidas que pretenden reducir emisiones. También algunas voces empiezan a reclamar una vuelta al proteccionismo. Por todas partes se acusa a las élites de alejarse de los intereses de la gente. «La burguesía "progresista" del siglo XXI —escribe Guilluy— ha alejado al pueblo y ya no piensa ocuparse de sus necesidades. Ahora el objetivo es disfrutar de los beneficios de la globalización sin ataduras nacionales, fiscales, sociales, culturales… y quizá, mañana, biológicas».

El retrato que hace Guilluy de la situación es certero y también duro, porque no tiene miedo a acercarse al punto de vista de los perdedores en asuntos complejos y polémicos como el de la inmigración. Su reflexión es contemporánea a la de Richard Florida en *The New Urban Crisis* y coincide en muchos de los puntos de vista sobre la desigualdad creada por y en las ciudades globales. Manifiesta, por ejemplo: «En las grandes ciudades gentrificadas de hoy el pueblo es *persona non grata*». Y también: «Tras abandonar la idea de formar sociedad, lógicamente, las clases superiores buscan cómo salir del marco nacional y sueñan con la creación de ciudades Estado».

Como digo, el análisis del geógrafo francés es apropiado, incluso por el tono beligerante que escoge para exponerlo, y en su momento fue muy revelador, pero se le escapa la gran paradoja de todos estos movimientos cismáticos. Son las propias élites —o miembros de ellas— las que manipulan y capitalizan ese descontento en su propio beneficio, que sigue alejándose del de la gente. Donald Trump es un millonario hijo de millonario. Boris Johnson es hijo y nieto de políticos conservadores. Como Marine Le Pen y Santiago Abascal. En todos estos casos y en los del resto de los líderes que encabezan la llamada a la revuelta de los hombres —son sobre todo hombres— blancos occidentales está detrás el apoyo financiero y de lobby de personas y organizaciones todavía más ricas y poderosas.

Es decir, el descontento de las clases bajas y medias es real y está basado en hechos reales: su presente y su futuro se está escapando por la aceleración de un modelo económico controlado por cada vez menos agentes con más sed de dinero. Pero son precisamente esos agentes los que están removiendo el avispero para su provecho. Lo hacen mediante juego sucio a través de redes sociales —los casos de Cambridge Analytica con el Brexit y Trump—, comprando los votos directamente —como Elon Musk en la campaña estadounidense de 2024— y, sobre todo, convirtiendo la ira en otra mercancía de la que sacar rentabilidad política y, el fin de todo esto, económica.

Las estrategias electorales de todos ellos consisten en echar más gasolina a todos los fuegos y en hacerlo de manera permanente y a través de formatos y canales que potencian el enganche a las obsesiones y manías, y la creación de burbujas de pensamiento. La sociedad se va dividiendo por la dinámica económica en la que muchos de ellos han participado y los grupúsculos que se crean se enfurecen hasta la ceguera unos contra otros porque los mensajes que reciben son proteínas para su sesgo de confirmación.

El proceso de ofuscación es generalizado, los presuntos líderes de las supuestas izquierdas se meten de lleno en la trampa digital, y sus seguidores lo mismo. Y conforman bandos tan cerrados e histéricos como los otros, pero con mucho menos respaldo financiero y, por tanto, escasa capacidad de influencia real. Su energía a la contra quizá solo sirva para mover más rápido el marco hacia el autoritarismo y la concentración de poder económico. No hay un debate real, nadie está dispuesto a escuchar porque, para ello, tendría que dejar de chillar. Y eso sí que no, por ahí no se pasa.

Hay, además, una novedad en la forma de argumentar y argumentarse el malestar. Se generaliza el victimismo como excusa para la radicalidad y la venganza. De repente, un montón de personas y colectivos se sienten maltratados por otros y consideran que eso les da derecho a contraatacar sin piedad. Les ocurre también a los poderosos, incluso a los más tiranos y matones. Ahí está Donald Trump haciéndose la víctima de un poder en la sombra que, dice él, le robó la victoria electoral en 2020. O expresando, para anunciar sus aranceles en una de sus psicodélicas comparecencias, que Estados Unidos, el imperio dominante en el mundo en el último siglo y pico, ha sido estafado por el resto de los países, incluso los más minúsculos, por una liberalización y globalización económica que se impuso desde ahí para enriquecer estrepitosamente a sus capitales financieros.

Por todas partes es igual. Influyentes ganan más influencia lamentándose desde medios de comunicación de masas con eso de que «ya no se puede decir nada». Líderes de opinión lloran desde púlpitos inexpugnables porque el movimiento *woke* está removiendo los cimientos de una sociedad que, en verdad, se hace cada vez más reaccionaria. Familias tradicionales consolidan sus valores temiendo un avance en derechos de las personas trans que no les afecta. Al otro lado, por supuesto, también hay victimismo y muchísimo despiste. La fragilidad, simulada o no, y la decisión de dedicarse a defender a muerte pequeñas luchas casi tribales hacen que se pierda de vista la reivindicación de los grandes temas sociales y económicos que podrían cohesionar a personas y colectivos, y suponer una verdadera oposición al declive en derechos y condiciones de vida que prospera entre tanto ruido polarizado.

La sociedad se rompe en mil pedazos, entre otras cosas, por este comportamiento victimista infantil que adquirimos en parte por imitación y también por los trastornos de narcisismo y aislamiento que son efecto de la vida digital. Todo ello, por supuesto, se vive en y afecta a las ciudades. También a las grandes metrópolis globales que muchos analistas señalan como polos de la ruptura frente a las periferias. De hecho, ya lo hemos visto, la desigualdad en estos centros urbanos obsesionados por la competición y el éxito es mayor que en ningún otro sitio y a las taras digitales hay que sumar las dificultades de transitar por una vida exigente hasta la extenuación.

Por tanto, no es que haya centros y periferias, es que todos somos centro para unos y periferia de otros. Lo explica con una sola frase Christophe Guilluy en *No Society*: «Más que el riesgo de guerra civil, lo que caracteriza a los países occidentales es el riesgo de paranoia colectiva».

Toda esta polarización convierte las ciudades en comunidades bipolares. Las grandes urbes están efectivamente avanzando de forma acelerada en un modelo que genera desequilibrios dentro y fuera de ellas. Pero no es que sepan algo que las otras no saben. En realidad, se están comportando de una forma errática. Acelerada, sí, pero muy incoherente y bastante enajenada.

Por ejemplo, a través de los programas relacionados con la Agenda 2030 que he mencionado antes —en Europa: estrategias de desarrollo urbano sostenible, agendas urbanas o planes de actuación integrados—, pretenden transformarse en ciudades más habitables y sostenibles al mismo tiempo que impulsan estrategias competitivas y de crecimiento que impiden la posibilidad de vivir dignamente en ellas y promueven un aumento del consumo de recursos y de emisiones que convierte la palabra «sostenibilidad» en una broma de mal gusto. Las metrópolis presumen de ser centros económicos en los que es posible el desarrollo y el progreso individual, pero ese modelo es generador de desigualdad y precariedad. También alardean de diversidad y la proclaman con orgullo en sus campañas de marca, pero muchas veces la realidad se empeña en demostrar que la tolerancia solo existe para quien trae dinero desde su lugar de origen y que buena parte de quienes vienen de fuera tienen que transitar por el lado oscuro y miserable de la *gig economy*. Las ciudades modernas, en definitiva, aseguran ser vibrantes y dinámicas, pero quizá lo sean como lo es un terremoto, un seísmo constante para las vidas de cada vez más gente, porque en ellas empiezan a desmoronarse también las realidades de las clases medias que antes se sentían mimadas por el modelo económico.

El origen de esta esquizofrenia, uno de ellos, puede estar precisamente en el poder que ha ido acumulando la economía, como concepto y como sujeto. De un tiempo a esta parte, hemos ido confundiendo la idea de vivir bien con la necesidad de acumular resultados que demuestren un éxito que se mide en grandes cifras económicas. El argumentario de los administradores de lo público se ha ido transformando y sus discursos llenando de razones dignas de una gran empresa: «Hemos mejorado los resultados del pasado año en...», «Somos un foco de atracción de inversiones...», «Vamos a convertirnos en líderes de...».

Las ciudades, que son comunidades que se comprenden y gobiernan mejor atendiendo a la microeconomía, están ahora obsesionadas con una macroeconomía que pasa por encima de las necesidades de casi todos quienes las habitan. Nos repiten cifras y resultados que se supone que tenemos que celebrar, aunque supongan para muchos de nosotros una vida peor. Debemos alegrarnos, y a veces lo hacemos, del éxito de nuestro fracaso.

Muchos de los que gobiernan así lo hacen por mimetismo, imitan lo que ven y oyen confiando en fuentes que tal vez no sean tan fiables. Otros lo hacen por convencimiento, educados en la creencia de que la economía está por encima de todas las cosas. Como sea, se comportan como directivos de empresa y no como administradores de lo público. Por supuesto, no todos los políticos son iguales ni todas las ciudades tienen gobiernos tan desorientados, pero, en general, se echan de menos los criterios enfocados de verdad al bien común.

Y, también, falta atrevimiento. Se extrañan las políticas valientes, las miradas a largo plazo más allá de las urgencias que marcan los ciclos electorales, las posturas ajenas a la corriente competitiva dominante, los planteamientos y decisiones fuertes que no tengan miedo a la repercusión y la crítica.

La hiperconexión digital ha acelerado unos procesos políticos y también ha frenado muchos otros. La sensación es que, en los últimos tiempos, los gobiernos han estado demasiado pendientes de un qué dirán que ahora es muy fácil de ver al instante y, también, muy engañoso. Políticos de todo el mundo han derivado buena parte de su labor de comunicación directa a las redes sociales y, de esta manera, no solo han perdido un tiempo precioso para concentrarse en su trabajo, sino que han confundido la parte con el todo. Incluso en el momento de su máximo apogeo, en Twitter, que ahora es la X de Musk pero sigue siendo la red social favorita de la clase política, no ha habido más de cuatrocientos millones de usuarios activos en todo el mundo —con porcentajes de población por país en torno al 15 por ciento— y, sin embargo, lo expresado allí ha imprimido demasiado carácter a decisiones que afectaban a mucha gente que no estaba en esa discusión.

De hecho, esa disputa permanente que constituye la esencia de esta red social y en la que se desenvuelven muchas personas en nuestro tiempo es, en sí misma, un elemento de confusión. Es imposible tomar decisiones para el bien común si se está pendiente de ese ruido, de posturas que son simples y maximalistas porque el algoritmo las requiere así.

Además, los partidos políticos se han llenado de asesores más o menos profesionales de la interpretación de encuestas y tendencias de opinión, politólogos e investigadores sociales de salón digital. De esta forma, han elaborado sus estrategias y propuestas demasiado atentos a una versión deformada y pervertida de la opinión pública y cada vez más alejados de la realidad que se vive en las casas, en las calles y en los barrios.

Buena parte de la bipolaridad de las decisiones viene de ahí: ahora propongo esto porque creo que es lo que me piden los #trendingtopic, pero dentro de un rato cambio porque lo hace la tendencia. La falta de atrevimiento también tiene su origen en el miedo a despertar a la masa digital enfurecida. Mientras, los grandes problemas urbanos han ido creciendo: el precio de la vivienda, el aumento de la desigualdad, la pérdida de los horizontes comunes, la soledad, la confrontación…

Pero, además del apocamiento de los gobiernos locales, hay más factores. Uno de los principales es que las ciudades tienen realmente pocos recursos y competencias para enfrentarse a todos los asuntos que les afectan. Aunque las formas de administración son dispares entre países, los poderes se los suelen repartir los gobiernos estatales y los regionales, dejando los restos para los locales; y no siempre existe un espíritu de colaboración que facilite una toma de decisiones efectiva. La confrontación generalizada se da igualmente entre gobiernos, incluso entre los que dependen de los mismos partidos o corrientes similares. La esquizofrenia política se aprecia y la sufrimos de todas las maneras.

De esta forma, mientras se hacen fiestas a la urbanización y se celebra en todos los foros que somos mayoría los que vivimos en ciudades, los gobiernos que tienen las competencias y recursos más importantes no son los que están cerca de los problemas urbanos. Los grandes asuntos parecen así alejarse de las pequeñas cosas de la vida. ¿Acaso lo cotidiano y lo cercano no son importantes?

No es una novedad que los poderes tomen decisiones muy lejos, física, intelectual y emocionalmente, de los lugares donde tienen impacto. Pero, de un tiempo a esta parte, da la sensación de que la política se ha convertido en un combate en el que la retórica y los relatos tienen más importancia que los hechos y las vidas de la gente. Uno diría que parte del hartazgo y de la desconfianza en la democracia viene de todo esto.

Quienes están en una crisis económica y existencial estructural, quienes no tienen nada y quienes van perdiendo lo que han tenido contemplan el espectáculo de la política de partidos y sienten cómo toda esa palabrería les afecta cada vez menos. Se dice mucho, pero se hace poco y lo que se lleva a cabo no termina de tener un impacto real. Los problemas crecen y no hay soluciones a la vista. Por eso, cuando alguien se sale del discurso dominante, grita más fuerte y dice cosas distintas, tiene éxito. Muchos votantes desencantados han pasado de quedarse con las ovejas negras de izquierdas a elegir las de derechas porque su motivación no es tanto ideológica como de identificación con el hartazgo y la ruptura. Y ahora los más rupturistas son los ultras nacionalistas.

Y así llegan al poder personajes disparatados como Donald Trump o como Javier Milei. Sin duda, son distintos, se manifiestan de otra manera, hacen propuestas fuera de lo normal y hasta cumplen alguna. Fenomenal, pero ¿sus políticas van a mejorar las vidas cotidianas de la ciudadanía? No está pasando y no tiene pinta de que vaya a suceder. Muy por encima de los poderes locales, la tendencia en el mundo es a un autoritarismo nostálgico articulado en torno a relatos proteccionistas y mensajes de odio a minorías, inmigrantes y, en general, a los otros. Un caudillismo que cuenta con el apoyo de grupos de poder económico cada vez más concentrados que toman posiciones para una situación de escasez de recursos, crisis ambientales continuas e inestabilidad económica.

La ideología del momento se construye de una forma acelerada y a base de una extrañísima combinación de melancolía y ciencia ficción. Se quiere, por ejemplo, volver a hacer América grande recuperando la actividad industrial al tiempo que se insiste en la necesidad de avanzar sin límites normativos en el desarrollo de tecnologías como la IA en manos de grandes capitales que no solo van a reducir los empleos disponibles, sino que, haciéndolo, van a impactar aún más en la capacidad adquisitiva y, por tanto, de consumo de las clases bajas y medias.

Por mucho que nuestro cerebro imaginativo y novelero nos apunte lo contrario, no hay nadie al mando. No hay un plan para salvarnos y lograr que las cosas se calmen y vivamos mejor, más contentos, más tranquilos, más conscientes. Tampoco creo que haya una conspiración que esté manejando los hilos con un criterio de futuro, aunque sea en su propio beneficio. Hay poderes económicos que han sobrepasado a casi todos los poderes políticos —al menos en Occidente, otra cosa es lo que pasa en China o Rusia—, que buscan conservar sus posiciones dominantes e influyen en sus decisiones para lograrlo. Poderes adictos al cortoplacismo y al dinero, alejados no ya de las cosas que nos pasan, sino de la vida misma.

El sinsentido es tan grande que expresarlo es manifestar un pesimismo difícil de asumir para la mayoría. Pero, en este contexto, declararse optimista empieza a resultar ridículo. Otra vez, la solución puede estar en salirse del binarismo y buscar refugio e impulso en otra idea.

La escritora Rebecca Solnit explica siempre que le preguntan que ella tiene esperanza. Ha dedicado incluso un libro al concepto, *Esperanza en la oscuridad*.[5] Para la estadounidense, la esperanza está justamente en la incertidumbre. Lo único que sabemos es que no sabemos lo que va a ocurrir; que, por eso, no pueden imperar las certezas ni del optimismo ni del pesimismo, y que, efectivamente, no hay nadie a los mandos. Todo ello nos deja espacio para actuar. La esperanza necesaria no debe ser una ilusión vacía, debe partir del pensamiento crítico, pero requiere alegría, humor, intimidad... Comunidad. La esperanza para las ciudades, por eso, está en la ciudad.

Segunda parte

RECUPERAR LA CIUDAD

Rehacer los relatos

De dónde venimos. La respuesta a esta cuestión es la que realmente define la resolución de las otras grandes preguntas de la humanidad. Hasta la publicación en 1859 de *El origen de las especies*, de Charles Darwin, el relato dominante era el religioso: la vida es una creación divina y los humanos somos los elegidos por las alturas. Según el culto, cambian los nombres de los dioses y algunos matices, pero la esencia de la historia es más o menos la misma.

Aunque aún existen —incluso se multiplican— creacionistas convencidos, la teoría de Darwin abrió una brecha y es hoy la respuesta preferida por la mayoría. En este momento, casi todo el mundo es evolucionista, igual que antes era creacionista. Y la palabra «igual» está escrita en este caso con intención literal. Porque, después de tantos años, quizá es momento de asumir que no estamos asimilando bien la tesis del naturalista británico.

Como decía en el capítulo anterior, nuestro cerebro funciona simplificando la complejidad del mundo a través de relatos en los que nosotros somos los personajes principales. Este sesgo narrativo imprime carácter incluso allí donde nos consideramos a salvo de tales inclinaciones. El humanismo, la razón ilustrada y también la ciencia siguen reproduciendo detalles esenciales del relato divino: la idea de una verdad última, la noción de progreso lineal, la centralidad del ser humano.

Casi siempre que se habla de evolución se explica, por ejemplo, que las especies se transforman para lograr algo. Como si los cambios fuesen conscientes, autoinducidos y enfocados a la solución de una necesidad. Hay voluntad y causalidad detrás de esa forma de expresarlo, un destino, una estrategia. No es así en la teoría darwiniana, no hay un fin, ni un modelo, ni necesariamente un progreso. Tampoco hay, por supuesto, intención, más allá de la supervivencia. El motor de la evolución es, en buena medida, la casualidad. Las casualidades, mejor dicho. Pequeñas mutaciones en miembros de cada especie que coinciden con pequeños —y, a veces, también grandes— cambios en el entorno. Es un proceso lento y constante; y esto es también algo que no terminamos de entender, porque, como nos pasa a menudo, tendemos a interpretarlo como un evento.

En esta transformación permanente que es la vida no existe, por tanto, el concepto de lo mejor. La evolución no es un trayecto de perfeccionamiento; la vida que hay ahora es consecuencia de la que hubo antes pero no es su versión mejorada, es la que toca. Tampoco es mejor la especie que se adapta que la que se extingue; simplemente, es la heredera de uno o varios mutantes que tuvieron la suerte de estar en el sitio justo en el momento indicado. La categorización es cosa nuestra, en parte porque nuestra cabeza nos lleva automáticamente a este ejercicio comparativo y, también, porque hacerlo nos permite ponernos siempre los primeros del ranking y seguir creyéndonos los elegidos.

Todo esto quiere decir que no sobreviven necesariamente los más fuertes y que no se trata de una lucha por la existencia, de una competencia feroz por los recursos. Pero, aunque así son las cosas, no es así como nos las contamos. El darwinismo social que popularizó en el siglo XIX el británico Herbert Spencer a partir de hipótesis deterministas —que ya tenía establecidas antes de la obra de Darwin— es un relato mucho más influyente que la misma teoría de la evolución y sirve de excusa intelectual para unos cuantos ejercicios de poder. Se ha utilizado para justificar formas de opresión —racismo, colonialismo, patriarcado...—, políticas violentas —fascismo, imperialismo, nacionalismo...— y sistemas económicos sostenidos sobre la desigualdad —capitalismo, liberalismo, neoliberalismo...—. Aún hoy aparece como el argumento de fondo del virus individualista que está rompiendo nuestras sociedades. La verdadera religión de nuestro tiempo, la fe que está moviendo montañas, es la que sostiene no solo que los *Homo sapiens* conformamos la especie elegida, sino que cada uno de nosotros somos protagonistas, guionistas, productores y directores de esta película tan diversa y bonita llamada vida. Error.

Resulta que no es la competencia, sino la cooperación, incluso entre especies distintas, el mecanismo principal tanto de la existencia diaria como de la evolución que actúa más a largo plazo. Por eso hay organismos no especialmente aptos ni fuertes que se han ido adaptando y sobreviviendo: las bacterias, las hormigas, las sardinas, las vacas y todos los animales domésticos, las plantas y hongos y, claro, los humanos.

A pesar de lo que nos contamos, si estamos en la Tierra desde hace más o menos trescientos mil años —un suspiro en la escala temporal de la vida en el planeta— no es porque seamos más fuertes que un mamut o un tigre dientes de sable. Hemos llegado hasta aquí por nuestra capacidad de cooperar, confiar y convivir unos con otros, unas facultades que son también la esencia de la vida comunitaria y, por eso, de la ciudad.

Sí, aunque parezca mentira, toda esta disertación en torno a la evolución y la adulterada versión que hacemos de ella es una reflexión sobre la urbe. Una muestra de cómo la deformación de la narrativa es fundamental para convertir la convivencia en competencia, el desarrollo en rentabilidad y lo común en privado.

Comprender el funcionamiento de los relatos es importante para entender de qué manera nos sirven para interpretar la realidad, pero también para darnos cuenta de cómo acaban conformando las realidades que construimos. Es necesario, además, para atreverse a cuestionarlos. Lo cierto es que no es sencillo hacerlo, no es fácil emanciparse de los relatos dominantes, pero es imprescindible para mirar las cosas de otra manera y cambiar.

La historia urbana es también una leyenda repetida de forma lineal y simplificada. Como si fuera el guion de esa película en la que nosotros hacemos todo lo relevante, hay distintos hitos (conflictos) que provocan el paso de las distintas etapas (actos). Según esta estructura arquetípica, los humanos fuimos durante miles de años unos pocos cazadores-recolectores brutos y caóticos hasta que descubrimos las virtudes de la agricultura y decidimos convertirnos en labradores y pasar del nomadismo al sedentarismo. En ese momento aparecieron los excedentes, el almacenamiento, la propiedad privada, las jerarquías y la necesidad de comercio y crecimiento, y, con ellas, las ciudades, los estados, los gobiernos y todo lo que concebimos como progreso. Lo mismo que la evolución, vemos nuestra historia urbana como una estrategia escogida en busca de unos objetivos: una trayectoria que concebimos como un proceso de mejora continua que incluye efectos secundarios, como la concentración de poder y la desigualdad, que asumimos como necesarios porque, en esta narración, estamos convencidos de que lo que viene, sea como sea, será mejor.

Tenemos clarísimo que durante el Paleolítico todos los humanos fuimos unos salvajes, puede que felices pero incapaces de organizar nada más complicado que una batida de caza. Según el relato asumido, nuestro trayecto a la sofisticación empieza en el Neolítico. De ahí en adelante es cuando comienza lo que consideramos desarrollo: social, económico, político y urbano. Como suele suceder, la realidad detrás de la ficción es muchísimo más compleja, diversa y, por eso, inspiradora.

Sobre esto habla *El amanecer de todo*, el libro con el que un antropólogo, David Graeber, y un arqueólogo, David Wengrow, rompen en mil pedazos el relato monolítico que nos hemos venido contando.[1] Aunque ellos se dedican a impugnar el pasado, lo que en realidad están haciendo es invitarnos a imaginar nuevas formas de coexistencia sin ataduras. Así lo manifiestan:

> La cuestión fundamental en la historia de la humanidad no es nuestro acceso igualitario a recursos materiales [...], sino nuestra igual capacidad para contribuir a decisiones acerca de cómo vivir juntos [...]. Si, como muchos sugieren, el futuro de nuestra especie gira ahora en nuestra capacidad para crear algo diferente (digamos, por ejemplo, un sistema en el que la riqueza no pueda convertirse libremente en poder, o en el que no se les diga a algunas personas que sus necesidades son irrelevantes, ni que sus vidas carecen de valor), entonces lo que definitivamente importa es si podemos redescubrir las libertades que nos convierten, en primer lugar, en seres humanos.

Graeber y Wengrow impugnan la historia oficial y expresan que en el Paleolítico ya hubo formas de organización diversas y complejas, buenos salvajes, pero también malos —«"bueno" y "malo" son conceptos puramente humanos [...] creados para compararnos entre nosotros», escriben—. También, que la agricultura y el sedentarismo no fueron hitos que llegaron para quedarse, sino experimentos que, a veces, se combinaban con el nomadismo y que, además, no necesariamente significaban acaparamiento y desigualdad. Y, por supuesto, que la subordinación al poder, sea económico, político, militar o religioso, no es una condición inevitable de las ciudades, que las ha habido desde el principio igualitarias, descentralizadas y democráticas, quizá más que ahora.

Como Graeber y Wengrow, hay muchos autores que han tratado de desmitificar nuestra concepción de la historia desde distintos puntos de vista y saberes: Kropotkin, Mumford, Foucault, Margulis, Haraway, Viveiros de Castro... La misma Rebecca Solnit dedica parte de su obra *El camino inesperado* a fomentar este ejercicio revisionista como única manera de encontrar la es-

167

peranza. En un capítulo titulado «Cambiar el relato sobre el clima», Solnit empieza escribiendo esta frase que en ocho palabras retrata nuestro presente y todas sus paradojas: «Toda crisis es en parte una crisis narrativa».[2]

¿Puede decirse que estamos viviendo el ocaso de la idea de ciudad ahora que buena parte de ellas presumen de éxito y lucen números como si tuviesen que justificarse ante una junta de accionistas? ¿Es posible hablar de crisis de narrativa en la era del contenido, un momento en el que, gracias a la tecnología, cualquiera puede crear una historia en cualquier formato y darla a conocer en todo el mundo? Sin duda. Y, como apunta Solnit y hemos ido viendo en la primera parte de este libro, ambas cosas están íntimamente relacionadas.

«Narrar es dotarnos de sentido, desplegar la historia que se sedimenta en el carácter».[3] Vuelvo a Lola López Mondéjar. Para ella, uno de los grandes males del momento que vivimos es la atrofia de la capacidad narrativa, la incapacidad de las personas de contarse a sí mismas sus necesidades y sus emociones, de entender su contexto. Normalmente, como explica la escritora y psicoanalista, una incapacidad así está asociada a traumas y a enfermedades, a «patologías graves como la psicosis y los trastornos *borderline*». Hoy, esta tara está tan generalizada que cabría preguntarse si nuestras sociedades son psicóticas o tienen un trastorno límite de la personalidad.

Que esté ocurriendo esto precisamente en un tiempo en el que todos, personas, organizaciones y administraciones, nos comportamos como marcas y jugamos a tener una estrategia de comunicación no es ni paradójico ni casual, es consecuente. La era del *storytelling* no nos está ayudando a explicarnos, sino que nos está confundiendo y está anulando nuestra capacidad narrativa. Los incontables contenidos que vemos y lanzamos permanentemente no conforman ninguna historia común, son como los miles de cristales de un vaso que cae al suelo y que es imposible volver a unir. Flotamos cada uno en nuestra propia realidad fractal, cada vez menos conectados con lo y los que nos rodean. Sin comprender el pasado ni conectar con el presente es casi imposible plantearse un futuro verdaderamente conveniente. Y aquí, en esta palabra, hay otra clave.

«Conveniencia» significa «provecho» y también «comodidad». En su etimología latina expresa algo así como venir juntos, concordar. Hay, por eso, un fondo semántico de utilidad, pero también de armonía y acuerdo. La crisis narrativa provoca que no sepamos ni trabajemos para encontrar lo conveniente y nos dejemos seducir por lo que creemos —porque se nos dice— que debemos desear. Nos pasa como individuos y nos pasa como sociedad.

Si rehacer los relatos es el primer paso para recuperar la ciudad, podemos ir cuestionando qué es el éxito. Ahora mismo, buena parte de las urbes del mundo —de sus administradores, pero también de muchos de sus agentes sociales y económicos y ciudadanos— consideran que el objetivo común debe ser atraer, ganar, crecer.

El mensaje bulímico del turbocapitalismo ha conquistado a la política de partidos, pero también a muchos puntos de vista sociales y vecinales. La economía actual es una religión que promete una vida mejor sin necesidad de morir. Lo que hay que hacer es trabajar mucho, competir duro, invertir fuerte y confiar en el progreso, y todos nuestros deseos podrán cumplirse, o sea, comprarse. Y con las ciudades pasa lo mismo, basta con sentirse supersexy, convertirse en una empresa competitiva y permitir que los capitales globales puedan operar sin mucha limitación, y todo nos irá de maravilla.

Las promesas de la religión económica son bulos, pero, obnubilados como estamos por su atractivo, pensamos que la desigualdad, la contaminación, la inestabilidad, la inquietud y la ansiedad son males menores pasajeros en nuestro trayecto a la plenitud. Como la vida terrenal en la religión, vaya.

Ahí tenemos otro relato que rehacer. En este caso, basta con que nos agarremos de nuevo a la etimología. «Economía», en su acepción griega original, significaba «administración del hogar». Era la palabra que se utilizaba para definir la gestión y organización de una familia, pero también de una ciudad, de una comunidad. Su carácter competitivo y aspiracional ha venido después. Ha pasado de ser un instrumento a la razón de casi toda existencia humana sobre la Tierra.

Si queremos cambiar de destino, quizá tengamos que dejar de seguir el camino del deseo y buscar el de lo que nos hace bien. Para ello, lo primero que debemos hacer es romper y rehacer los relatos y sustituir la acumulación, el derroche y la victoria por la armonía, la convivencia y el bienestar. Solo así podremos imaginar unas ciudades que sean y nos permitan ser de otra manera.

Ser naturaleza

Belém es una ciudad brasileña de más dos millones de habitantes. Se aloja en la desembocadura del río Amazonas y es la capital del estado de Pará. Creció como enclave urbano a partir de finales del siglo XIX por su importancia como puerto de salida para el comercio del caucho y hoy sigue siendo la Amazonía su principal fuente de recursos económicos. Esto permite intuir que los habitantes y gobernantes del lugar conocen perfectamente lo que es una hoja, una rama, un tronco, una raíz, y que saben identificar un árbol cuando lo ven.

En marzo de 2025, unos meses antes de la celebración allí de la COP30, la ciudad amaneció con unas estructuras metálicas hechas de materiales reciclados en las que se habían trenzado plantas vivas de colores diversos. Las autoridades del estado, responsables del insólito brote, anunciaron orgullosas este proyecto destinado a dar sombra en una urbe que no suele bajar de los 25 °C de temperatura media y con un porcentaje de humedad del aire de más del 83 por ciento. Dijeron que era una actuación inspirada en una previa de Singapur y presumieron del nombre ideado para estos doscientos artefactos: ecoárboles.

De demasiado tiempo a esta parte, los resultados de las cumbres del clima organizadas anualmente por Naciones Unidas suelen ser bastante anticlimáticos, en el amplio sentido del término. También los preparativos. La producción del evento acostumbra a

171

estar muy lejos de ser un ejemplo de respeto al medioambiente. Pero lo de Belém es especialmente llamativo.

La ciudad representa la imposición de las exigencias del modelo económico sobre las de la naturaleza. Su incremento poblacional desde los años setenta del siglo pasado está sostenido por las migraciones de los habitantes de la selva, y la enorme y creciente desigualdad es una de las consecuencias de una urbanización que se alimenta de la explotación del bosque tropical más extenso del mundo. La contaminación de la tierra, el aire y el agua es otra.

La COP30 es un evento deseado por cualquier ciudad con aspiración de tener una marca lustrosa. Decenas de miles de asistentes con un amplio presupuesto para gastos de representación y dietas, centenares de jefes de Estado y la frágil atención de la sociedad global fijada durante semanas en un mismo lugar. Por eso, Belém se preparó a conciencia para ser la cara visible de la preocupación del ser humano por el cambio climático: más de treinta proyectos de infraestructura; construcción de hoteles y disposición de cruceros para alojar a los visitantes; la propia sede de la conferencia que luego se convirtió en parque público, una obra realizada por la todopoderosa empresa minera Vale, responsable de dos de los desastres ambientales más devastadores de Brasil; el macrodrenaje del río y sus afluentes que, entre otras cosas, sustituyó sus orillas naturales por enormes losas de cemento, y lo de los ecoárboles, que se justificó porque la forma de hacer ciudad —la de Belém y la de cualquier otra— suele impedir la plantación de árboles de verdad en el suelo urbanizado.[1]

Cuando organizaciones y activistas sociales y medioambientales denunciaron toda esta acumulación de disparates e incoherencias en los preparativos de la cumbre, las autoridades reaccionaron cambiando el nombre de los ecoárboles por jardines colgantes.[2] Un buen ejemplo de lo que hoy se entiende por afrontar un problema con valentía y contundencia y, también, de nuestra forma de relacionarnos con la naturaleza.

La desconexión del ser humano con su entorno viene de lejos, pero, como se ve en el ejemplo de Belém, está alcanzando trazas de patología. En la búsqueda permanente de lo que nos diferencia de otras especies, siempre se nos olvida lo que indudablemente otras no tienen: esa forma de vanidad exagerada a partir de un concepto inflado del yo que provoca necesidad de aprobación y adoración, y también y falta de empatía, el narcisismo.

Como ya he expresado en el capítulo anterior, nuestra respuesta a la razón de nuestra presencia aquí siempre ha pecado de egocentrista. Creyentes o no, invariablemente nos consideramos los elegidos. La naturaleza, el resto de ella, ha sido desde el principio un paisaje, una amenaza o un recurso. «Sed fecundos y multiplicaos, llenad la Tierra y sometedla», dice el Génesis.[3] «Y, puesto que la Naturaleza no hace nada en vano, es evidente que ha hecho a los animales para el beneficio de los hombres», manifiesta Aristóteles en su *Política*.[4]

Los padres de la ciencia, siglos después, siguen más o menos en lo mismo. Descartes ve la naturaleza como un mecanismo que el ser humano debe comprender para manejar a su antojo. Francis Bacon habla incluso de torturarla para que confiese sus secretos. La colonización y la Revolución Industrial son la consecuencia y la aplicación de esta forma de pensar. El proceso de urbanización que se da en los siglos XIX y XX profundiza aún más en una disociación que ahora, en este XXI, quiere derivar en vías aún más extrañas para nuestro verdadero ser, estrategias que van desde la conquista de otros planetas al transhumanismo.

Este trayecto por separarnos de lo que somos es vano —no podemos ser otra cosa— y tóxico —intentar ser lo que no eres genera traumas—, pero estamos todos en ello. Da igual si eres Donald Trump y gritas «drill, baby, drill!» que si eres una ONG que proclama que su misión es salvar el planeta. Aunque, obviamente, las intenciones son muy distintas, en ambos casos te estás ubicando en una tercera persona omnipotente y omnisciente que no es la que te pertenece.

Somos animales. Formamos parte de la Tierra, no somos ni los dueños, ni los protagonistas, ni los beneficiarios. Somos naturaleza. Esforzarnos en la asunción de esta realidad es un ejercicio que necesitamos hacer como individuos y como sociedad; una forma de estar en nuestro sitio, pero también una manera de ver más y mejor lo que nos rodea: la inteligencia de animales y plantas, la importancia del agua y las rocas, la vida que nos regala el aire. Como escribe Emanuele Coccia, siempre tan lúcido, ni siquiera «habitamos la Tierra, habitamos el aire a través de la atmósfera. Estamos inmersos en él exactamente como el pez está inmerso en el mar. Y lo que llamamos respiración no es más que la agricultura de la atmósfera».[5]

Asumir que somos naturaleza es también una de las primeras cosas que debemos hacer para recuperar la ciudad. Y no, no es una contradicción.

La mitad de la gente del planeta vive en ciudades y la cosa irá a más. Cuatro mil y pico millones de seres humanos apretados en menos del 3 por ciento del territorio, pero usando como si fuera suyo el resto: se estima que más del 75 por ciento de la superficie terrestre y el 66 por ciento de los océanos están afectados por actividades humanas que podríamos llamar urbanas.[6] El problema es que esto que vemos como un proceso de dominación puede estar siendo lo contrario, un trayecto hacia la debilidad.

Como explica Stefano Mancuso, hasta hace solo unos años, uno de los rasgos distintivos de nuestra especie era la capacidad «para colonizar cualquier entorno del planeta, incluso los más hostiles e inhóspitos [...]. Después, desde principios del siglo xx hasta hoy, esa capacidad para vivir en cualquier parte desapareció de la noche a la mañana, en favor de una concentración sin precedentes de la inmensa mayoría de nuestra especie en el interior de las ciudades».[7]

El botánico italiano, una de las fuentes imprescindibles para plantearse los errores del antropocentrismo, muestra en *Fitópolis* los peligros de nuestra disociación de la naturaleza. Uno de ellos es la especialización. La humana ha sido hasta hace nada una especie generalista, capaz de sobrevivir y prosperar en entornos diversos utilizando todo tipo de recursos. Al concentrarnos ahora en ecosistemas concretos y muy similares, las ciudades, estamos perdiendo capacidad de adaptación a los cambios y, por eso, siendo más frágiles. Y también estamos provocando que los cambios sean mucho más rápidos y notables.

Mancuso define la ciudad como «un ecosistema formado por todos los organismos que lo habitan (incluidos los humanos), así como por el entorno físico de las calles, los edificios, los solares, el agua, etcétera». Las urbes son sistemas ecológicos con un crecimiento vertiginoso y rasgos propios y constantes —«las altas temperaturas, la escasa vegetación, la contaminación, las superficies impermeables, los hábitats fragmentados y divididos por calles y edificios»—. Da igual dónde se encuentren, son entornos casi iguales. El autor italiano señala, por ejemplo, que localidades tan alejadas como Florencia y Johannesburgo tienen más semejanzas entre ellas que Florencia con la campiña que la rodea.

Estas condiciones están imprimiendo carácter en la evolución de las plantas y los animales y, también, en la de los humanos —Mancuso menciona la capacidad de digerir el almidón y la leche, y el debilitamiento de nuestras dentaduras y mandíbulas, por ejemplo—. Pero, sobre todo, están acelerando cambios que afectan a todo el planeta y, principalmente, a los ecosistemas urbanos y sus habitantes.

Casi todos los informes coinciden en que las ciudades consumen en torno al 70 por ciento de la energía y recursos del mundo, y son responsables de más del 75 por ciento de los residuos y de las emisiones de gases de efecto invernadero.[8] Las consecuencias ya se ven. En un periodo de doce meses entre 2024 y 2025, 4.000 millones de personas —casi la mitad de la población mundial— han vivido al menos treinta días de calor extremo.[9] Solo en Europa y en el mismo 2024, más de 400.000 personas se han visto afectadas por inundaciones y tormentas extraordinarias, con un 30 por ciento de cuencas fluviales llegando a niveles de inundación alta, y un 12 por ciento, severa.[10] En veinte de las principales capitales del mundo, los días con temperaturas por encima de los 35 °C han aumentado un 52 por ciento en los últimos treinta años.[11]

Hay más y casi seguro que peor. Un informe promovido por la red C40, que aglutina la acción sobre cambio climático de cien grandes urbes del mundo, muestra el futuro de las ciudades con previsiones para 2050: serán más de 970 aquellas cuya temperatura media no baje de los 35 °C; el 45 por ciento de la población urbana experimentará calor extremo en verano; más de 800 millones de personas residentes en al menos 570 ciudades costeras estarán expuestas al riesgo creciente de inundaciones; más de 650 millones de personas distribuidas en más de 500 localidades podrían sufrir un descenso de, al menos, un 10 por ciento en la disponibilidad de agua dulce.[12]

Las previsiones dicen que, en lugares como Ámsterdam, Miami y Nueva York, las inundaciones serán hasta diez veces más frecuentes y graves tanto por el aumento del nivel del mar como por el de las lluvias intensas. En Madrid, pero también en Londres y París, las olas de calor serán más habituales y graves. Y más de cinco mil millones de personas estarán expuestas al menos un mes al año a lo que se conoce como temperaturas de bulbo húmedo —*wet bulb temperatures* (WBT)— por encima de 32 °C. Esto es, una combinación de calor y humedad extremas que provoca la muerte a las seis horas de exposición directa cuando la WBT alcanza los 35 °C —que se da, por ejemplo, con 40 °C de temperatura y un 80 por ciento de humedad o 45 °C y 60 por ciento—. En Madrid y en Washington D. C. habrá unos 9 días al año con ese peligro, en Calcuta serán 188 y en Dubái 189. En Belém, por cierto, se prevén 180 días al año con estas temperaturas mortales. Deberían sentirse afortunados allí, ya que en la ciudad indonesia de Pekanbaru pueden llegar a ser 344.[13]

Todos esto está provocando y va a provocar aún más cambios en el ecosistema en el que la especie humana se ha especializado;

cambios que tienen que ver con los fenómenos climáticos mencionados, pero también con sus consecuencias, como el movimiento de millones de personas que no van a poder seguir habitando en sus lugares de residencia. La pregunta es ¿qué están haciendo las ciudades para adaptarse?

Hay una respuesta breve, sarcástica y pesimista: ecoárboles. Hay otra oficial y optimista que daría para un extenso informe: centenares de proyectos de renaturalización en urbes de todo el mundo, muchos de ellos financiados por fondos internacionales de organismos como la UE o bancos de desarrollo. Y hay una tercera tan aristotélicamente virtuosa como ajustada a la realidad: bastantes cosas, pero no las suficientes ni a la velocidad que las circunstancias requieren.

Soy consciente de que generalizo y, así, simplifico. Hay muchísimos proyectos interesantes en ciudades como Ámsterdam, Berlín, París, Seúl, Londres, Singapur, en numerosas urbes chinas y, sin irnos tan lejos, en Valencia, Vitoria o Zaragoza. Podría redactarse, como decía antes, un extensísimo informe con las actuaciones que se realizan en todo el mundo, sus presupuestos, objetivos y alcances, pero no es la misión de este libro y, tengo que volver a insistir, desgraciadamente no es suficiente.

¿Qué es lo que hay que hacer? Según IUCN (Unión Internacional para la Conservación de la Naturaleza): «Acciones para proteger, gestionar de forma sostenible y restaurar ecosistemas naturales o modificados que aborden desafíos sociales de manera eficaz y adaptativa, generando simultáneamente beneficios para el bienestar humano y la biodiversidad».[14]

Es decir, lo que se conoce como soluciones basadas en la naturaleza (SbN). Las más habituales son recuperación de ecosistemas degradados —quitar la canalización de los ríos y dejarlos ser, por ejemplo—, reintegración de la vegetación autóctona y la biodiversidad —cambiar césped por plantas nativas más resilientes, fomentar la existencia de polinizadores y todo tipo de vida animal—, crear conexiones ecológicas —corredores verdes para que la vida pueda evitar el cemento— y, muy importante, permeabilizar, es decir, devolver al suelo su capacidad para absorber y filtrar el agua: crear sistemas de drenaje como parques inundables, sustituir asfalto por materiales permeables y hacer techos y muros verdes.

Por supuesto, hay que plantar árboles. Hay que hacerlo porque enfrían el ambiente gracias a la sombra que ofrecen y la evapotranspiración, el proceso por el que el agua del suelo se transforma en vapor, y también porque reducen notablemente la contaminación al retener dióxido de carbono y ayudan a la gestión del agua. Hay que plantar árboles, muchos, con criterio y sin ningún miedo. No es suficiente con crear bosques urbanos apartados de la ciudad, hay que intervenirla para devolverla a su ser natural.

Toda esta teoría la conocen en las administraciones locales y regionales y en los organismos e instituciones que financian sus proyectos. Es decir, es teoría que se lleva a la práctica pero que se hace al mismo tiempo que se avanza y se invierte más y más rápido en procesos que atentan contra los objetivos y propósitos medioambientales. Se puede manifestar de la siguiente manera: las actuaciones en materia de renaturalización son menos valientes y tienen menos impacto que las que profundizan en la desnaturalización.

A pesar del aumento de la toma de conciencia, seguimos desorientados. Por eso puede sorprender leer la propuesta que hace Stefano Mancuso en *Fitópolis* para llenar de árboles las ciudades:

> Imaginaos esas avenidas de múltiples carriles o cualquiera de las calles de vuestra ciudad transformadas en verdaderos ríos de árboles y plantas. A primera vista, podrían parecer parques exuberantes por los cuales desplazarse a pie o en bicicleta para ir de un lado a otro de la ciudad, pero en realidad no serían parques: seguirían siendo calles bordeadas de comercios, servicios, bares y viviendas, solo que calles nuevas y mucho más bonitas.

No es una ocurrencia, es un planteamiento serio, documentado y verdaderamente transformador. Si la leemos como una osadía irrealizable, es porque nos hemos alejado tanto de lo que realmente somos que no sabemos encontrar el camino de vuelta. Pero basta con que la dejemos un rato en paz para que la naturaleza venga a nosotros.

Mientras en Belém jugaban a crear árboles de mentira, en Vitoria, la capital del País Vasco reconocida internacionalmente por sus políticas medioambientales, la inacción provocada por una huelga de jardineros durante tres meses operaba un cambio en el ecosistema.[15] En ese periodo, la ciudad experimentó una extraordinaria explosión de biodiversidad. Al dejar de segar y desbrozar sistemáticamente y con fines meramente ornamentales parques, rotondas, aceras y medianas, comenzaron a brotar más de ciento cincuenta especies vegetales, muchas de ellas ausentes durante años. Aparecieron orquídeas silvestres que llevaban tiempo dormidas bajo tierra, esperando un ciclo natural que por fin pudieron completar. Resurgieron todo tipo de plantas humildes, algunas consideradas malas hierbas, pero que sostienen la base de la cadena ecológica. Con ellas llegaron abejas, mariposas, coleópteros, aves insectívoras. Un estallido de vida que convirtió lo que antes era suelo decorativo en un paisaje activo, fértil, dinámico. Y que provocó un debate interesantísimo en una urbe en la que muchos ciudadanos que presumían de vivir en una *green capital* empezaron a sentirse molestos por la aparición de bichos, malas hierbas y otras muestras de vida verde al tiempo que científicos y activistas pudieron mostrar con hechos qué es renaturalizar de verdad una ciudad.

Renunciar

En el ámbito de la belleza y la estética existe el concepto de deriva de percepción (*perception drift*), que viene a explicar el desplazamiento constante y sostenido de la idea que una persona tiene sobre su imagen y sobre sí misma[1]. Lo que ocurre a aquellos que están inmersos en una espiral de tratamientos y cirugías es que aprecian cada vez menos los cambios que se hacen al tiempo que su objetivo inicial —adquirir un aspecto concreto o solucionar un problema específico— se diluye, siendo sustituido por el propio impulso de la intervención. Cuando uno se hace el enésimo retoque, no ve muchas diferencias con respecto a su yo anterior, la insatisfacción permanece o incluso aumenta y ya empieza a pensar en el siguiente. No hay un fin de trayecto porque el destino está en la aguja y el bisturí.

Este proceso tiene causas originales internas —complejos, accidentes, etc.—, pero también externas, como la exigencia de los cánones de belleza que se transmiten a través de medios de comunicación y redes sociales. Una idea de perfección inalcanzable que impone un exceso de atención sobre la imagen personal que muchas veces acaba en esta deriva de percepción. Se trata de un recorrido deformante para el cuerpo y la mente que se aleja de la motivación fundamental del tratamiento —estar y sentirse bien con uno mismo— para convertirse en todo lo contrario: un trayecto de frustración y sufrimiento.

Es difícil no ver esta distorsión en el devenir de nuestras sociedades y nuestras ciudades. Aunque las ideas de desarrollo, progreso y bienestar aún se aprecian en algún argumentario, hace tiempo que es el propio impulso del movimiento el acelerador de la carrera hacia un destino que ya no sabemos cuál es. O sí: el deseo. El deseo de ser una marca que brille en todo el mundo, el deseo de atraer visitantes e inversores, el deseo de ser una ciudad de éxito, el deseo de ser deseados, pero, sobre todo, el deseo de seguir deseando porque esto es a lo que dedicamos nuestra vida.

El deseo, según el psicoanálisis, es algo inherente al ser humano. Algo que, por definición, nunca puede satisfacerse por completo y que, según uno sea freudiano o lacaniano, puede entenderse como la represión de un impulso original o como una falta estructural que nos constituye como sujetos. El deseo es motor de nuestra acción y, también, clave en nuestra relación con los demás. Para Lacan, deseamos ser deseados y, por eso, construimos nuestro deseo en relación con las expectativas del otro, con su deseo (o lo que creemos que es).

También se puede ver el deseo desde un punto de vista más social que individual. Así lo plantean Gilles Deleuze y Félix Guattari, para quienes este no nace tanto de una carencia, sino de la abundancia.[2] El deseo es, en su opinión, una fuerza productiva, «una máquina deseante», y el objeto de deseo no es más que «una pieza conectada a esa máquina». Es el modelo económico el que se sirve del deseo para articular sus dinámicas y lograr sus objetivos. El capitalismo, a diferencia de otras formas de poder, no reprime el deseo, sino que lo fomenta; ni siquiera trata de eliminar lo que no le sirve, sino que hace lo posible por absorberlo y convertirlo en producto que alimente a la máquina. «Incluso las formas más represivas y más mortíferas de la reproducción social son producidas por el deseo», dicen.

Así, deseamos un cuerpo normativo y una belleza canónica, aunque eso distorsione la imagen que tenemos de nosotros mismos y pueda deformar nuestro propio ser. Deseamos el éxito, como individuos y como sociedades, a pesar de que el trayecto para alcanzarlo sea un recorrido que solo lleva al desequilibrio. Incluso, lo estamos viviendo, podemos desear gobiernos autoritarios cuyos discursos y acciones minan la convivencia y atacan nuestro bienestar. Todo es posible porque todo está codificado como anhelo, como ambición, como aspiración, todos ellos conceptos con significados positivos en nuestro contexto.

Lo que está mal visto es lo otro, la deserción, el abandono, la renuncia. Lo dice el diccionario: «renunciar» es «hacer dejación voluntaria, dimisión o apartamiento de algo que se tiene o se puede tener».[3] ¿Quién en su sano juicio podría deshacerse de lo que ya posee y, por tanto, desechar todo el esfuerzo, mental o físico, que ha hecho para conseguirlo? ¿Por qué desertar de eso que «se puede tener», es decir, por qué no desear? Por si no queda suficientemente claro en la definición, el ejemplo de uso de la palabra que se añade a ella acaba por explicar la malísima idea que es la renuncia: «Renunciaré a mi libertad».

Aunque, tal vez, la definición no sea tan negativa. Quizá una lectura más calmada apunte un par de matices. El primero es la voluntariedad. Renunciar es un acto voluntario, una acción, algo más que un impulso, una práctica que requiere una reflexión previa. El segundo apunta a lo que se deja. Se abandona, dice el diccionario, «algo que se tiene o se puede tener». No indica que sea algo que se quiera tener, tampoco explicita los atributos de ese algo, si hace bien tenerlo o no. Por eso, en este libro que está saliendo tan semántico, este capítulo defiende la noción de renuncia como paso necesario para recuperar la ciudad.

«Hay un cambio en la psique que es consecuencia, pero también parte de un nuevo mito. Interpela al conjunto de los ciudadanos en una obra que nos incluye, aunque nos acabe haciendo a un lado. Nuestra ciudad —la mía, la tuya, la de los demás— se ejercita duro para resultar *sexy*, una perita en dulce. El hecho de atraer concita más excitación que residir. Gustar antes que habitar». El geógrafo Vicent Molins centra el tiro en este párrafo y en su libro *Ciudad Clickbait*.[4]

Molins habla de un estado lacaniano de adicción a la atención —deseo de ser deseado— por parte de las administraciones y también de muchos vecinos de urbes de todo el mundo que recuerda a la deriva de la percepción y que genera similares esperpentos y deformaciones. El autor da un repaso por los muchos fracasos que ha habido en España: aeropuertos sin aviones, parques temáticos ruinosos y auditorios sobredimensionados. Pero también menciona otros que han sido un presunto éxito y han cumplido su función atractiva. Da igual el resultado, la clave está en la motivación.

El problema, el disparate y la distorsión están precisamente en la idea de éxito que se persigue. El mito al que se refiere Molins es que la atracción es buena para la ciudad. Puede que, efectivamente, al principio genere, aparte de alguna clase de desarrollo económico, un cambio en la percepción de los vecinos sobre sí mismos y su entorno, de modo similar a cómo los primeros retoques estéticos aumentan la autoestima de los pacientes. Pero lo que viene después ya lo sabemos porque lo llevamos viendo años. Una detrás de otra, las ciudades globales y/o turísticas que recorrieron en primer lugar el trayecto del deseo han venido siendo modelo de cómo el éxito en ese camino es inversamente proporcional a la posibilidad de habitarlas: Nueva York, Londres, París, Barcelona, Venecia, Ámsterdam…

El ejemplo, en cualquier caso, no ha servido de nada a las otras. A pesar de que la información sobre las desigualdades y desequilibrios presentes en ellas ha estado al alcance de políticos, técnicos y ciudadanos, casi todas las demás han querido seguir su patrón. Ninguna, o muy pocas, ha ejercido su capacidad —¿su derecho?— a renunciar. Quizá es que no es tan fácil.

Mark Fisher escribe algo al respecto: «Si el deseo es una fuerza histórico-maquínica, su emergencia altera la "realidad" misma. Suprimir el deseo, por su parte, implicaría o bien dar un masivo y costoso giro de la historia hacia atrás o bien provocar amnesia colectiva a gran escala, o una combinación de ambas cosas».[5] Lo que hace el filósofo británico en esta cita de *Realismo capitalista* no es solo preparar el terreno para sus propuestas alternativas a las dinámicas deseantes, también se protege contra un calificativo que probablemente anularía su argumentación. Con él como escudo, me dispongo a hacer lo mismo.

Cuando alguien expresa que el camino del crecimiento y la aceleración no es el apropiado, se le suele ubicar rápidamente en la categoría de decrecentista o neoludita y queda así desautorizado de inmediato. Sin duda, es imposible, «dar un masivo y costoso giro de la historia hacia atrás». Y, aunque creo que es igualmente inviable seguir como vamos, no defiendo tanto el decrecimiento como la renuncia. Una dimisión que considero necesaria como paso previo para imaginar una realidad presente y futura distinta. No se trata de deshacer, sino de hacer de otra manera. Pero, para llegar ahí, antes hay que dejar de imitar.

No hace falta recurrir a Fisher, ni a Lacan, ni a Freud. Basta con acudir a eso tan sencillo y evidente que nos explicaban nuestras madres de pequeños: «Y, si te dice tu amigo que te tires por la ventana, ¿te tiras por la ventana?». Renunciar en el caso que nos ocupa es no seguir el mito, decidir que la concepción de éxito y crecimiento que se da por válida no es la nuestra, elegir la posibilidad de habitar antes que la de atraer. No tirarnos por la ventana porque alguien nos lo recomienda. A partir de ahí, como expone en otro pasaje de su libro Mark Fisher, «tendríamos que poder articular qué es lo que queremos».

¿Qué queremos? Qué buenísima pregunta y qué poco nos la hacen y nos la hacemos. En lo personal, puede haber un sentir generalizado de que las exigencias nos arrastran sin tener en cuenta nuestra voluntad y, así, nuestra existencia es un dejarnos llevar hasta que nos damos cuenta de que es demasiado tarde para abandonar la corriente. En lo colectivo, los discursos son unidireccionales, dicen estar al servicio de los intereses comunes, pero no hay un verdadero intercambio, sino unas encuestas que se interpretan y se convierten en promesas, estrategias y proyectos. Tampoco en el ámbito comercial interesa realmente nuestro querer. Se trabaja más en torno a la aspiración y a la satisfacción de unas necesidades que son más de quien las produce que de quienes las consumimos.

Querer, conviene aclararlo, no es lo mismo que desear. Querer es algo más profundo y comprometido, también más cercano, más alcanzable. Yo puedo desear unas zapatillas nuevas o a una persona que acabo de ver por la calle, pero lo que en el fondo quiero es vivir tranquilo, que mi familia y mis amigos estén bien y tener tiempo para hacer lo que me gusta con quien me apetece. Sospecho que no es muy distinto a lo que quiere cualquiera. Pero solo puedo intuirlo.

Se hacen multitud de encuestas cada día en todo el mundo, centenares de miles muy probablemente. En especial, se hacen sobre temas de consumo y asuntos sociales y políticos. Estas investigaciones cuantitativas, junto con las cualitativas y la captación de tendencias online, son herramientas fundamentales en el funcionamiento de los sistemas económico y político. La investigación social se ha convertido en un instrumento a través del cual las personas y organizaciones a las que hemos delegado la satisfacción de parte de nuestras necesidades y querencias nos tienen en cuenta. Que sea un instrumento importante que se utiliza constantemente no quiere decir que sea infalible. Digamos que su fiabilidad para transmitir nuestra voz está entre la de un teléfono hecho con un hilo y dos envases de yogur y la de una radio de onda corta en una gran ciudad.

Se hacen centenares de miles de encuestas cada día, pero no es fácil encontrar una importante e internacional que pregunte algo tan sencillo como qué quiere la gente. Quizá lo más cercano es el Global Flourishing Study, un estudio sobre florecimiento humano conducido por departamentos de las universidades de Baylor y Harvard en colaboración con Gallup y Center For Open Science.[6] Se trata de una investigación que se realiza cada lustro en veintidós países y preguntando a más de doscientas mil personas sobre felicidad y satisfacción vital, salud física y mental, sentido y propósito, carácter y virtud y relaciones sociales cercanas.

Teniendo en cuenta la definición de «florecimiento» —«la consecución relativa de un estado en el que todos los aspectos de la vida de una persona son buenos, incluyendo los contextos en los que esa persona vive»—, lo que la gente quiere es lo siguiente: tener buena salud física y mental, niveles altos de educación que faciliten el acceso a empleos estables y bien pagados, pero también apoyo social y familiar, sentirse acompañado y querido, vivir en comunidades con normas compartidas y espíritu cooperativo. Es decir, una mezcla de cuestiones que tienen que ver con la seguridad y la estabilidad económica con otras que son más de bienestar personal, familiar y social. Algo que podría resumirse en una palabra que es la misma utilicé antes para mis quereres: «tranquilidad».

¿Es tranquilidad lo que nos dan las dinámicas que han tomado nuestras ciudades? Responde Hartmut Rosa en nombre de casi todos nosotros: «La cara oculta del juego del crecimiento es el agotamiento psíquico y físico que observamos por el aumento de las tasas de *burnout*».[7] El filósofo alemán explica, además, que este agotamiento no está provocado tanto por un exceso de volumen de trabajo como por la falta de horizontes y objetivos evidentes: «Verse forzado a crecer, acelerar e innovar sin término ni finalidad alguna, con el único objetivo de seguir en su sitio y no abismarse en la crisis desemboca en una imposibilidad existencial». Esta desorientación existencial, según Rosa, viene de la propia lógica de la competición: «Se trata una y otra vez de obtener resultados ligeramente superiores a los del competidor y de invertir para este fin más energía que él, quien debe, a su vez, superar esta situación con más esfuerzo».

Todo esto conforma el proceso de aceleración en el que están inmersas las sociedades modernas y que, para Rosa, es uno de sus grandes problemas estructurales. Se busca la estabilidad a partir de la necesidad permanente de crecimiento y velocidad, y lo que se genera es inercia, una deriva sin sentido.

El concepto de aceleración de Hartmut Rosa aplicado a las ciudades recuerda al de entropía urbana que unos cuantos estudiosos, de Michael Batty a José Fariña, han rescatado de la física. Según la formulación de Clausius, la entropía es una magnitud que mide el grado de desorden o aleatoriedad de un sistema, así como la parte de la energía de ese sistema que no puede transformarse en trabajo útil. Es un concepto complejo que parte de la termodinámica y que ha sido utilizado en otros ámbitos, como la filosofía y la psicología.

Las ciudades, como sistemas abiertos y dinámicos, tienden a aumentar su complejidad a medida que crecen. Pero puede llegar un momento en que ese crecimiento se vuelva disfuncional, fagocite el propio sistema y haga que aumente el desorden, el desperdicio energético y la ineficiencia, conduciendo a un declive que puede ser irreversible. El aumento de la entropía en las ciudades es, por tanto, una señal del inicio de su decadencia y la cercanía de su posible fin. Hay estudios que ponen como ejemplo de entropía urbana a Detroit y también a Venecia, ambas caracterizadas por un crecimiento excesivo de una actividad económica —la industria del automóvil y el turismo, respectivamente— que acaba anulando otras y haciendo que disminuya la diversidad y la complejidad.

Aunque la entropía se suele simplificar como sinónimo de desorden, hay detrás muchos otros conceptos que pueden relacionarse también con la aceleración de nuestras sociedades y ciudades, como la ineficiencia, la inutilidad y la falta de dirección. La mala noticia de la metáfora es que, según la física, la entropía es un proceso irreversible, al menos en sistemas abiertos. Solo puede disminuir si se transfiere fuera del sistema o mantenerse constante si se alcanza un equilibrio perfecto entre la que entra y la que sale. Aquí hay también aprendizajes para las cosas urbanas, como pueden ser evitar el afán por el crecimiento y la tendencia a la centralización o buscar el equilibrio a través de la reconexión con lo que verdaderamente se quiere.

Hartmut Rosa llama a esto último resonancia. Para él, este es el remedio contra la aceleración, una forma de relacionarse con el entorno caracterizada por una conexión viva y recíproca en la que hay un intercambio transformador. «Estamos no alienados ahí donde entramos en resonancia con el mundo y en el momento en que lo hacemos. Ahí donde las cosas, los lugares, las personas con quienes nos encontramos nos afectan, nos impactan, nos conmueven, ahí donde tenemos la capacidad de responderles con toda nuestra existencia».

Esta idea puede resultar demasiado abstracta, etérea y hasta *new age* como para aplicarla a un sistema urbano, pero en realidad habla de algo muy sencillo: renunciar a dejarse llevar por la inercia de la aceleración y el crecimiento, y conectar con lo que se quiere. Si vale para lo individual, debe servir también para lo colectivo. Se trata de que las ciudades elijan ser habitables en lugar de ser atractivas, que identifiquen vivir bien como sinónimo de éxito.

Es difícil poner ejemplos concretos de ciudades que hayan optado por esta vía más resonante y menos acelerada porque siempre habrá montones de matices que pueden ser usados para desmantelar el argumento. Hay varios índices que miden la calidad de vida y el bienestar urbano —desde uno que hace la consultora de recursos humanos Mercer hasta otro que realiza *Monocle*, una revista de tendencias—, pero ya desde su origen se aprecian sus sesgos. Las ciudades que destacan en estos rankings suelen pecar de exceso de orden, falta de espontaneidad y una calidad de vida poco incluyente, orientada al privilegio. La verdadera renuncia implica salirse también de estos radares.

¿Ejemplos? Podría ser Bolonia, con sus innovadores procesos de participación ciudadana, su activismo comunitario, su historia en defensa del espacio público y la movilidad activa, su protección de la vivienda social y sus incentivos al comercio de proximidad. Podría ser Leipzig, por su forma de reconducir su pasado industrial sin meterse de cabeza en la centrifugadora de la atracción de inversiones, sus políticas en torno al acceso a la vivienda y su apuesta por el transporte público. En realidad, podría ser cualquier ciudad, grande, intermedia o pequeña, que decidiese salirse de la rueda del deseo y apostar por querer vivir.

Futurear

Cuando hablamos de lo que está por venir lo hacemos en singular, igual que normalmente creemos que para cada pregunta hay una sola respuesta, y para un problema, una única solución. Al hacer esto, nos obligamos a ser deterministas y hasta partidistas. Tenemos que elegir bando: el futuro será blanco o será negro, todo va a ir bien o vamos a morir todos.

Incluso sin necesidad de meternos a discutir sobre la linealidad del tiempo ni entrar en complejidades de la física cuántica, el futuro, por definición, no es una sola opción, sino casi todas. El futuro es incierto, abierto, plural y, por eso, imposible de conocer en su totalidad salvo para Griffin, ese extraño personaje de *Men in Black 3*, el último habitante del planeta Arcania y el único ser con la capacidad de ver todos los futuros posibles.[1] Pero, mucho más raro que ese extraterrestre es que, siendo el futuro uno de los principales motores de nuestro pensamiento y acciones, tengamos una concepción tan simple y limitada de él.

Puede que así sea por nuestra manera de simplificar la vida con narraciones en las que nosotros somos el centro. O puede ser por nuestra afición al pensamiento lineal, que también tiene que ver con los relatos y su estructura. La secuencia planteamiento-nudo-desenlace no solo guía la inmensa mayoría de las historias que nos hemos venido contando desde Aristóteles hasta las películas de Will Smith, es también el orden con el que creemos comprender la historia y el marco para el resto de las ciencias sociales y formales. Es, asimismo, la forma que elegimos para programar los sistemas educativos, organizar la política, la sociedad y la economía, y hasta enfocar nuestras relaciones con los demás.

A través del pensamiento lineal simplificamos la realidad a partir de un orden establecido que puede ir de dos —causa y efecto, por ejemplo— a múltiples pasos —como los de un proyecto estratégico: diagnóstico, recogida de datos, análisis, planteamiento, plan de acciones—. Es una buena manera de afrontar el desempeño de tareas técnicas, planificar procesos o tomar decisiones en entornos estables y predecibles, pero «estable» y «predecible» no son los adjetivos que mejor definen a nuestras sociedades ahora mismo. Ni, en general, a la vida.

Como se viene diciendo en los capítulos anteriores, los ecosistemas están sujetos a cambios constantes, sorpresas, adaptaciones, incidentes. A pesar de que estemos convencidos de ello, la inestabilidad y la imprevisibilidad no son defectos de la existencia, sino parte de su esencia. Tampoco es el razonamiento lineal la única forma que tenemos de afrontar las realidades. Cada día podemos acudir a otras formas de pensamiento, como la intuitiva —cuando decidimos algo por instinto—, la asociativa —que conecta ideas o estímulos— o la simbólica —muy habitual en el arte, la poesía y también en el juego—. De hecho, durante la etapa de nuestra existencia que más rápido absorbemos información y aprendemos, lo hacemos porque nuestra cabeza funciona casi siempre de otra manera.

«Hay problemas de aprendizaje que los niños de cuatro años resuelven mejor que los adultos. Estos son, precisamente, los problemas que exigen pensar de forma distinta, cuando la experiencia bloquea en lugar de lubricar los engranajes de la resolución de problemas, con frecuencia a causa de que el problema es muy novedoso».[2] Lo que explica el ensayista Michael Pollan en esta cita, referenciando los estudios de la psicóloga y filósofa Alison Gopnik sobre el pensamiento infantil, es que la forma de encarar los problemas de los adultos —«la conciencia foco»— permite más capacidad de atención, pero también confía demasiado en la «codificación predictiva». En cambio, los niños —con su «conciencia farol»— tienen una atención más dispersa que, sin embargo, les permite «admitir información de casi cualquier parte de su campo perceptivo».[3]

En *Cómo cambiar tu mente*, Pollan lleva el ejemplo del pensamiento no lineal a su tesis —sobre la potencialidad transformadora de las drogas psicodélicas—, pero no hace falta volar tan alto para encontrar ejemplos de que sabemos pensar de otra manera.

El pensamiento sistémico también rompe con el lineal y la lógica cartesiana. «Un sistema es un conjunto de elementos interconectados que está organizado de forma coherente para lograr algo».[4] La definición es de Donella H. Meadows, científica ambiental que, entre otras muchas cosas, es la autora principal de *Los límites del crecimiento*, el célebre informe del Club de Roma. Son sistemas el aparato digestivo de cualquier ser vivo, un bosque y la Tierra. También lo son un equipo de fútbol, una empresa y una ciudad. Todos tienen distintos elementos, interconexiones entre ellos y una función u objetivo.

Lo que Meadows y otros pensadores sobre lo sistémico proponen es enfrentarse a los problemas con apertura, atención y humildad. «No podemos seguir el rastro a todo. No podemos encontrar una relación adecuada y sostenible con la naturaleza, con los demás o con las instituciones que creamos si intentamos hacerlo desde el papel de conquistadores omniscientes».

Se trata de cambiar la perspectiva, observar cada detalle hasta estar cerca de comprender su comportamiento —«píllale el ritmo», escribe ella— y percibir su sabiduría, ampliar horizontes mentales y temporales, prestar atención a lo importante, no solo a lo cuantificable, buscar el bien del conjunto y, en definitiva, celebrar la complejidad. Como explica Meadows en la que es su frase más memorable: «No podemos controlar los sistemas ni descifrarlos por completo. ¡Pero podemos bailar con ellos!».

Aunque algunas llevan décadas circulando, en los últimos tiempos están muy presentes varias propuestas disruptivas de resolución de problemas que, como el pensamiento sistémico, se escapan de lo lineal. *Agile, design thinking*, modelo de doble diamante, marco de los tres horizontes... Son muchos los procesos de innovación que consultoras especializadas emplean para ayudar a otras empresas privadas a cambiar dinámicas y diseñar productos. Ya hay algunas que aplican esta forma de pensamiento innovador a la resolución de los retos de las ciudades, pero las administraciones siguen siendo muy rígidas, tanto en sus procesos como en su manera de buscar soluciones para sus múltiples desafíos.

Es un poco paradójica esta situación, algo así como una renuncia ontológica. Las ciudades han sido, históricamente, generadoras de innovación. El encuentro de personas distintas en un mismo momento y espacio ha creado las condiciones para el surgimiento de nuevas ideas, negocios, corrientes artísticas y culturales y formas de pensamiento. La creatividad es inherente al hecho urbano, una de las principales razones por las que, durante siglos, hemos aguantado viviendo en circunstancias que no eran necesariamente mejores que las del campo.

Sin ánimo de resultar muy nostálgico, uno diría que hoy esa creatividad escasea, quizá por el tiempo que exige la supervivencia en unas condiciones económicas asfixiantes o puede que porque la imaginación haya sido contratada en exclusiva por las grandes empresas. Es posible que sea por ambas razones y algunas más, pero lo que es seguro es que donde no está lo suficientemente presente el pensamiento creativo es en la administración del bien común.

La historia de las ciudades es también un relato del poder y su evolución y en esto es difícil observar disrupción creativa. Desde la autoridad por mandato divino hasta la amenaza de la fuerza, la lógica lineal siempre ha sido la dominante. También en los formatos y procesos de funcionamiento de las administraciones democráticas, todo hay que decirlo. Hay buenas razones para pensar que esto debe cambiar.

Nuestra sociedad enfrenta desafíos que parecen demasiado grandes para ser abordados debido a su complejidad [...]. Problemas sociales como el cambio climático, la escasez de alimentos, la crisis bancaria, el envejecimiento de la población o el desarrollo urbano son candidatos clave para este enfoque, ya que los métodos tradicionales (deductivos, lineales) suelen fracasar o dar soluciones parciales. Estos casos se conocen como «problemas perversos» —*wicked problems*— porque son complejos y dinámicos: involucran múltiples factores interconectados que deben abordarse conjuntamente e implican a muchos actores cuyas acciones y relaciones son impredecibles [...]. Por eso, las decisiones deben tomarse sin certezas completas sobre el futuro, y se requieren conceptos ágiles y adaptativos, mejorados mediante prueba y error.[5]

El párrafo anterior podría ser el comienzo de un plan de acción municipal de una ciudad global y cosmopolita o el principio del programa electoral de un partido político con ambición rompedora. Podría serlo en una de las realidades paralelas que percibe Griffin, el alienígena de *Men in Black* que he mencionado antes, porque en la nuestra no es frecuente ver algo así desde un sujeto dedicado al bien común. Sin embargo, proviene del manual del flujo creativo que propone THNK, una escuela de liderazgo con sede en Ámsterdam que, aunque está apoyada por el Gobierno holandés, el de la región y el de la ciudad, se dirige especialmente a directivos y personas embarcadas o a punto de embarcarse en proyectos privados.

Como he mencionado antes, hace mucho que la empresa privada, tanto pequeñas *start ups* como grandes compañías, juega a imaginar soluciones y futuros para desarrollar productos, servicios y estrategias de negocio. Por tanto, buena parte del conocimiento y la experiencia de los docentes y profesionales especializados en la solución de esos *wicked problems* está dedicada a satisfacer las necesidades de rentabilidad económica de accionistas e inversores, y no a buscar maneras de afrontar «problemas sociales como el cambio climático, la escasez de alimentos, la crisis bancaria, el envejecimiento de la población o el desarrollo urbano». Ni siquiera la tendencia de las administraciones de imitar objetivos y comportamientos del mundo corporativo ha roto el predominio del pensamiento lineal en el sector público. Hay excepciones, pero esta norma no solo es peligrosa, también es aburridísima.

Dice la Real Academia Española que la palabra que da título a este capítulo no está generalizada y por eso no se recoge en ningún diccionario, pero que su uso no es incorrecto. Podríamos definir «futurear» como afrontar el porvenir con curiosidad, con una inquietud que no es paralizante, sino fecunda, tratando de hacer de la incertidumbre virtud y de atisbar muchas de las múltiples posibilidades que hay para plantear distintos escenarios y líneas de actuación. O podríamos recuperar el hallazgo conceptual de Donella H. Meadows y expresar que es bailar con el futuro.

Griffin, el arqueano que ayuda a Will Smith y Josh Brolin en *Men in Black 3*, tiene la capacidad de ver simultáneamente todas las líneas temporales posibles; no predice el futuro, vive en la percepción constante de todos los futuros probables a partir de cada pequeña decisión o suceso. Es un personaje complejo el que interpreta Michael Stuhlbarg, un tipo con una sonrisa simpática y una mirada triste, alguien con una melancolía perenne por todo lo que pudo ser y no fue, pero que también es capaz de celebrar cada detalle minúsculo porque sabe de su importancia para que las cosas sucedan de otra manera. Es un buen personaje porque representa a las personas que, entre el optimismo ciego y el pesimismo cegador, escogen explorar las posibilidades existentes y actuar para encaminarse hacia algunas de las que merecen la pena, alguien que conoce la potencia del presente para generar futuros, también mejores.

No existe en nuestro planeta y fuera de la ficción nadie como él, que sepamos, pero sí hay personas y organizaciones, también públicas —las excepciones que dejé dichas antes— que trabajan pensando sobre los mañanas de una forma exploratoria. Son los que se dedican a lo que se conoce como estudios de futuros o prospectiva. La investigadora australiana Jennifer M. Gidley, que ha sido presidenta de la World Futures Studies Federation (Federación Mundial de Estudios de los Futuros), lo define así: «Un proceso sistemático, participativo, de recopilación de inteligencia sobre el futuro y de construcción de visiones a medio y largo plazo orientado a decisiones del presente y a la movilización de acciones conjuntas».[6] Y también así: «Los estudios de futuros son el arte y la ciencia de asumir la responsabilidad por las consecuencias a largo plazo de nuestras decisiones y acciones de hoy».

Cuando pensamos en quienes piensan en el futuro, nuestra mente nos lleva a dos arquetipos principales: magos con cartas, bolas de cristal y túnicas de colores, o ingenieros que diseñan coches voladores, chips prodigiosos y metaversos. La mayoría descarta la primera opción por extravagante y abraza la segunda quizá porque es la que nos encaja mejor con la idea de progreso que nos hemos venido formando. Casi de forma automática, asociamos futuro con tecnología. Nos pasa lo mismo con innovación, por cierto, que ya casi la concebimos exclusivamente como tecnológica. De hecho, también hemos reducido el significado de esa palabra —«tecnología»— a su acepción informática o maquinera.

Nuestra tendencia a la simplificación semántica es efecto y seguramente también causa de nuestra limitación a la hora de plantear nuevas existencias. Tecnología son los conocimientos, habilidades, técnicas, procesos y herramientas que satisfacen necesidades o resuelven problemas. Innovación es hacer algo insólito, añadir nuevas ideas a una forma de pensar o actuar. El futuro, los futuros, son inciertos y dependen de muchas circunstancias, pero entender las posibilidades que tenemos ante ellos y usar la innovación y la tecnología con sus significados completos es esencial para afrontarlos de la mejor manera. Como explica Gidley: «Aunque podamos sentir que estamos atrapados en un futuro inquietante del que no podemos escapar, aprender distintas formas de pensar el futuro nos da más opciones y puede empoderarnos para crear futuros alternativos entre la multitud de posibilidades que existen».

Hay algunos organismos públicos que se dedican a esto. En Finlandia, por ejemplo, está The Finland Futures Research Centre, fundada en 1992 y una de las mejores y mayores instituciones de enseñanza sobre prospectiva. Hay también una asociación, The Finnish Society for Futures Studies, que desde hace décadas promueve la conexión entre investigadores y la difusión de la materia. Y un Committee for the Future dentro del Parlamento del país que identifica retos, explora escenarios y plantea estrategias a largo plazo. En otros estados, hay formatos similares: en Canadá (Policy Horizons), Singapur (Centre for Strategic Futures), Dubái (Dubai Future Foundation) o incluso España (Oficina Nacional de Prospectiva y Estrategia). Es más difícil encontrar ejemplos urbanos, aunque los hay, como la Oficina del Futuro de Viladecans, una ciudad intermedia en la provincia de Barcelona.

Es verdad que hay muchos planes de futuro con horizontes 2030 o 2050, incluso hay programas de financiación de la UE, como New European Bauhaus, Horizon Europe o Urban Innovative Actions, en los que se mencionan explícitamente y se fomentan los procesos de innovación —más excepciones—, pero, en general, las estrategias no se salen de lo convencional y, a veces, de lo mimético. Tampoco las instituciones estatales dedicadas a la prospectiva que he mencionado tienen una influencia decisiva en las políticas públicas. Suelen funcionar, en los mejores casos, como *think tanks* que elaboran informes y tratan de influir en políticas. No abundan ni organismos ni planteamientos transversales que trabajen y planteen escenarios y soluciones fuera de la norma. No es solo el predominio de la lógica lineal, son también los ciclos electorales, la rentabilidad de la polarización, el celo por guardar competencias o la mirada cortoplacista impuesta por las dinámicas financieras lo que impide la verdadera innovación.

Nuestras ciudades, nuestras sociedades, cada uno de nosotros estamos bailando poco y mal con el futuro. Esperamos sentados en una esquina de la sala a que sea él quien nos saque y, cuando nos atrevemos a pisar la pista, nos movemos sin llegar a coger nunca el ritmo, insistiendo en hacerlo a nuestra manera y echando la culpa de los torpes pasos que damos a la música, al suelo o a cualquier cosa menos a la principal causa de nuestro fracaso: hemos confiado en una única manera de hacer las cosas y hemos renunciado a aprender que hay otras. Quizá necesitemos rompernos una pierna o dos para hacerlo.

Es lo que cuenta Kim Stanley Robinson en su novela *El Ministerio del Futuro*.[7] El organismo de ficción con ese nombre es creado por la ONU en 2025 —un futuro muy cercano cuando escribió la obra, en 2020—, para encauzar los acuerdos internacionales sobre cambio climático, representar los intereses de las futuras generaciones y explorar nuevas formas de diplomacia y política. La trama se extiende durante tres décadas con un montón de líos y también de más o menos innovadoras soluciones científicas, económicas y sociales aportadas por el autor. Pero lo que trae esta novela al cierre de este capítulo es su comienzo. Hay un detonante con el que arranca el libro y que provoca la creación del Ministerio del Futuro. Una ola de calor en la India. «Una ciudad cualquiera en Uttar Pradesh, seis de la mañana. Miró el móvil. Temperatura: 38 °C. Humedad: alrededor del 75 por ciento. El problema era la combinación de ambas. Solo unos años antes habría sido una de las temperaturas de bulbo húmedo más altas jamás registradas. Ahora no era más que un miércoles por la mañana». Mueren millones de personas y empieza el follón.

Ser ágiles

«Muchos ciudadanos en todo el mundo están experimentando regulaciones que o bien no alcanzan los efectos previstos o directamente no ofrecen las protecciones que prometen. Una preocupación clave es que unas normas inadecuadas pueden provocar una pérdida de confianza en las instituciones e incluso en el propio Gobierno».[1] Estas líneas son parte de la introducción de un documento de la OCDE sobre experimentación regulatoria, una propuesta de este organismo internacional para solucionar la necesidad, por parte de todo tipo de administraciones, de desarrollar sistemas que sean ágiles, anticipatorios y adaptativos.

Decir que uno de los grandes retos a los que se enfrenta cualquier gobierno es ser más veloz y eficiente en la toma de decisiones, la normativa y la disciplina no entra dentro de la categoría de descubrimiento. A medida que cualquier organización va creciendo, su gestión se va haciendo más compleja, torpe y lenta. En el caso de las administraciones públicas, donde necesariamente hay otras formas de gobernanza, control, relación con grupos de interés y toma de decisiones, la deriva es más evidente. Por eso la crítica a la burocracia viene siendo un argumento recurrente en el imaginario popular y cultural, del *Vuelva usted mañana*, de Larra, a *El castillo*, de Kafka; de *Brazil*, la película de Terry Gilliam, a *Parks and Recreation*, la serie de Greg Daniels y Michael Schur.

Expresar la necesidad de luchar contra la rigidez y la lentitud de los gobiernos no es una revelación, pero quizá sea más necesario que nunca. Las ciudades, también las que se muestran joviales, modernas, dinámicas y cosmopolitas, son por dentro estructuras vetustas en las que las normas se acumulan unas sobre otras, los procesos de enredan como los cables de unos auriculares en un bolsillo y la aplicación de la disciplina requiere en muchos casos meses de informes y documentos que no siempre llegan a nada muy concreto.

Por encima del follón de la gestión local está el embrollo del Gobierno regional y, sobre este, el nacional y, en el caso de los países de la UE, el supranacional. La acumulación de procedimientos y la división de competencias terminan de dibujar el laberinto perfecto.

Todo ello sigue ocurriendo en un momento en que la velocidad de los cambios sociales y económicos se ha multiplicado. Esta aceleración se debe a la globalización de la economía y a la conexión que permite experimentar de forma inmediata tendencias salidas de la otra punta del mundo. Pero, también, a que, en este peculiar tipo de caos provocado por el exceso de orden, los actores e impulsores de estas transformaciones se han dado cuenta de que quien gana no es el más obediente, sino el más rápido.

Así, en poco más de quince años, las ciudades han contemplado la llegada de nuevos modelos de negocio que han generado cambios en las costumbres y dinámicas urbanas sin que a sus gestores les haya dado tiempo no ya a gestionarlos, sino a entenderlos y comprender sus implicaciones.

Ocurrió con las viviendas de uso turístico, que se expandieron por todas partes en la segunda década de este siglo sin que ninguna administración fuera capaz de anticiparse a los problemas que traían. Airbnb nació en 2008 y su implantación en el primer lustro de la década de 2010 fue velocísima. A finales de 2015, se calcula que ya había unas 8.000 ofertas de la plataforma en San Francisco, más de 10.000 en Ámsterdam, casi 15.000 en Barcelona, algunas más en Berlín y alrededor de 40.000 en París. Ámsterdam, Berlín y San Francisco, que fueron de las primeras en reaccionar con normas y disputas legales, lo hicieron en 2014. En Barcelona, el PEUAT se aprobó en 2017 y en París, aunque había cierta legislación nacional previa, se empezaron a poner límites ese mismo año.[2] Demasiado tarde y siempre por detrás de los acontecimientos.

La realidad es que el número de viviendas de uso turístico legales e ilegales sigue creciendo sin que haya ni normas ni disciplina capaces de contener uno de los fenómenos de mayor impacto en nuestras urbes de los últimos tiempos. Aparte de la falta de reflejos y la lentitud reguladora y disciplinaria de las administraciones, se atisban aquí causas como la capacidad casi mercurial de escaquearse de las empresas de la nueva economía, la fascinación que genera esta entre los legisladores y las altas sumas de dinero que acumulan las compañías para invertir en presión antirregulatoria.

El proceso se ha dado de manera similar con otros productos de la rama tecnológica de la familia modernidad: lo que en España se llama VTC (Uber, Cabify, Bolt…), los servicios privados de alquiler de coches, bicis y patinetes, el reparto de cualquier cosa a domicilio solicitado a través de aplicaciones o las cocinas y tiendas fantasma, por poner algunos ejemplos. Todos ellos han provocado y provocan enormes impactos en la movilidad, el comercio y, en general, la vida de las ciudades sin que estas hayan podido siquiera intentar administrar esas transformaciones a tiempo.

Otro de los grandes retos de nuestras urbes es el cambio climático, sus consecuencias y la adaptación necesaria. Aquí, el retraso de las administraciones es clamoroso. El IPCC (Grupo Intergubernamental de Expertos sobre el Cambio Climático, en sus siglas en inglés) de la ONU se creó en 1988. Su primer informe de evaluación es de 1990 y hasta hoy ha publicado seis.

El Protocolo de Kioto es de 1997, y el Acuerdo de París, de 2016. En Europa, en 2022, hay más de 60.000 muertes atribuibles a una ola de calor.[3] Dos años más tarde, en el mismo continente, más de 400.000 personas se ven afectadas por inundaciones.[4]

Como esta relación de fechas y datos quizá resulte un poco grosera, voy a tratar de hilar más fino. Lo hago volviendo a las zonas de bajas emisiones (ZBE). Se considera que la primera implantación de una de estas áreas que limitan el tráfico más contaminante es la de 1996 en Estocolmo. La de Londres es de 2008 y, ese mismo año, una directiva de la UE obliga a los estados miembros a cumplir valores límite de NO_2 y partículas en el aire.[5] A partir de ese momento, se multiplica la adopción de esta medida.

En España, es pionera la ZBE llamada Madrid Central e impulsada en la capital por el Gobierno municipal de Ahora Madrid en 2018. En 2021, la Administración del Estado establece, a través de la Ley de Cambio Climático y Transición Energética, que todos los municipios de más de 50.000 habitantes —y los de 20.000 con problemas de contaminación— deben implantar ZBE antes de 2023.[6] A finales de 2025, con una prórroga de este plazo de por medio, están vigentes 57 ZBE en España, poco más de una tercera parte de las que debería haber.[7]

Es cierto que el asunto se inscribe en la disputa partidista y que es una normativa discutible, que obliga a implantar la misma solución a lugares con problemas de contaminación y uso de vehículos bien distintos como Boadilla del Monte, Badajoz, Torremolinos, Barcelona, Madrid o Valencia. Además de rígida, es cuestionable por pretender la localización de los límites al tráfico emisor de partículas como si las fronteras también pudieran ponerse en el aire. Y también lo es por no asumir que existen otras problemáticas derivadas del uso excesivo de coches y motos, como son la contaminación acústica, la apropiación del espacio público por parte de vehículos privados y los costes de mantenimiento de infraestructuras que todo ello genera. Pero, en cualquier caso, es muy llamativa la lentitud en la aplicación de la ley.

Hay otro problema que se expresa a través de este asunto y que tiene que ver con la falta de agilidad. Como tantas otras, la normativa sobre las ZBE no solo es rígida, también es estática. Y eso, en un mundo en continua transformación, es un problema muy grave. Pongamos a Madrid como ejemplo. Desde 2018, Madrid Central impide, con excepciones, la entrada en el área restringida de vehículos sin etiqueta ambiental, permite circular a los de etiqueta B y C siempre que tengan permiso o vayan a un garaje, y deja libre el paso a los Eco —híbridos, híbridos enchufables con autonomía inferior a cuarenta kilómetros y coches impulsados por gas natural (GNC y GNL) o gas licuado del petróleo (GLP)— y Cero —eléctricos, híbridos enchufables con autonomía igual o mayor a cuarenta kilómetros y vehículos de pila de combustible de hidrógeno—. Con la llegada del nuevo gobierno al consistorio, a pesar de las promesas electorales de eliminar la ZBE, se mantiene y no cambia mucho más que el nombre, que pasa a ser Madrid 360.

Según datos oficiales, en 2018, había casi 4.900.000 vehículos en circulación en la Comunidad de Madrid. En 2023 —hasta aquí llegan los datos— son unos 5.500.000.[8] En 2018, siempre a partir de la misma fuente ministerial, había matriculados alrededor de 110.000 turismos y motos con etiqueta Cero y Eco. En 2023 son 623.635 entre unos y otros.[9] Es decir, en seis años el parque de vehículos con permiso total para acceder y aparcar —gratis o a bajo coste, ojo— dentro del área restringida se ha multiplicado prácticamente por seis.

El problema está en que ese incremento convierte una restricción en casi una invitación y, también, en que buena parte de todos esos vehículos son muy contaminantes. Porque el régimen de etiquetas desarrollado por la Dirección General de Tráfico (DGT) que entró en vigor en toda España en 2016 es un sistema fallido cuyo criterio de calificación confunde emisiones con año de fabricación y tipo de motor. Así, un SUV híbrido ligero con una minúscula batería eléctrica es considerado Eco, aunque pueda emitir tres veces más que un utilitario de gasolina etiquetado como C. O un híbrido enchufable, cuya batería con autonomía de cuarenta kilómetros puede utilizarse o no, es certificado Cero sin que nadie pueda controlar su forma de uso. A pesar de la casi unanimidad entre los distintos agentes sociales e industriales del sector en considerar este método de etiquetado un desastre, ha permanecido inamovible una década y solo tras la aprobación de la Ley de Movilidad Sostenible de 2025 se atisba una reparación.[10]

Esta sucesión de catastróficas desdichas administrativas retrata tanto la rápida obsolescencia de algunas normas, por muy buena intención que tengan, como la agilidad de industrias como la automovilística para adaptarse y seguir facturando sin mucho afán transformador. En algunos casos, las empresas y sus agencias de publicidad, conocedoras de esta forma tan distinta de concebir el tiempo entre lo público y lo privado, aprovechan para crear campañas alusivas. La penúltima de muchas, una que, con el lema «Cupra te quita la multa», promete descontar el importe de la sanción por circular con un coche con etiqueta prohibida de la compra de uno nuevo que la evita.[11] Un descuento minúsculo con una palanca comunicativa —hacer sangre de la posibilidad de esquivar la pachorra administrativa— muy grande.

Más allá de hallazgos creativos, las consecuencias de esta falta de agilidad son graves. En Madrid, y solo por hablar de las emisiones que pretenden limitar las ZBE y no del resto de externalidades del asunto, más de la mitad de esos quinientos mil nuevos coches y motos que pueden pasar por donde quieran son aún bastante contaminantes, esos híbridos que son lobos con piel de cordero. Pero esto no es más que un ejemplo de un problema que existe en todas partes. El mundo se mueve a gran velocidad; las leyes, no.

No parece muy posible recuperar la ciudad sin transformar por el camino la manera en que esta se gestiona. Y nadie es más consciente de ello que los propios equipos que trabajan en las administraciones y se dan de bruces a diario con el funcionamiento interno de unas urbes que se venden como una fueraborda pero se mueven como un carguero. Las buenas intenciones, las ideas e impulsos de cambio, la valentía y el liderazgo, la voluntad de escucha y la cooperación, todo ello corre constante peligro de quedar sepultado por el exceso de burocracia y papeleo, las pleitesías jerárquicas, la falta de recursos y conocimientos actualizados y las brechas provocadas por la compartimentación en silos.

Los procesos de innovación que he mencionado en el capítulo anterior pueden ser muy útiles para afrontar estos problemas. El pensamiento no lineal sirve para encontrar soluciones a los retos urbanos, lo mismo que para hallar nuevas maneras de organización y gobernanza. De eso va lo de la experimentación regulatoria de la OCDE que citaba al principio de este texto. También llamado *sandbox* regulatorio, se refiere a procedimientos que «permiten un ensayo de un servicio, enfoque o proceso diseñado para generar información que ayude a transformar un régimen regulatorio».

El concepto tiene su origen en la Financial Conduct Authority (FCA), el regulador financiero británico, que en 2016 no solo lo expresó por primera vez, sino que lo puso en práctica para aplicar la innovación en la normativa relacionada con ese sector.[12] De los servicios financieros, sobre todo los tecnológicos, ha pasado a la IA, *blockchain* y demás. La Comisión Europea trabaja en este ámbito y con este método, y el Gobierno de España ha puesto en marcha en 2025 «el primer *sandbox* de IA de la UE», destinado en este caso a que las empresas puedan testar «sistemas de alto riesgo —como los aplicados en procesos de reclutamiento, selección o gestión del talento— en condiciones reales, pero bajo una supervisión regulatoria estricta».[13]

Hasta aquí, puede dar la impresión de que la idea de la experimentación regulatoria se está dedicando a facilitar las dinámicas de poder dominantes, pero lo cierto es que también se está trabajando en materia de edificación verde —en Austria, por ejemplo—,[14] movilidad sostenible o políticas de cuidados —en el Reino Unido—.[15] Y, en algún caso, en la organización interna de las administraciones.

En Finlandia, por poner un caso, hay algo muy conectado al trabajo sobre prospectiva que realiza ese país y llamado modelo de «gobernanza de la innovación anticipatoria» (*Anticipatory Innovation Governance Model*). A pesar de su alambicado nombre, trata, entre otras cosas, de «garantizar que los mecanismos tradicionales de dirección de la política pública —estratégicos, presupuestarios y legales— permitan (y no inhiban) la exploración de alternativas y el abordaje de problemas complejos» y de «contrarrestar los silos gubernamentales y crear nuevas formas de colaboración para abordar los problemas emergentes de manera transversal en todo el Gobierno».[16]

Uno de sus pilotos versa sobre la colaboración entre políticos y técnicos. Identifica y propone líneas de actuación para resolver retos que seguro resuenan en oficinas públicas de todo el mundo, como la fragilidad de la confianza entre unos y otros, la escasez de formatos productivos para el intercambio de ideas y puntos de vista y la búsqueda común de soluciones o los vacíos creados en los momentos de transición entre gobiernos.

European Urban Initiative (EUI), el programa de la UE que apoya y financia el desarrollo de soluciones innovadoras en ciudades del continente, tiene una línea de actuación llamada *Capacity Building* que busca ayudarlas a mejorar en el diseño de políticas, estrategias y prácticas de desarrollo urbano sostenible. Incluye la mejora de la gestión y la gobernanza, y para eso se proponen talleres, intercambios de experiencias y encuentros en distintos formatos y eventos.[17]

Hay más iniciativas como estas, pero tampoco son muchísimas y ninguna llega a la categoría de caso de éxito. La sensación generalizada es que la rigidez y la lentitud de las administraciones públicas son casi condiciones ontológicas de estas desde los tiempos de Larra o Kafka. Así al menos es percibido por la ciudadanía y así lo muestran las encuestas locales, nacionales y continentales. El Eurobarómetro de 2023, por ejemplo, indica que «más del 45 por ciento de los ciudadanos piensa que la Administración pública en su país es compleja, engorrosa y lenta» y que, «para aumentar la confianza en la Administración pública, los europeos consideran que debería ser menos burocrática (52 por ciento) y más transparente (44 por ciento) en relación con las decisiones y el uso de los fondos públicos».[18]

En semejante caldo de cultivo pescan gustosamente los líderes populistas, lanzando como cebo propuestas de recortes, despidos y eliminación de departamentos. Promesas que ya se están convirtiendo en realidades ejecutadas con una metafórica motosierra, en el caso de Javier Milei y Argentina, o estrellas invitadas como el hombre más rico del mundo —Elon Musk— en el caso de Donald Trump y su Department of Government Efficiency (DOGE), en Estados Unidos.

La eliminación indiscriminada de recursos económicos, técnicos y humanos no parece la solución más indicada para aumentar la eficiencia en el servicio público de unas administraciones saturadas por normativas, procedimientos y reglamentos. Más bien al contrario, es un ejercicio que facilita el desembarco de intereses y poderes poco o nada preocupados por la justicia social y el bien común.

Lo que se requiere es agilizar, que no es lo mismo que recortar, las administraciones. Aliviarlas de todas esas normativas, procedimientos y reglamentos, y hacerlo de una forma garantista, transparente y responsable, que permita el verdadero dinamismo, ese que tiene que ver con la capacidad de experimentación, la flexibilidad y la velocidad de reacción.

Como escriben Ezra Klein y Derek Thompson en *Abundancia*, «la legitimidad no es únicamente —ni siquiera principalmente— un producto de los procedimientos que siguen las agencias. La legitimidad surge, más bien, de la percepción de que el gobierno es capaz, está informado, actúa con prontitud, responde y es justo».[19]

Contar la ciudad

La ciudad la ha contado mucha gente. Platón, por ejemplo, la concibe como un reflejo del alma humana que debe encontrar el equilibrio en la armonía entre clases: los gobernantes, los guardianes y los productores. Según él, con el fin de facilitar este equilibrio, el urbanismo ha de aprovecharse de la geometría para ordenar y jerarquizar los espacios.

Hipodamo de Mileto, considerado el padre del urbanismo, también apoya la división social en tres clases —artesanos, labradores y guerreros—, lo mismo que la espacial —la sagrada, la pública y la privada—. Propone, y diseña para El Pireo, Turios y Rodas, una urbe organizada en un trazado en cuadrícula, el trazado hipodámico.

Aristóteles, por su parte, manifiesta que es la forma más elevada de convivencia, la ideal para lograr la buena vida. Para que esto ocurra, debe ser autosuficiente, diversa y virtuosa incluso en su tamaño.

Vitruvio, ya en Roma, establece la triada vitruviana, los principios que definen el ideal urbano: estabilidad, utilidad y belleza. Da importancia a la ubicación y al entorno, a la disponibilidad y calidad del agua y la acción de los vientos; es partidario de la especialización, que cada zona se dedique a una actividad, y de las configuraciones circulares de las fortificaciones, para facilitar el avistamiento y la defensa contra los enemigos.

El genovés Alberti es algo así como un discípulo renacentista de Vitruvio, atento a la higiene, el agua y las comunicaciones y partidario también de la jerarquización y la especialización. Apoya un esquema radial, con calles rectas o ligeramente curvas que acaban en plazas, y busca la belleza y la armonía para que la ciudad sea un espacio que refleje la capacidad humana para la creación y la organización.

Tomás Moro llama Utopía a su comunidad ideal. Una isla en la que hay cincuenta y cuatro ciudades muy similares y una capital en el centro, Amaurota. Con una convivencia sin propiedad privada en la que no existe especialización ni en el espacio ni en las personas, que alternan distintas labores; las casas son iguales para todos y se reasignan cada diez años; hay calles amplias y ordenadas, y una organización que favorece la vida en comunidad.

Todos estos y también Haussmann, Cerdá, Howard, Rousseau, Kant, Hegel, Marx, Weber y tantos otros. Mucha gente ha contado la ciudad a lo largo de la historia, pero no todo tipo de gente. El relato de lo urbano ha estado casi siempre en manos de señores ilustres. Las ciudades se han concebido solo desde esa perspectiva, una mirada que, por muy socialmente voluntariosa que haya sido, es imposible que haya podido entender las múltiples y diversas realidades y necesidades de todas las personas que las habitan.

Es en la segunda mitad del siglo XX cuando aparece por fin una voz distinta y ofrece una visión diferente que sigue hoy siendo considerada inspiradora e influyente. Jane Jacobs es una vecina de Greenwich Village, Nueva York, que se dedica al periodismo en distintos medios —durante la guerra, firma en *Amerika*, una publicación con distribución en la URSS— hasta que, en 1952, es contratada como editora asociada en *Architectural Forum* y empieza a realizar reportajes sobre planificación urbana. Desde esa revista, pero también a través de artículos en otras como *Fortune*, charlas como la que da en 1956 en la Universidad de Harvard y, por supuesto, el libro *Muerte y vida de las grandes ciuda-*

des, que se publica en Estados Unidos en 1961, revoluciona el urbanismo.[1]

Defiende la espontaneidad frente al exceso de planificación, rechaza la jerarquización y aboga por la mezcla de usos —que los barrios se mantengan vivos por la existencia de comercio, viviendas, oficinas y ocio—, cuestiona los megaproyectos y apoya la rehabilitación y la regeneración, apuesta por la ciudad compacta, caminable y con densidad de población frente a la expansión suburbial, habla del derecho de los vecinos a decidir sobre lo que ocurre en su entorno y, en definitiva, pone en valor la importancia de la comunidad, el tejido social, de seguridad y cuidados que se crea en una urbe cuando sus espacios fomentan la vida y el equilibrio del sistema.

Su trabajo enfurece a los señores ilustres que siguen acaparando el relato de la ciudad y que pretenden desautorizarla llamándola «amateur», «dama militante» y «ama de casa». Con esto que ellos entienden como insultos, en realidad están definiendo algunos de sus valores como pensadora de lo urbano.

Porque, si a Jane Jacobs se la puede considerar la urbanista más relevante desde el siglo xx hasta ahora, es, sobre todo, por su punto de vista. Aparte de haber entendido muy pronto que para hablar de la ciudad hay que pasearla, escucharla y observarla con atención, Jacobs es, efectivamente, una mujer activista —contra el proyecto de demoler su barrio para hacer una autopista urbana y contra la guerra de Vietnam, entre otras batallas—, una aficionada —no tiene formación en arquitectura ni urbanismo, ni siquiera un título universitario— y, sin duda, una ama de casa, al menos a tiempo parcial —Jane Burzner toma el apellido de su marido, Robert Hyde Jacobs Jr., y es madre de tres hijos—.

He dejado escrito en el párrafo anterior que Jacobs es la urbanista más influyente de nuestro tiempo y en este lo mantengo, con matices. Su visión revolucionaria ha marcado a profesionales de fama internacional como Jan Gehl, Carlos Moreno, Amanda Burden, Richard Florida y muchísimos otros. También a alcaldes y alcaldesas como Jaime Lerner, Anne Hidalgo, Enrique Peñalosa y algunos más. Pero eso no quiere decir que lo que proponía Jacobs en la segunda mitad del siglo pasado se haya hecho la norma. Hay muchas ciudades que han ido aplicando algunas de las visiones aportadas por la estadounidense, pero, para el desarrollo urbano en general, Jacobs ha sido como un bache en el avance de las excavadoras al servicio del crecimiento.

Para que la ciudad cambie, hacen falta muchas más miradas distintas como la de Jacobs. Diferentes también a la suya. Para que comprendamos la ciudad como es, diversa, compleja y viva, necesitamos oír, leer y entender los puntos de vista de las personas que la conforman. Mujeres como Jacobs, pero también con otras existencias, lejos del privilegio de la clase media. Migrantes legales e ilegales, personas con distintos tipos de discapacidad, niños, jóvenes, mayores, gente sin hogar... Hay multitud de experiencias urbanas y la inmensa mayoría de ellas están muy alejadas de la de los señores ilustres que las cuentan, ordenan y administran. Es fundamental dar y escuchar la voz de esas experiencias para hacer la ciudad de otra manera.

La ciudad sí está contada en libros, películas, series, obras teatrales, canciones y otras formas de expresión. Ahí, fuera de los circuitos expertos, se pueden encontrar puntos de vista más diversos.

Libros como *La ciudad de Dios* de san Agustín, las obras de Dickens, el *Ulises* de Joyce, *Las ciudades invisibles* de Calvino, la *Trilogía de Nueva York* de Auster y las novelas negras de Márkaris, pero también *La señora Dalloway* de Virginia Woolf, los primeros libros de Hanif Kureishi y Zadie Smith, *Ciudad abierta* de Teju Cole o la novela gráfica *Persépolis* de Marjane Satrapi, entre muchísimos otros.

Obras audiovisuales como *The Wire*, *Show Me a Hero*, *Antidisturbios*, *Haz lo que debas*, *El odio*, *Taxi Driver*, *El ladrón de bicicletas*, *Barrio*, *Perfect Days*, *Tokio Story*, *Parásitos* y más.

Y canciones, muchísimas canciones. Las de Fela Kuti, Amadou & Mariam, Cheb Khaled, Cheikha Rimitti o Rachid Taha.

Las de Los Chichos, Los Chunguitos o Los Calis. Las de Bob Dylan, Joni Mitchell, The Kinks, The Velvet Underground, The Pretenders o Suicide. Las de The Clash, Exploited, Eskorbuto o Biznaga. Las de N.W.A., Body Count, M.I.A., Violadores del Verso o Yung Beef.

«El rap es la CNN de los negros», dijo hace años Chuck D, uno de los miembros del combo de hiphop Public Enemy. La frase se puede ampliar a muchos géneros musicales y a casi todas las vidas no representadas en los medios principales. Los ciudadanos emplean las canciones y otros formatos como canales para expresar todo aquello que no tiene cabida en las programaciones convencionales. Que es muchísimo.

La importancia de los asuntos urbanos en medios y redes es minúscula. La mayor parte de las noticias tienen que ver con la política entendida como la emisión de frases para la galería, casi siempre sobre temas nacionales o internacionales. Ni siquiera las secciones locales se salen de esa dinámica que pertenece al ciclo electoral perpetuo en el que estamos suspendidos. En la lucha por captar espectadores, lectores y votantes, el relato de nuestro hábitat pasa a un plano más que secundario.

Esta clamorosa ausencia de la ciudad en las escaletas y planillos tiene que ver, en primer lugar, con la propia esencia de las noticias, marcada por la novedad necesaria —por algo en inglés se les llama *news*— que obliga a crear historias frescas con poca contextualización. Es consecuencia, además, de la carrera por atraer la atención a base de titulares excitantes. Pero quizá también sea porque nosotros mismos, que somos capaces de tirar colillas, escupir y hasta orinar en nuestra propia calle, no terminamos de respetar el lugar en que vivimos y a la gente con la que convivimos.

Lo cierto es que hay una desconexión entre la ciudad y sus ciudadanos. No sabemos cómo funciona, no entendemos bien sus mecanismos ni dinámicas, muchas veces ni siquiera sabemos quién tiene las competencias ni cuáles son nuestros derechos y responsabilidades. Es como si no conociésemos nuestra propia casa, como si no supiésemos dónde guardamos el menaje, cómo se limpian los baños o por qué nos llegan facturas de suministros cada mes.

Viene muy al caso aquí el inicio del discurso de David Foster Wallace en la ceremonia de graduación de Kenyon College en 2005. Es la historia de dos peces jóvenes que van nadando cuando se cruzan con uno mayor, que les pregunta cómo está el agua sin que estos sepan qué responder. Más adelante, uno de ellos le cuestiona al otro: «¿Qué demonios es el agua?».[2] «El sentido inmediato de la historia de los peces —aclara sobre su fábula Foster Wallace— no es más que el hecho de que las realidades más obvias, ubicuas e importantes son a menudo las que más cuestan de ver y las que más cuestan de explicar».

El agua, el entorno, de la mayor parte de nosotros es la ciudad, pero no terminamos de ser conscientes de su importancia. Aquí pasa todo y, por eso, aquí todo puede cambiar: economía, política, cultura, sostenibilidad, salud, relaciones sociales, justicia... Atender y entender la ciudad es el primer paso para recuperarla y, por qué no, transformar el mundo. Para eso, necesitamos contarla más y mejor y evitar que nos la cuenten siempre los mismos.

En *La arquitectura del poder*, Deyan Sudjic explica cómo la propia ciudad es medio y mensaje. Sitúa a la arquitectura como «la primera y aun así una de las más poderosas formas de comunicación de masas. Por eso floreció bajo tantos sistemas políticos autocráticos. Y por eso tiende a atraer a los individuos poderosos que quieren dejar su impronta. Tiene un impacto intelectual y material a la vez».[3]

Sudjic escribe sobre la utilización de la arquitectura y el urbanismo como herramienta de propaganda por parte de poderes duros como los de Hitler, Mussolini, Stalin, Sadam Hussein y Mao. Habla de cómo los edificios, las avenidas y las plazas forman parte de la estrategia de comunicación de esos regímenes y de las formas de relación que imponen a sus súbditos. Y además señala a ese otro poder aparentemente más blando, pero, desde luego, no más sutil, que se expresa a través de rascacielos, aeropuertos, autopistas y suburbios. Un poder económico que hoy se cuenta también a través de museos icónicos, barrios singulares regenerados, grandes estadios y recintos diseñados para acoger eventos.

Resulta imposible deshacer de un día para otro este poder, pero sí se puede cuestionar su relato, como propongo unos capítulos atrás. Para ello, necesitamos contar la ciudad de otra manera, de otras maneras. Dejar de verla como un *render* en el que todo es perfecto o como un Excel en el que deben cuadrar los números, y empezar a contarla como sistema de convivencia y relación.

Los medios y las administraciones tienen la obligación —y el resto deberíamos exigirla— de abrir canales donde se hable de ciudad. Y los ciudadanos tenemos la responsabilidad de atender esos canales y participar en ellos, lo mismo que podemos crear los nuestros y compartir unos con otros experiencias, saberes e inquietudes.

Vuelvo a comparar la ciudad con un hogar con ayuda del arquitecto finlandés Juhani Pallasmaa, que explica la diferencia entre casa y hogar en un librito llamado *Habitar*. «La casa es el contenedor, la cáscara, de un hogar. Es el usuario quien alberga la sustancia del hogar, por decirlo de algún modo, dentro del marco de la vivienda. El hogar es una expresión de la personalidad del habitante y de sus patrones de vida únicos. En consecuencia, la esencia del hogar es más cercana a la vida misma que al artefacto de la casa».[4] Si ampliamos el foco, ocurre lo mismo con la ciudad. Una cosa es el espacio, los edificios, calles y monumentos diseñados por el poder que corresponda y otra es la vida que se da en ellos. Eso es la ciudad, ese es nuestro hogar. Y lo mismo que un buen hogar-vivienda se construye a partir de atención e interlocución, un buen hogar-urbe tiene que partir de ahí.

Escribe Pallasmaa: «El acto de habitar es el medio fundamental en que uno se relaciona con el mundo. Es fundamentalmente un intercambio y una extensión; por un lado, el habitante se sitúa en el espacio y el espacio se sitúa en la conciencia del habitante, y, por otro, ese lugar se convierte en una exteriorización y una extensión de su ser, tanto desde el punto de vista mental como físico». Como los peces que habitan el agua en la fábula de Foster Wallace, tenemos que hablar más de nuestro hábitat.

Descentralizar

Quizá la propuesta urbanística más célebre de los últimos tiempos, la que ha traspasado los círculos de profesionales y enterados y ha entrado de lleno en la conversación pública, sea la ciudad de los quince minutos. Así es como la define su creador, el profesor franco-colombiano Carlos Moreno:

> La ciudad de los quince minutos representa un modelo urbano en el que las necesidades esenciales de los residentes son accesibles a pie o en bicicleta dentro de un perímetro reducido en zonas de alta densidad. De manera similar, el territorio de treinta minutos amplía este concepto a áreas menos densamente pobladas, donde los desplazamientos pueden requerir algo más de tiempo. Estos enfoques buscan acercar vivienda, trabajo, educación, ocio, servicios y naturaleza, reduciendo así la dependencia del transporte motorizado.[1]

En la propuesta, la referencia al tiempo y su relación con la movilidad activa es una medida de condiciones de existencia, más que una mera cuestión de transporte. Aunque también trata de eso, lo verdaderamente sustancial aquí es el derecho a tener cerca todo lo importante. Es decir, la ciudad de los quince minutos va más allá del urbanismo entendido como planificación y organización del espacio, contiene un modelo de ciudad que, en el fondo, es un modelo de vida.

Por eso es un proyecto muy ambicioso según para qué urbes y, al mismo tiempo, nada nuevo bajo el sol para muchas otras. Como el propio Moreno reconoce, «en los "buenos viejos tiempos", todas las ciudades, grandes y pequeñas, eran ciudades de quince minutos». En Europa, muchas lo siguen siendo, pero es cierto que algunos de los factores que trata este libro —la persecución del crecimiento, el aumento del precio de la vivienda, la pérdida de servicios públicos, etc.— están haciendo que desaparezcan virtudes de cercanía, eficiencia y escala humana.

Sin embargo, aunque quizá sea en algunas urbes americanas, australianas y asiáticas donde la propuesta pueda sonar más revolucionaria, buena parte de su celebridad se debe a tener a París como laboratorio y escaparate. Su alcaldesa la convirtió en eje de su programa para la reelección en 2020 y fue, además, el marco que impulsó un buen montón de intervenciones durante la pandemia. París, con Anne Hidalgo al mando, llevaba años siendo transformada —tejiendo una gran red de infraestructuras ciclistas, peatonalizando calles, lanzando proyectos de renaturalización—, pero la ciudad de los quince minutos ha supuesto un planteamiento estratégico y, sobre todo, un sello conceptual —una marca— con los que envolver los cambios. Y, como lo que ocurre en París nunca se queda en París, la idea se ha expandido.

En Milán, en Ottawa, en Melbourne, en Portland, en Oxford, en Buenos Aires y en muchas otras localidades ha habido durante años menciones a la ciudad de los quince minutos en planes, programas y proyectos. El concepto ha tenido tal éxito que en Madrid, en 2022, llegó a ser defendido tanto por el alcalde de la ciudad[2] como por el principal partido de la oposición, que lo convirtió en título de su programa para las elecciones (que perdió).[3]

En muchos de estos lugares, la propuesta se relacionó sobre todo con movilidad. Hay que recordar que, en esos momentos, el mundo, desde la ONU hasta el más pequeño de los municipios, pasando por las empresas cotizadas, todavía estaba en modo Agenda 2030 y con el propósito, más o menos sincero, de cumplir los ODS. Y hay que remarcar, también, que estos diecisiete Objetivos de Desarrollo Sostenible comprenden todo tipo de asuntos que tienen que ver con justicia social, equidad, derechos, democracia o seguridad alimentaria, pero se ha tendido a su simplificación como una propuesta relacionada casi exclusivamente con la sostenibilidad medioambiental.

A la ciudad de los quince minutos le ha pasado algo parecido. Su denominación, sencilla y pegadiza como un buen estribillo pop, ha sido clave en su éxito, pero también el recurso al que se han agarrado los que la demonizan. Porque, mientras la propuesta de Moreno se fue plasmando en París y en algunas de las otras ciudades mencionadas, el bando más enfadado de la sociedad bipolar iba cargándose de razones para acosar a sus enemigos y encontró aquí una de sus armas.

Para mucha gente, la ciudad de los quince minutos, como la Agenda 2030, las vacunas o el 5G, es parte una conspiración que llevan a cabo instituciones supranacionales al servicio del Gobierno en la sombra de las élites para activar mecanismos de control social. Esta verdad inventada simplifica hasta el absurdo el planteamiento urbano de Moreno y expone que su fin es impedir a la gente usar su coche y encerrarla en sus barrios, otra prueba más de las intenciones autoritarias de la dictadura climática.

No es así: como he explicado antes, la propuesta intenta, precisamente, crear condiciones que ofrezcan libertad y derechos a los vecinos mediante la planificación e implantación de equipamientos y servicios públicos a su alcance. Por eso es, también, más que un plan de movilidad. Hay en ella trazas de justicia social y medioambiental que muchos de quienes la han defendido y publicitado tampoco han sabido o querido ver.

Tras las simplificaciones de uno y otro bando, la ciudad de los quince minutos contiene una idea que es relevante para que podamos recuperar nuestras ciudades: la descentralización. Moreno, en su libro *The 15-Minute City: A Solution to Saving Our Time and*

Our Planet, habla de «superar la dicotomía centro-periferia promoviendo una ciudad policéntrica» en la que cada centro —cada barrio— esté diseñado para facilitar las necesidades diarias de sus residentes al tiempo que está bien conectado con el resto de los barrios de la urbe. Como digo, la idea es buena, pero creo que puede ser mucho mejor si se amplía el foco a todo el territorio de una región o incluso de un Estado, no solo a la ciudad.

Sobre el papel, este policentrismo debe permitir que las grandes ciudades sean más justas, humanas y eficientes y que, así, puedan crecer manteniendo la buena vida de sus habitantes. El problema está en la realidad, que es tozuda y nos indica que, dentro de las necesidades de cualquier vecino de cualquier urbe, hay dos fundamentales: vivienda y trabajo. Y que una y otra se están alejando cada vez más debido a la emergencia habitacional, complicando los planes de movilidad y haciendo menos relevante la posibilidad de tener cerca el centro de salud, la escuela y otros equipamientos y servicios, puesto que la distancia al lugar de trabajo se extiende.

Las ciudades de éxito están siendo cada vez más grandes, pero también más invivibles e inviables. Por eso, la verdadera descentralización pasa por tratar de que no crezcan más. Y aquí va una aclaración, por si hay algún teórico de la conspiración leyendo: no estoy proponiendo prohibir nada, bastaría con dejar de perseguir el crecimiento de las metrópolis y fomentar que haya núcleos urbanos vivos y dinámicos cerca pero también lejos de ellas.

La teoría dice que es en la aglomeración, el encuentro y el intercambio donde se dan las condiciones para el desarrollo, la innovación y el progreso. Y que eso es lo que ocurre en las ciudades, especialmente en las grandes y atractivas. Los autores que, llegados desde distintos lados del espectro político y ámbitos profesionales, se reúnen en torno al concepto de abundancia y militan en la fe en la tecnología como vehículo para superar todos los retos, se apoyan en esa teoría para lanzar las suyas. Su punto de partida suele ser que en las ciudades suceden cosas económicamente maravillosas porque la gente se junta, se divierte e inventa. Se olvidan de que, en la práctica, hace tiempo que eso ya no es tan así.

Atrapadas en la búsqueda del éxito, la explotación de su marca y la rendición de cuentas a los inversores, las megaurbes son una máquina de atraer capitales y expulsar personas. Si solo se miran los datos de población, se puede entender que Madrid, Barcelona, Londres y, en menor medida, París y Milán crecen y, por tanto, siguen siendo lugares vibrantes y atractivos donde suceden cosas. Lo cierto es que llega gente —trabajadores migrantes, pero también clases altas e inversores de otros países—, aunque también se va muchísima. Crecen en población, más que las urbes en sí, las áreas metropolitanas, cuya mancha se va extendiendo. El precio de la vivienda y el coste de la vida en general, además de otros factores como pueden ser la pérdida de carácter, la homogeneidad y las dificultades para formar una familia, actúan como esa piedra que cae sobre el agua y provoca ondas que van ensanchando su diámetro a medida que se alejan del centro. Estas ondas son las personas que se tienen que ir más lejos. Y, también, las que quieren irse.

La diáspora está pasando y pasaría mucho más si hubiese más oportunidades allende la ciudad marca. Incluso los urbanitas más recalcitrantes empiezan a estar hasta el gorro del decorado en que se ha convertido su barrio y de la confusión entre cosmopolitismo, uniformidad estética y precios inalcanzables que se está dando en tiendas, bares y restaurantes. El problema es que, como ya hemos visto, el modelo de urbe de éxito acaba con la vida en todas las demás y por eso más allá es, como en la terminología religiosa, sinónimo de muerte.

Entre los expertos de lo urbano se tiende a asumir el crecimiento de las grandes ciudades como un rumbo fijo, algo entre lo inevitable y lo deseable. De hecho, cuando se habla de ciudad en muchos de estos ámbitos se excluye a todas las localidades que ni son ni quizá pretenden ser gigantes y globales.

Ciudades hay de todos los tamaños y, ahora mismo, con las posibilidades de conexión digital, pero también de infraestructuras de transporte que existen, todas podrían cumplir, de distintas maneras y a distintas escalas, la función de ser lugares de encuentro y creatividad que la teoría dominante solo concibe para las metrópolis. Si no está ocurriendo es porque no se está potenciando que así sea.

Detrás de todos esos esfuerzos por hacer marcas brillantes y ciudades globales hay una voluntad de centralización que tiene que ver con un objetivo de acumulación. Una acumulación de dinero y de poder, perdón por la redundancia, que coincide —porque, precisamente, procede de ella— con la que se está dando en ámbitos empresariales y financieros. Las grandes ciudades ya no son lugares donde podemos jugar a ser creativos, sino espacios donde los ricos juegan y ganan al *Monopoly* y, a veces, se sienten bohemios y modernos cenando en los barrios que fueron modernos y bohemios. Y, mientras, las urbes medianas y pequeñas languidecen ante los lamentos de aquellos que tienen posibilidad y responsabilidad para cambiar estas dinámicas y, sin embargo, asisten a ellas como si fueran un fenómeno natural que no es.

En realidad, buena parte del crecimiento de las ciudades globales está inducido y canalizado a través de políticas públicas. Madrid, Londres, Dubái, Singapur, Ámsterdam, Dublín y muchas otras trabajan desde hace años para atraer capitales y talento a través de diversos tipos de beneficios fiscales y legales. Sus administradores han manejado estas estrategias competitivas y han fomentado la centralización, quizá pensando que eso les da más poder y puede que incluso creyendo que era mejor para los ciudadanos. Lo primero puede ser verdad; lo segundo no lo está siendo.

Tampoco los gobernantes nacionales parecen, en muchos casos, estar haciendo gran cosa por revertir estas dinámicas centralizadoras. Lo mismo que ocurre en España sucede en Francia, Alemania, Italia, Portugal, los países nórdicos, China, Japón, Corea del Sur, Brasil, Argentina, Estados Unidos... En todo el mundo, las grandes ciudades se comportan como agujeros negros que se tragan la materia y la energía de su entorno. Así pues, el vaciamiento no es un rasgo demográfico típicamente español, sino otro atributo de la modernidad.

En muchos de estos países se trazan estrategias y se planifican acciones para luchar contra la despoblación. En la mayoría de los casos, el planteamiento tiende a la simplificación a partir de la dicotomía habitual campo versus ciudad, y se centra en maneras de revivir los pueblos. Se subvencionan viviendas, se trabaja para mejorar la conectividad, se ofrecen empleos, incluso hay políticas diseñadas para atraer a nómadas digitales al ámbito rural. Normalmente, este tipo de planes sirven para poco. Aunque son actuaciones necesarias, estas estrategias obvian la potenciación de los lugares que pueden ser verdaderamente relevantes para el equilibrio territorial: las ciudades.

En efecto, las urbes son punto de encuentro y concentración de talento y, por tanto, motor de creatividad y desarrollo. Lo son las ciudades grandes y también las pequeñas, las medianas y las intermedias. No hay una clasificación oficial que diga a qué categoría pertenece cada una y ni siquiera es solo una cuestión de tamaño y demografía; también cuenta la función. Además, depende mucho del país donde se encuentren, de su densidad de población y de la media de la dimensión de sus urbes.

Se suele considerar que las pequeñas no pasan de 50.000 habitantes y las medianas pueden llegar a 250.000, aunque hay quien sube el límite a un millón. Con las intermedias, la medida se puede marcar en ese mismo millón, si bien en su definición es más relevante su papel aglutinador de servicios, conexiones y oportunidades. En cualquier caso, cada una de ellas cumple su misión y todas son necesarias para cualquier ejercicio de cohesión bienintencionado y, sobre todo, bien pensado. Y algunos hay.

Francia tiene en marcha desde 2018 el programa *Action cœur de ville*, que busca revitalizar las ciudades medianas mejorando las condiciones de vida de sus habitantes y reforzando su papel como motores de desarrollo en sus territorios. Ampliado de 2022 a 2026 —y con probabilidad de una nueva extensión— y con más de once mil millones de euros invertidos,[4] este plan coexiste con otros, como *Petites villes de demain*, que busca revitalizar las ciudades pequeñas. Y todo ello revolotea en torno a una idea que lleva tiempo circulando en ese país históricamente centralizado: la desmetropolización (*démétropolisation*).

En Dinamarca llevan desde 2015 reubicando oficinas de la Administración central fuera de Copenhague a través de los programas *Bedre Balance* («mejor equilibrio»); son unos ocho mil puestos de trabajo estatales creados o relocalizados más allá de la capital.[5] También han tratado de redistribuir a los estudiantes universitarios fuera de las grandes urbes, entre otras acciones destinadas al reequilibrio territorial.

En Brasil funciona desde 2024 la estrategia *Cidades Intermediadoras* que pretende crear redes policéntricas interviniendo en 258 municipios y eligiendo, entre ellos, 26 ciudades intermedias que sirvan de eje de las políticas de transporte, salud y educación con las que se busca retener a la gente joven. El objetivo es reducir la presión sobre las metrópolis brasileñas y contener la migración hacia ellas a partir de propuestas de desarrollo en urbes de distintas regiones.[6]

Aún es difícil valorar los resultados de estos planes, muchos de los cuales son muy recientes. Son, además, pequeñas contrarreformas que se enfrentan a una fuerza mayor. La migración a la gran ciudad es una tendencia que viene de muy lejos y que ahora mismo está potenciada por la mecanización de las labores del campo, la desindustrialización de las economías, la concentración de poderes en grandes capitales globales y, como hemos visto, la pervivencia del relato de que el éxito solo puede encontrarse en una urbe global.

Casi todo apunta a que seguirá el engorde de las metrópolis a pesar de que también casi todos los indicadores dicen que ese crecimiento centralizado es tan negativo para los territorios que se vacían como para la ciudad que se llena. El área metropolitana de Atlanta, por ejemplo, no ha dejado de atraer gente desde la década de los cincuenta del siglo pasado. Incluso durante las crisis de 2008, la ciudad siguió siendo boyante y por eso los precios de la vivienda no cayeron mucho. El imán de empresas como Coca-Cola, Delta, UPS y The Home Depot, y su posición como uno de los principales centros logísticos de Norteamérica han ejercido una atracción imparable a migrantes nacionales e internacionales, y la ciudad los ha ido absorbiendo, desparramándose a través de ese urbanismo de baja densidad tan típicamente estadounidense. La solución ha acabado siendo problema y la cuna del *southern* hip-hop empieza a decaer desde 2024 porque la gente ya no quiere pasar la vida en un atasco perpetuo entre su carísima y lejana casa y el trabajo no tan bien remunerado.[7]

Atlanta es solo un ejemplo. No todas las metrópolis tienen sus características, pero sí acumulan una serie de complicaciones que hacen cada vez más difícil gestionarlas y habitarlas: vivienda, movilidad, desigualdad, seguridad, coordinación, salud... El crecimiento se cuenta como un gran invento hasta que empieza a ser un problema ingobernable. Por eso hay experiencias recientes como las de Egipto e Indonesia, que pretenden frenar el caos de El Cairo y Yakarta construyendo capitales alternativas.

Los defensores del modelo de engorde metropolitano se agarran al argumento que se utiliza siempre como escudo ante cualquier crítica: la economía. Consideran indispensable que cada país tenga una gran urbe que actúe como locomotora de la economía nacional para que pueda ser competitiva en este mundo global y en constante disputa. Es el caso de Londres, Madrid, París, Moscú, Buenos Aires, Ciudad de México, Bombay, Shanghái, Tokio, Seúl y Dubái, que acaparan entre el 15 y el 25 por ciento del PIB de sus respectivos países. Son todas ciudades con grandes índices de desigualdad y en las que la vida no es fácil ni divertida para la mayoría de sus habitantes. Pero, además, la concentración de poder y actividades que se reúne en ellas es más un síntoma de debilidad que de potencia. Una carencia de diversidad y diversificación que, en casi todas las teorías económicas serias, suele verse como una amenaza.

Por todo esto, se puede decir que la mejor manera de recuperar la ciudad es aplicar el plural: recuperar las ciudades. Trabajar para redistribuir sus valores y reactivar el dinamismo de localidades medianas e incluso pequeñas, así como evitar la concentración y monopolización de las megaurbes. Hay que contar con su existencia, claro. Como a Jessica Rabbit, a las ciudades globales las han dibujado así y no hay ni manera ni intención de borrarlas. Inventar de la nada capitales alternativas como en Egipto e Indonesia no suele ser una buena idea. No queda más remedio que tratar de gestionarlas de la mejor manera posible. Para ello, conviene promover el desarrollo de administraciones metropolitanas para coordinar algunos de los asuntos clave entre la metrópolis y los distintos municipios a su alrededor. Hay ejemplos a seguir —Metro Vancouver, Metrópoli de Lyon, Sudogwon (que suma las áreas de Seúl, Incheon y Gyeonggi)...— y otros de los que huir —en España, casi todos los intentos de construir una administración así han sido fallidos, siendo paradigmático el caso de Madrid—, pero ni son muchos ni consiguen capear los grandes temporales que arrecian a la centralización.

Lo cierto es que, aunque no sea tendencia decirlo, la descentralización es más eficiente, segura, resiliente, justa y ecológica. Mejor. Del mismo modo que, hace unos capítulos, veíamos a través del pensamiento de Stefano Mancuso que la especie humana corre peligro al especializarse como habitante de un único ecosistema de características muy concretas —el urbano—, hay también un riesgo en la acumulación de personas y centros de gestión y poder en unos pocos lugares. Deberíamos aprender de la modularidad de las plantas, de las ventajas de formar colonias conectadas y cooperantes pero descentralizadas.

En el ámbito de la teoría urbana, se habla mucho de resiliencia y se menciona la palabra en localidades cada vez más frágiles; gigantes con pies de barro a los que, desde un atentado hasta un estornudo, pasando por un cortocircuito, pueden hacerles caer y que, por la concentración acumulada, eso suponga también el derrumbe de una nación o incluso de un continente.

Cuando uno piensa en estas grandes ciudades globales que estamos creando, se le viene a la cabeza la imagen de los fisioculturistas de principios de milenio, como Ronnie Coleman y Markus Rühl. Tipos enormes que hacen que Arnold Schwarzenegger parezca un gnomo de jardín. La era de los monstruos masivos, como se la ha conocido, ha estado dominada por personas que cada vez lo parecían menos, con un volumen de masa muscular más allá de los límites de lo bello y saludable y un físico construido a base de una inmensa ingesta de esteroides y otras sustancias, excesiva incluso para los cánones de una actividad esencialmente dopada. Gente muy grande y con muchísimo músculo, pero, al mismo tiempo, muy débil y lenta, con poca fuerza real, sin ninguna agilidad ni flexibilidad, con nula capacidad aeróbica, graves problemas circulatorios y respiratorios y una esperanza de vida cortísima.

Fomentar la hipertrofia de las ciudades es provocar su malfuncionamiento y, posiblemente, su colapso. Hacerlo, además, desde formas de competencia que muchas veces buscan anular las posibilidades del contrario para ensanchar las propias es una manera de generar ruina y no la abundancia que se pretende. No tiene ningún sentido ni hay un beneficio común en que la economía de un país esté monopolizada por un área metropolitana, y mucho menos si es provocando desequilibrios y desigualdades. Es ese un camino para crear ciudades Estado, no ciudades.

Hay, sin embargo, muchos más valores urbanos en un gran sistema policéntrico formado por distintas urbes de una región, de un país o incluso de un continente. Ciudades pequeñas, medianas, intermedias y también grandes conectadas y coordinadas, que cooperan y funcionan como una estructura modular, cohesionada y equilibrada.

Si tuviera que imaginar la ciudad ideal del siglo XXI, es esa ciudad de ciudades. Creo que algo así, descentralizado y diversificado, es lo único que nos puede llevar al siglo XXII con cierta tranquilidad. Lo otro, el modelo de metrópolis inmensas y dominantes, por mucho que siga creciendo, está muriendo y matando los valores urbanos.

Conectar

Segmentar es dividir. Una palabra que se usa con frecuencia en marketing y publicidad, un verbo que celebra la posibilidad de llegar a distintos públicos por los canales y con los contenidos apropiados para sus presuntos intereses específicos. Antes de la existencia de los medios de comunicación digitales, la segmentación existía, pero era más tosca. Se segmentaba eligiendo medios y programas según sus audiencias, también en función de los horarios de emisión en radio y televisión y, para las vallas y otras formas de publicidad exterior, seleccionando calles y barrios. Con la llegada de los canales online y todas las aplicaciones y plataformas que han venido después, el ejercicio se ha podido afinar muchísimo más gracias a la recogida masiva de datos a partir de las huellas que vamos dejando los usuarios. Quienes hacen ahora la planificación de las inversiones publicitarias nos conocen tan bien que son capaces de proponernos algo que no sabemos que queremos. Pueden ser unas zapatillas o unas vacaciones, pero también una ideología.

Eso es lo que hizo Cambridge Analytica hace unos años. Recopiló información de millones de personas en Facebook sin su consentimiento para elaborar perfiles psicológicos que permitieron a sus clientes construir campañas de publicidad personalizadas y basadas en emociones y sesgos. Así ganó sus primeras elecciones Donald Trump y así triunfó el Brexit. Sus anuncios estaban destinados a gentes que no sabían que querían votar esas opciones, pero que, en su devenir digital, habían dejado pistas que indicaban que, a través de los mecanismos adecuados, podían dejarse convencer. Las campañas se diseñaron para machacar a dichos públicos con mensajes —en muchos casos construidos a base de mentiras— que convirtieron esas pistas en convencimientos firmes.

Hubo un escándalo, investigaciones, Meta pagó centenares de millones de dólares a partir de una demanda colectiva, Cambridge Analytica cerró, pero el problema no se solucionó, sino que ha crecido hasta convertirse en modelo. No ya porque el Reino Unido siga fuera de la UE o porque Donald Trump haya vuelto a la Casa Blanca, sino porque la forma en que funciona la programación de la ciudad digital, tanto de los contenidos publicitarios como de los informativos o de entretenimiento, está basada en una segmentación divisiva.

Netflix te propone productos audiovisuales en función de lo que has visto, su algoritmo interpreta tus gustos para darte más de lo mismo con la pretensión de que no dejes de ver cosas. Spotify, igual pero con música. Las redes sociales y YouTube operan de forma similar; quieren tu tiempo y, para ello, te dan lo que saben que te provoca más reacciones —*engagement*, lo llaman, adulterando así el significado de la palabra «compromiso»—, aunque eso signifique meterte en un bucle de vídeos que radicaliza tu punto de vista, ya sea sobre nutrición o política. A esto se le conoce de diversas maneras —filtro burbuja o cámara de eco, por ejemplo—, pero no es otra cosa que una fragmentación de la sociedad. Todo lo que no esté dentro de nuestra realidad digital segmentada pasa a ser lo otro; una alteridad cada vez más lejana e impugnada.

Por supuesto, no todos estamos inmersos de la misma manera en el trayecto al extremismo, pero nos encontramos igualmente en un proceso de separación de los demás. Es el software y también el hardware. La forma en que consumimos los contenidos, cada uno con su aparato y sus auriculares, evita la experiencia común y nos aleja a unos de otros.

La promesa de la era de la conexión digital permanente y global ha resultado ser lo contrario. Pero esto ya nos lo sabemos, nos lo han contado muchas veces (yo mismo, en este libro, al menos un par). Lo que quizá no tenemos tan claro es cómo la propia dinámica de la vida urbana está también desarticulando la sociedad: el crecimiento de las ciudades, el alejamiento que provoca el encarecimiento de la vivienda, la necesidad de trabajar muchas horas para costear los gastos, el estrés por la pretensión de estar en todas partes y asistir a todos los eventos y, sobre todo, esta forma de modernidad que va devorando rituales e infraestructuras sociales y dejándonos cada vez más solos.

El sociólogo Eric Klinenberg explica el concepto de infraestructura social como «las condiciones físicas que determinan el desarrollo del capital social», entendido este como las relaciones y redes interpersonales.[1] En *Palacios del pueblo*, el estadounidense reivindica este tipo de estructura por sus propiedades para conectarnos unos a otros, generar empatía y reducir la violencia, pero también por su incidencia en la salud pública y su capacidad para salvar vidas.

El libro comienza narrando cómo, durante una ola de calor en Chicago, los índices de mortandad fueron muy distintos entre barrios, con la previsible diferencia a favor de zonas de clase media y alta con respecto a distritos pobres. Pero, dentro de estos, también había mucha divergencia entre las zonas con más espacios, organizaciones y costumbres que fomentaban la interacción y las relaciones personales directas, y otras en las que la gente habitaba más en soledad por distintas circunstancias.

Klinenberg defiende la importancia de estas infraestructuras poniéndolas a la altura de las que solemos considerar tal cosa —las de transportes, energía o comunicaciones—, y lo hace con ejemplos concretos: las bibliotecas, los centros cívicos, las escuelas, las guarderías, los mercados, los parques, las plazas, los centros deportivos... Habla también de bares, cafeterías, librerías, lugares con fines comerciales que facilitan el encuentro. Es decir, no importa si las infraestructuras sociales son públicas o privadas, lo que importa es que provoquen la reunión.

En realidad, el concepto se puede ampliar muchísimo si se prescinde de la condición espacial. Así, también en la ciudad digital hay ejemplos de infraestructura social: los foros y comunidades de internet, las redes sociales o incluso las aplicaciones de mensajería podrían serlo y, de hecho, lo fueron. Hoy, no lo son tanto: el espíritu participativo y comunitario ha quedado relegado por razones que son más profundas que el mero fin comercial de las empresas que los administran.

Infraestructura social son, también y sobre todo, los rituales. Un velatorio, aunque transcurra en un no lugar como un tanatorio, es una oportunidad de hablar y abrazar, de conectar. Como lo son las fiestas y todo lo que las acompaña: la preparación y la participación en agrupaciones, peñas y demás, los trajes y disfraces, los bailes, los ritos. También los juegos, los que nos reúnen en torno a una mesa, en una plaza o dentro de una cancha deportiva.

Byung-Chul Han tiene un libro dedicado a todo esto, pero su título tampoco es optimista: *La desaparición de los rituales*.[2] El filósofo surcoreano sostiene que «los rituales dan estabilidad a la vida» solo para explicar cómo los estamos despreciando a través de «un consumo sin escrúpulos [que] hace que estemos rodeados de un desvanecimiento que desestabiliza la vida». Llega a hablar de «aversión y la repugnancia generalizada hacia el ritual en general», y creo que acierta lo mismo que se equivoca.

El estado de los rituales y las infraestructuras sociales depende mucho de cómo y dónde se mire. No son igual ni tienen la misma atención por parte de las administraciones los equipamientos públicos de los países nórdicos que los de Estados Unidos, por ejemplo. Tampoco es comparable la apreciación de las fiestas populares en las grandes ciudades globales que en otras con más sentido de pertenencia. Uno podría imaginar a la mayor parte de los habitantes de Madrid sobrevivir sin queja sin las fiestas de San Isidro o las de la Virgen de la Paloma, pero difícilmente se puede pensar en Sevilla sin la Feria de Abril o Valencia sin las Fallas.

Como dice Han, es cierto que, al menos hasta hace poco, la modernidad ha sido una apisonadora de rituales, que han sido considerados rancios y alejados de cualquier prometedora idea de futuro. En esa trampa han caído buena parte de los sectores auto-denominados progresistas, que han tendido a considerar peor y más carca cualquier tiempo pasado y, por eso, se han dedicado a ig-norar o incluso sabotear tradiciones que eran más transversales e inclusivas de lo que han sabido ver. Esta forma de entender lo ritual ha dejado el territorio libre para su apropiación por parte del populismo nostálgico y ha hecho que mucha gente, solo por el hecho de disfrutar y sentirse partícipe de una tradición, se haya sentido segmentada sin pretenderlo.

Pero se está dando una reacción a esa mirada condescendiente al rito. Mucha es la gente que no siente ya esa repugnancia que menciona Han, sino todo lo contrario. Está surgiendo un anhelo de conexión que lleva a muchas personas a tratar de reintegrarse en rituales y festividades tradicionales e, incluso, a crear nuevas for-mas ceremoniales.

En muchos barrios de España se celebran fiestas autogestiona-das. En Vallecas, Madrid, por ejemplo, la batalla naval inventada en los ochenta por unos chicos del barrio para refrescarse durante las fiestas de la Virgen del Carmen ha ido creciendo hasta conver-tirse en un evento multitudinario en el que la gente se encuentra para mojarse; un festejo cuya experiencia sirvió, dos décadas más tarde, para impulsar desde asociaciones y colectivos las fiestas populares de la Karmela que hoy convocan a miles de personas.[3]

Hay más ejemplos diversos por todas partes. En el Reino Uni-do, cada año desde 2009 sucede The Big Lunch, un evento pro-movido por la ONG Eden Project que invita a vecinos de todo el país a organizar comidas en la calle el mismo día y que moviliza a millones de personas.[4] También está el *plogging*, una actividad que consiste en correr y recoger basura al mismo tiempo y que, creada por un sueco en Estocolmo allá por 2016, hoy se practica diariamente en todo el mundo y reúne a millones de deportistas concienciados en multitud de carreras.[5]

Los grupos de consumo agroecológico se han extendido por ciudades de todo el planeta a causa de la preocupación medioambiental y por la salud, pero también como una manera de encontrarse y participar en un proyecto común. Lo mismo que los huertos urbanos, los bancos de semillas, los mercados de productores, los *repair* cafés, los clubes de lectura… Por todos lados surgen actividades y se atisban pistas de la necesidad de recuperar formas de conexión con los otros.

Buena parte de las críticas y comentarios del público de *Sirat*, la película de Óliver Laxe, muestran fascinación por un grupo de nómadas que viajan de *rave* a *rave* mientras el mundo se desmorona. La comunidad de *travellers* que retrata la película no es ficción. Tanto los que salen en el filme como otros miles que pululan por el mundo conforman una realidad paralela a la nuestra desde hace décadas. Gente que ha decidido tomar un desvío de nuestra sociedad desconectada para conectar a través de rituales autogestionados, festivos, participativos y horizontales.

Estas *free parties* son también infraestructuras sociales. De hecho, los grupos autónomos y alternativos en sus diversas modalidades y estéticas tienen en la creación de este tipo de infraestructuras comunitarias uno de los ejes de su actividad: comunas, centros sociales okupados, bancos de tiempo, redes de salud y cuidados… Entienden que una de las maneras de operar del modelo económico y de vida que rechazan es el fomento del individualismo y la fragmentación, e intentan construir modos de existencia distintos en los que conectar y participar sean origen y destino. Y, de algún modo, funcionan como laboratorio experimental del que se extraen experiencias desde el mundo convencional para luego convertirlas en producto. Claro que también puede suceder lo contario.

En verano de 2018, en Saint-Barthélémy, un barrio pobre del norte de Marsella, un montón de gente —trabajadores, vecinos, colectivos sociales— se dedicó durante semanas a protestar contra el cierre de un McDonald's.[6] El plan del propietario era abrir un restaurante *halal*, pero las gentes del barrio —mayoritariamente musulmanas, por cierto— luchaban por mantener la franquicia norteamericana de comida rápida abierta allí desde los noventa. Los portavoces de la protesta explicaban que el local se había convertido en una especie de centro de formación profesional y trampolín laboral y, sobre todo, en el único lugar de encuentro entre vecinos en una zona sin ningún tipo de equipamiento social.

Esta historia que podría estar escrita por un guionista excéntrico es también extraña porque tiene continuidad en el atosigante universo de las noticias. Tres años y pico después de ese agosto combativo se podía leer que el negocio se había convertido en un local comunitario que en ese momento aún cumplía la función de banco de alimentos que ejerció durante la pandemia.[7] El proceso hasta llegar ahí fue tortuoso: ocupado finalmente por los colectivos, se suceden conflictos, amenazas y negociaciones, el Ayuntamiento acaba interviniendo, compra el inmueble y lo cede a esos mismos colectivos. Hoy es un restaurante llamado L'Après M, autodenominado *fast food* social y solidario y gestionado por algunos de los vecinos que protestaron por su cierre. Un proyecto en marcha que incluso se permite abrir una sede temporal en el turistificado puerto viejo de Marsella.[8]

Sobre todo esto revolotea y está en juego una idea de la que nos sentimos orgullosos propietarios en Occidente y que es una funda elástica y versátil para envolver cosas diversas. Hablo de la democracia, el poder del pueblo y tal. Desde la segunda mitad del siglo XX hasta hace no mucho, nos ha parecido el mejor sistema de organización del poder; tanto que, liderados por Estados Unidos y la OTAN, lo hemos tratado de exportar por las buenas y por las malas a distintas partes del mundo no necesariamente tan convencidas de sus beneficios.

Como se explica en el último capítulo de la primera parte de este libro, desde hace poco más de una década, en nuestros democráticos países ha venido engordando una pregunta que supone una crisis existencial en la que quizá no estamos cayendo: ¿para qué sirve la democracia? La respuesta que se está dando a través de distintas elecciones deja ver que el orgullo generalizado que antes había sobre este sistema se está quebrando. Parece evidente que estamos ante un cambio de rumbo que no sabemos a dónde nos llevará, pero en el que las coordenadas ya no son un acuerdo generalizado sobre la forma de gobernarnos.

Las causas de esta deriva son muchas y complejas, y no es este libro el destinado a tratarlas en profundidad, pero hay algunas que sí tienen que ver con lo que toca reflexionar en este capítulo. Por un lado, la propia idealización del concepto y su perenne presencia nos ha llevado a darlo por sentado y, al tiempo, a alejarnos de su verdadero significado. Por otro, la forma de operar del modelo económico capitalista que hemos considerado intrínseco a la idea moderna de democracia ha generado procesos de individualismo y desconexión social.

Mientras, a pesar de que han crecido y mejorado las herramientas por las que podíamos hacerlo, nuestra participación en el poder del pueblo se ha ido reduciendo al voto cuando toca y a la expresión de opiniones en el bar y en las cenas familiares primero y, luego, en redes y plataformas de mensajería. La democracia siempre ha sido un contenido que ha contribuido a la competición de los medios de comunicación por ganar la atención de la gente, pero últimamente es un contenido muy útil para segmentar audiencias y mantenernos atrapados en esos bucles de los que he escrito antes.

Concebimos la democracia representativa como una delegación de la participación, pero quizá no la pensamos nunca como el circo en que se ha acabado convirtiendo. Un espectáculo en el que, por el exceso de competencia entre los emisores de contenidos, el exabrupto más disparatado tiene mayores posibilidades de convencer. Aparte de lo peligroso que es por los derroteros a los que nos lleva, el panorama es bastante esperpéntico y nos retrata como una sociedad tendente a la estupidez.

Si conectar es conveniente para la salud individual y colectiva, participar es un camino para esa conexión, pero también para retomar el control del rumbo perdido. Y son las ciudades donde mejor pueden funcionar los procesos de recuperación de la participación real; por su condición de hogar de buena parte de nosotros y por ser el lugar donde suceden —y podemos hacer que sucedan— las cosas cercanas que nos afectan.

De hecho, es en las ciudades donde, desde hace muchos años, se están probando distintas formas de participación. Porto Alegre, en Brasil, fue pionera en 1989 en articular unos presupuestos participativos que permiten a los vecinos decidir parte de la asignación anual. Hoy, gracias a la facilidad que aporta la tecnología, son miles las urbes en el mundo que replican de muy desiguales maneras esa experiencia, entre ellas, Barcelona, Madrid, Lisboa, París, Ciudad de México, Nueva York, Seúl...

Hay, también, consejos y asambleas ciudadanas en las que vecinos, elegidos normalmente por sorteo, reflexionan sobre temas específicos a través de procesos deliberativos. Ocurre en Lisboa, en Bruselas, en Milán, en Bogotá...[9] Hay procesos participativos en los que se proponen y deciden muchísimas de las actuaciones urbanas que se realizan en ciudades. Hay muchas empresas especializadas que trabajan a partir del diagnóstico y la creación colaborativa de los vecinos implicados y licitaciones públicas que exigen que así sea. Hay un Observatorio Internacional de la Democracia Participativa (OIDP), que funciona como una «una red internacional abierta a todas las ciudades, organizaciones y centros de investigación con interés en conocer, intercambiar y aplicar experiencias sobre democracia participativa en el ámbito local».[10] Este observatorio, por cierto, sirve como herramienta de consulta de CGLU (Ciudades y Gobiernos Locales Unidos), una enorme y necesaria organización que promueve el multilateralismo local en la que participan más de doscientas mil urbes de todo el mundo.[11] Y hay, incluso, una Declaración de Leipzig impulsada por Eurocities —plataforma de grandes ciudades europeas para intercambiar experiencias e ideas— que estimula a los gobiernos locales, a los centrales y a la sociedad civil en esforzarse por profundizar en formas democráticas más participativas.[12]

Hay todo ese montón de iniciativas y muchas otras, y, sin embargo, uno tiene la sensación de que son más poderosas las fuerzas que nos separan que las que nos juntan, y cada vez nos estamos segmentando más y alejándonos de la propia esencia de lo que es una ciudad, una comunidad de distintos. Por eso creo que pensar sobre modos innovadores de conectar y participar de verdad es imprescindible para recuperar la ciudad. Y, por eso, considero conveniente pararse un momento a echar un vistazo al pasado para dejar una pregunta abierta al futuro.

Mucho antes de la llegada de internet, en las ciudades ya existían formatos de participación. En el Renacimiento, en la Edad Media, en Roma, en Grecia. Comunas, consejos vecinales, asambleas gremiales. En Atenas, los ciudadanos —o sea, solo los hombres libres— eran miembros de la Ekklesia, la asamblea de la polis. Esa responsabilidad suponía reunirse para tomar decisiones y también implicaba asegurarse de que sus decisiones fueran ejecutadas debidamente. Como explica Lewis Mumford citando al historiador inglés William Warde Fowler, «tareas que hoy son desempeñadas por jefes de departamento, secretarios permanentes, inspectores y magistrados, eran desempeñadas por el ateniense común, de forma rotatoria y en secciones de cincuenta».[13] Un sistema de organización y participación que fue replicado en la Florencia prerrenacentista.

Siendo consciente de que esas ciudades eran muy distintas en tamaño y complejidad a las actuales, la cuestión con la que quiero cerrar el capítulo es la siguiente: ahora que, debido al resurgir del ardor guerrero y las tensiones geopolíticas, se vuelve a la idea del servicio militar voluntario u obligatorio, ¿no sería momento de plantear también un servicio civil a través del cual asumiésemos responsabilidades tanto en la toma de decisiones de las cosas urbanas como en su vigilancia y gestión? (Si alguna vez lee esto una de esas personas que considera que la ciudad de los quince minutos es una imposición del nuevo orden mundial para que no salgamos de casa, me encantaría ver su cara de indignación).

Reconocer, incluir y cuidar

Los maluros coronados son pájaros con el cuerpo blanco y pequeño como una pelota de pimpón, una preciosa cola azul que se asemeja a un abanico cerrado y la cresta —la corona— morada en los machos y gris en las hembras. No son aves fáciles de ver, sobre todo porque viven en el norte de Australia, en una zona inhóspita en la que 40 °C puede ser la temperatura de un buen día. Conozco a estos simpáticos pajaritos a través del libro *Esa cosa con plumas*, de Noah Strycker.[1] Gracias a él, me entero de que practican la crianza cooperativa. Cuando las parejas tienen nuevas crías, no solo los padres y los hermanos mayores se ocupan de su alimentación, también los vecinos se ofrecen a cuidar de los polluelos.

La crianza compartida está documentada en alrededor de un 3 por ciento de los mamíferos y un 9 por ciento de los pájaros. Primates como los titís, las suricatas, las mangostas rayadas, algunos cuervos y los pájaros carpinteros son ejemplos de especies que colaboran en esta tarea. Tanto en el libro de Strycker como en otras referencias, cuando se describe este comportamiento se busca inmediatamente una explicación que dé respuesta a cuestiones sobre causas, costes y beneficios. Es una de nuestras manías, tratar de entender todo a través de un filtro tiene mucho de mercantil.

Strycker narra la observación de un nido en el que trabajan cuatro aves adultas, una pareja —los padres de las crías— y dos más jóvenes. Las cuatro participan por igual en la tarea de llevar insectos a los polluelos. No solo colaboran en eso. También se unen cuando aparece un intruso y lo rechazan juntos a gritos o se acicalan el plumaje unos a otros sin importar el parentesco. El ornitólogo da muchísimas vueltas a las razones de ese comportamiento. Incluso acude al dilema del prisionero de la teoría de juegos, en el que dos presos, encerrados por separado, deben decidir si callan y no delatan al otro o se traicionan. Tras sumergirse en este problema —que plantea las ventajas del comportamiento cooperativo frente al egoísta, y viceversa— y en las distintas soluciones que se le han venido dando, se sale por fin de lo cuantificable y acude a algo más intangible pero muy fácil de entender: «Si bien es difícil evaluar los beneficios, la vida en grupo debe retribuir cierto nivel de satisfacción para cada uno de los miembros, un sentido de pertenencia, un propósito».

Conocer el comportamiento de esos pajaritos australianos me ha hecho recordar la lectura de *Apegos feroces* de Vivian Gornick, el libro en que la escritora narra los paseos con su madre por las calles de Nueva York y aprovecha para reflexionar sobre cómo la forma en que nos criamos configura nuestra manera de ser.[2] Rememora en el texto su infancia en unos edificios de clase trabajadora del Bronx. Vivian y sus padres residían en su propio apartamento, pero la lectura de ese periodo de su existencia deja la sensación de que la pequeña Gornick creció en un hogar mucho más amplio, revoloteando por los pisos, escaleras y calles vecinas, cuidada por otras mujeres que no eran su madre aunque se comportaban como tal.

> Viví en aquel bloque de pisos entre los seis y los veintiún años. En total había veinte apartamentos, cuatro por planta, y lo único que recuerdo es un edificio lleno de mujeres [...]. Y yo —la niña que crecía entre todas ellas, formándose a su imagen y semejanza— me empapaba de ellas como de cloroformo impregnado en un paño apretado contra mi cara. He tardado treinta años en entender cuánto entendí de ellas.

Las ciudades han cambiado mucho desde que Vivian Gornick fue niña, pero eso, de otra manera, sigue ocurriendo. Los humanos hemos llegado hasta aquí, entre otras cosas, por la crianza cooperativa. Esta forma de cuidarnos unos a otros ha sido habitual desde que nos dedicábamos a la caza y la recolección hasta ahora. Lo que ocurre es que, en nuestra especie, se ha venido dando un proceso de delegación de los cuidados que ha sido paralelo a lo que llamamos progreso.

Hoy colaboran en la crianza los hospitales, las guarderías, los abuelos y, también, otras madres que cuidan de los nuestros. Me refiero a todas esas mujeres, mayoritariamente migrantes, que hacen de niñeras a cambio de una recompensa —normalmente baja y muchas veces en dinero negro— que no suele cubrir el esfuerzo y el cariño que dedican a niños que no son suyos y que les sirve para criar a los que sí, ya los tengan con ellas o también delegados en su lugar de origen. Tendemos a dar por sentadas todas estas cosas —los hospitales, las guarderías, las niñeras, incluso los abuelos— y no les damos la importancia que tienen. Pero, sin ellas, ni la economía ni las ciudades podrían ir al ritmo que van.

Aunque llevamos toda la vida dependiendo de estas labores, no ha sido hace mucho que se ha empezado a reflexionar sobre ellas y se les ha puesto nombre. Llamamos cuidados a las actividades, relaciones y procesos que se dedican a sostener la vida y asegurar el bienestar físico, emocional y social de las personas, a lo largo de todo su ciclo vital. La crianza, cooperativa o no, es cuidado. Como también lo son las tareas relacionadas con la alimentación, la higiene, la salud, el acompañamiento o la escucha. Si no hemos reflexionado mucho sobre estas labores es porque, como decía antes, las hemos dado por hechas. Y ha sido así porque, en la mayoría de los casos, las hacían aquellas personas sin habitación propia. Las mujeres se han dedicado históricamente al cuidado de las familias, los hogares y, por tanto, de la sociedad. El mundo y su desarrollo ha dependido en buena parte de ello, pero no lo ha valorado. Un mundo y un desarrollo que han decidido, básicamente, hombres privilegiados y orgullosos de su independencia y autonomía que no han tenido en cuenta todo lo que había detrás para sostenerlos. A las mujeres, pero no solo.

Fue en los setenta del siglo pasado cuando la segunda ola del movimiento feminista se propuso visibilizar los cuidados, sacarlos de la obligación y el escondite de lo doméstico y atribuirles un valor económico que la semántica capitalista fuese capaz de entender. En el 72, Silvia Federici, Mariarosa Dalla Costa, Brigitte Galtier y Selma James impulsaron la campaña Wages for Housework para exigir salarios para las labores domésticas.[3]

Hablar de los cuidados como un trabajo fue un primer paso que siguieron, una década después, economistas como Nancy Folbre y Diane Elson, que ampliaron el concepto más allá de lo doméstico y mostraron que es una infraestructura esencial de la economía y no un asunto privado secundario. Nació la economía de los cuidados, que estudia el valor, la organización, la distribución y el impacto de estas actividades, tanto remuneradas como no remuneradas. Abarca tareas que se realizan en el hogar, pero también en los ámbitos de la educación, la sanidad y los equipamientos y políticas públicas.

El concepto de cuidados ha acabado llegando al terreno de la reflexión y el activismo urbanos. Lo ha hecho muy ligado al urbanismo feminista, que se propone revertir la dinámica del diseño del espacio y la organización de la ciudad que, como hemos visto unos capítulos atrás, hasta ahora ha sido pensado y decidido exclusivamente desde el punto de vista del señor ilustre. «Frente a esto, el urbanismo feminista propone poner la vida de las personas en el centro de las decisiones urbanas», dice el Col·lectiu Punt 6, una cooperativa barcelonesa pionera en este ámbito.[4] Es importante aclarar que, cuando este autodenominado urbanismo feminista plantea «poner la vida de las personas en el centro», se refiere a todo tipo de vidas y todo tipo de personas, sin importar el género, la raza, la edad, la clase ni las condiciones físicas y mentales.

Hay, por tanto, en su nombre una limitación narrativa que genera confusión y, por eso, quizá sería buena idea repensarlo. Dicho lo cual, me salgo ya mismo del jardín en el que me acabo de meter y sigo con el capítulo.

Existen casi tantas perspectivas sobre la ciudad como personas habitan en ella, pero la planificación, la ordenación y la gestión la suelen acaparar unas pocas que están en el lado bueno del privilegio. La madre soltera con un empleo de jornada partida, la anciana que vive sola, la asistenta que trabaja en varias casas, el migrante que hace chapuzas a domicilio, el hombre o la mujer con discapacidad que se mueve en silla de ruedas, todas esas personas y muchísimas más hacen cada día un esfuerzo por adaptarse a unas condiciones espaciales y funcionales planteadas sin contar con su experiencia ni, casi, su existencia, sin reconocerlas, sin incluirlas, sin cuidarlas.

El verbo «cuidar» tiene al menos dos significados tan importantes como bonitos. «Cuidar» es «asistir, guardar, conservar». También es poner «atención y solicitud en la ejecución de algo».[5] Ocurre igual con la palabra inglesa —*care*— o la francesa —*soin*—. Cuidar lleva implícito ver eso que hay que cuidar, reconocerlo. Y debería conllevar, aunque hasta ahora no siempre ha sido así, una reciprocidad en el reconocimiento y en el propio cuidado.

Decía antes que la crianza cooperativa es una de las razones por las que la humanidad está aún presente en el mundo. Otra es la cooperación en general. Somos una especie particularmente dependiente y muy vulnerable, especialmente como crías. Desde que nacemos hasta mucho tiempo después necesitamos atención y protección para poder desarrollarnos física y cognitivamente. Les pasa a otras especies de las consideradas más inteligentes: los grandes simios, los elefantes, los delfines, los cuervos... Nuestros cerebros siguen desarrollándose tiempo después de haber nacido, requieren para ello una gran cantidad de energía que toman del avance de otras funciones, como el crecimiento o la coordinación. Esta necesidad prolongada de cuidados fomenta el establecimiento de fuertes lazos sociales y un sentido de pertenencia a estructuras grupales como familias, clanes o sociedades.

Da igual quién seamos cada uno de nosotros, somos como y lo que somos porque nos relacionamos y dependemos de todos y todo lo que nos rodea —personas, animales, plantas, cosas, entorno—. Existimos porque vivimos en un estado de permanente colaboración e intercambio, desde nuestra respiración —«lo que llamamos respiración no es más que la agricultura de la atmósfera», insisto con esto de Emanuele Coccia—[6] hasta la más complicada de las negociaciones políticas. Quienes se olvidan de esto, *youtubers*, neoliberales de motosierra y ciudadanos cabreados con el mundo, se están olvidando de ser humanos, incluso de ser a secas.

Somos interdependientes y cualquier proceso transformador empieza por darse cuenta de ello. Así lo explica *El manifiesto de los cuidados* firmado por un grupo londinense llamado The Care Collective:

> Solo una vez hayamos reconocido los retos de nuestra dependencia compartida, junto con nuestras profundas diferencias, podremos valorar plenamente las habilidades y recursos necesarios para promover las capacidades de todos, cualesquiera que sean nuestras necesidades singulares, ya sea como cuidadores o como cuidados, teniendo en cuenta la reciprocidad de estas posiciones. Reconocer nuestras necesidades tanto de dar como de recibir cuidado no solo nos brinda un sentido de nuestra humanidad común, sino que nos permite confrontar nuestros temores compartidos ante la fragilidad humana, en lugar de proyectarlos sobre aquellos a quienes etiquetamos como «dependientes».[7]

Reconocer nuestra interdependencia es reconocer al otro, darle una presencia, otorgarle una entidad, empezar a comprender su vida y sus necesidades. En este sentido, hay una experiencia muy interesante salida de la ecología profunda. The Council of All Beings (la asamblea de todos los seres) es un ritual, creado en los ochenta del siglo pasado por los ambientalistas y activistas John Seed y Joanna Macy, que consiste en reunirse un grupo de personas, elegir cada una otra forma de existencia —un animal, una planta, un arroyo...—, crear máscaras o complementos para acercarse a ese rol y establecer un diálogo a partir de esos puntos de vista.[8]

Este ejercicio se ha reproducido años después de su concepción en el Ayuntamiento de la ciudad inglesa de Southampton durante la primera Junta de Democracia Interespecies.[9] En pleno 2025, con el mundo ocupado en guerras y negociaciones arancelarias, un montón de vecinos de la localidad decidieron que lo verdaderamente importante era juntarse, disfrazarse de flor, de mariposa, de ratón y de otras formas de ser y sentarse a debatir sobre la vida o, mejor, las vidas, pero realizando un esfuerzo por comprenderlas de verdad, por empatizar con ellas.

Algo así deberíamos hacer también para reconocer y entender las existencias y necesidades de los otros humanos con los que compartimos sociedad. Con la ventaja, en este caso, de que no tenemos que jugar a hablar en su nombre, sino que podemos darles voz. ¿Y si en el salón de plenos del Ayuntamiento de Southampton, de cualquier ayuntamiento, se sientan la madre soltera con un empleo de jornada partida, la anciana que vive sola, la asistenta que trabaja en varias casas, el migrante que hace chapuzas a domicilio, el hombre con discapacidad que se mueve en silla de ruedas y tanta otra gente que se tiene que adaptar a una ciudad que no cuenta con ella porque no la reconoce? ¿Y si, una vez reconocemos a esas personas y a esas vidas, las incluimos de verdad en la toma de decisiones para que la ciudad esté realmente hecha por y para todos?

Recuperar la ciudad requiere reconocer, incluir y cuidar a todas las existencias que la conforman. Volviendo al libro de las aves con el que ha comenzado este capítulo, lo que hace su autor a partir de la observación de la crianza de los maluros coronados es reflexionar sobre todo esto. «Las sociedades complejas no pueden funcionar sin la cooperación», escribe Noah Strycker. Y cita al matemático y biólogo Martin A. Nowak, que sostiene que la cooperación tendría que considerarse un tercer principio de la evolución, junto con la mutación y la selección natural.[10] Una cooperación que debería ser con las vidas presentes, pero también con las pasadas y las futuras: «Todos nosotros jugamos un gran juego estratégico en contra de nuestros descendientes, por lo que más vale comenzar a cooperar con ellos si queremos dejarles un mundo sano para habitar».

Al final, sí hay un beneficio tangible detrás del comportamiento cooperativo, uno que tendría que ser bastante comprensible también desde la mentalidad mercantil y financiera: la supervivencia. Una sociedad, como una cadena, es tan fuerte como sus eslabones más débiles. Para hacerla verdaderamente consistente, hay que contar con esos eslabones y construirla a partir de ellos. Si los desechamos, ya no es una cadena ni una sociedad. Son grupos e individuos separados y, por eso, menos fuertes. Reconocer, incluir y cuidar esos eslabones es hacer la cadena sólida y cohesionada, crear un sentido de pertenencia entre sus miembros que alimenta el verdadero éxito, el auténtico poder.

Aparte de esa explicación práctica sobre por qué fomentar el reconocimiento, la inclusión y los cuidados, hay otra ontológica, de pura coherencia personal y social. Somos así. Como los pajaritos que observa Noah Strycker: «Su comportamiento altruista parece reflejar tanto un código general de vida como un imperativo evolutivo, los maluros coronados se comportan con generosidad porque ése es el tipo de ave que son, y así todo funciona correctamente».

Por eso tiene tantísimo sentido lo que escribió hace más de sesenta años Lewis Mumford (aunque, porque lo hizo hace más de sesenta años, haya que entender que donde dice «hombres» quiso decir «personas» o incluso «vida»). Este capítulo acaba con sus palabras: «Debemos devolver a la ciudad las funciones maternales y protectoras de la vida, las actividades autónomas y las asociaciones simbióticas que desde hace largo tiempo han quedado descuidadas o suprimidas. Pues la ciudad debe ser un órgano de amor, y la mejor economía de las ciudades consiste en el cultivo de los hombres».[11]

Ser valientes

¿Y si Donald Trump fuese un ejemplo a seguir? El misógino que habla de «agarrar del coño» a las mujeres, el político que ve con buenos ojos a los grupúsculos violentos que le apoyan y difunde bulos racistas que incitan al odio, el marido que oculta relaciones adúlteras pagando un montón de dólares en acuerdos de confidencialidad, el señor que se ríe de la discapacidad de alguien a quien quiere ridiculizar. El presidente que negocia a través de amenazas, el que alienta golpes de Estado en su país y en otros, el que toma medidas poco democráticas para ganar poder, el que beneficia a sus empresas y las de sus amigos mientras está en el cargo. La lista de actos y palabras que perfilan a Trump entre un ser despreciable y un tirano es enorme, pero algo hay que reconocerle como cargo electo: su acción política no se frena por las posibles opiniones en contra, sino, al contrario, se alimenta de ellas.

Como si estuviese inspirado por la frase preferida de su enemigo y luego amigo Mark Zuckerberg, Trump es de los de moverse rápido y romper cosas. Por ejemplo, durante su primer mandato se impuso a sí mismo una serie de medidas que debía tomar el primer día, un conjunto de más de veinte asuntos al que puso un nombre altisonante de los que tanto gusta: «Contrato con el votante americano» («Contract With the American Voter»).[1] No cumplió buena parte de las promesas —muchas eran tan etéreas o imposibles de llevar a cabo en una jornada como «defender a los no natos» o «arreglar el Departamento de Asuntos de los Veteranos»——, pero algunas de las que sí llevó adelante sorprendieron incluso a muchos de sus electores, que confesaron no creerle capaz de llegar tan lejos.

En su segunda legislatura, ha perfeccionado esta suerte de Gobierno *blitzkrieg*, un ataque normativo veloz y sorpresa por tierra, mar y aire. El presidente estadounidense puede presumir de su capacidad para controlar el relato y generar noticias de portada y, además, de su productividad: durante los primeros cien días en el cargo, firmó unas ciento cuarenta órdenes ejecutivas, cien más que Joe Biden en el mismo periodo y tres veces más que él mismo en su primera presidencia. Más, en cualquier caso, que ningún antecesor. Unas eran detalles con mucho simbolismo —prohibir las pajitas de papel en edificios federales—; otras, un cambio en el orden mundial —la subida de los aranceles—, y unas cuantas, ataques a los derechos humanos —la encarcelación de los inmigrantes capturados en el gulag salvadoreño, por ejemplo—. Nunca en esos cien días logró un presidente de Estados Unidos una aprobación tan baja. Bueno, sí, él mismo en su anterior etapa de gobierno.[2] En ningún momento pareció importarle.

Si estoy indicando que Trump puede ser un modelo, no es porque crea correctas sus políticas ni sus formas. Ni siquiera por el cumplimiento de sus promesas, menor[3] que el de Obama[4] y Biden,[5] sino por su manera de entrar como un elefante en una cacharrería para cambiar las cosas.

Es verdad que siempre ha contado con ventajas para hacerlo. En primer lugar, a pesar de que habla de las élites en tercera persona, forma parte de ellas. Por muy garrulo que se muestre, se trata de un millonario hijo de millonario que siempre ha estado rodeado de amigos millonarios y, por tanto, sumergido en el líquido amniótico del poder. Para su última campaña electoral recaudó más de 1.400 millones de dólares,[6] menos que la de Biden/Harris pero muchísimo dinero y con donantes de postín como Elon Musk y otros magnates como la familia Adelson, Timothy Mellon y Jeff Yass.[7] Los ingresos para su Comité Inaugural en su toma de posesión sí batieron récords: 239 millones de dólares, cuatro veces más de lo que recolectó Biden cuatro años antes y con la participación generosa de las grandes corporaciones de Estados Unidos: las tecnológicas, pero también los bancos, fabricantes de automóviles, gigantes financieros, es decir, prácticamente todo el establishment de su país.[8] Y aquí hay otra ventaja que favorece su actuación: los cambios que promueve Trump benefician —o, al menos, no contrarían— al poder económico.

Sucede lo contrario con los cambios que yo creo que necesitamos para recuperar la ciudad. No están pensados por millonarios para aumentar sus beneficios y los de sus amigos; son acciones que parten del reconocimiento, la inclusión y la participación de todas las personas que habitan las urbes y que pretenden reducir la desigualdad, reconectarnos con el entorno y devolver la posibilidad de habitarlas en comunidad aspirando a la justicia social. No parece que sea en lo que están planificando en este momento desde los consejos directivos de Blackstone, JP Morgan, Meta, Open AI o ExxonMobil.

Los seguidores de Trump y de sus franquicias aseguran que los objetivos que acabo de expresar guiaban el mundo hasta su advenimiento, un mandato decidido por élites en la sombra y con intención de imponer una dictadura climática. Esta mentira es exitosa porque parte de una media verdad: durante años, tanto los organismos multilaterales, como muchas administraciones, empresas y organizaciones, han repetido machaconamente un discurso de transformación en torno al desarrollo sostenible y los compromisos sociales —que se plasma en la Agenda 2030, pero no exclusivamente—. El problema es que, más allá del discurso, casi nadie ha hecho gran cosa por cambiar nada.

Desde hace décadas, el marco de las políticas autodenominadas progresistas se ha ido centrando en necesarias defensas de derechos civiles y políticas de inclusión mientras obviaba las grandes batallas sociales y, por tanto, económicas. Es decir, en el paso de los noventa al nuevo siglo, justo cuando se empezaban a comprobar las desigualdades que estaban provocando la globalización y el neoliberalismo, el poder político que debería haber luchado por reducir los daños abrazaba ese orden mundial y se adaptaba así a las necesidades del poder económico que, a cambio, tan solo tenía que subrayar en negrita conceptos como diversidad, respeto y sostenibilidad en sus informes de responsabilidad social corporativa.

El ambiente de frustración y rabia que ha llevado a muchos sectores de población de territorios de todo el planeta a agarrarse a promesas nostálgicas y elegir la opción que grita más alto y dice cosas más fuertes es, en buena parte, culpa de esta omisión. Las clases trabajadoras y medias han visto como sus problemas y necesidades más profundas han pasado delante de los despachos de los partidos tradicionales sin que nadie haya hecho mucho más que regalar buenas intenciones al respecto. Es muy probable que algunas de las guerras culturales en las que estamos inmersos no existiesen o no fuesen tan divisivas si los gobiernos habituales, además de llevar adelante políticas pertinentes que sin duda nos han hecho avanzar en derechos y libertades, hubiesen sido valientes enfrentándose a retos sociales y económicos que estaban ya muy presentes.

Hay que volver a recordar que, antes del auge de los populismos reaccionarios, hubo un periodo en el que la radicalización de los votantes encontró un reflejo en nuevos partidos de izquierda, que crecieron enormemente e incluso gobernaron en ciudades, regiones y países. Syriza en Grecia, el Movimiento 5 Estrellas en Italia, Podemos en España y distintos movimientos municipalistas en todo el mundo. Algunos no demostraron valor suficiente para ir al meollo de la cuestión y los que se atrevieron, como Syriza, recibieron un correctivo desde instancias supranacionales.

Si Clinton, Blair, Hollande, Renzi, Schröder, Trudeau y Zapatero, por mencionar solo a los de herencia socialdemócrata, no pueden ser considerados gobernantes valientes que se enfrentaron al modelo imperante, lo mismo se puede decir de muchos de los alcaldes y alcaldesas coetáneos. Es durante este periodo de celebración de la globalización cuando las ciudades empezaron a vivir las transformaciones y los traumas que se narran en la primera parte de este libro.

Muchas de ellas han sido buscadas, como el afán por comportarse como una empresa, la búsqueda de atracción inversora y turística y la promoción de intereses privados por encima de los públicos. Y es verdad que, para quienes sí han querido separarse de la corriente dominante, han existido impedimentos y frenos derivados de la lentitud y complejidad burocrática o la falta de competencias y recursos, entre otros. En cualquier caso, el extrañamiento que sentimos con los lugares que considerábamos nuestro hogar —de los que, en muchos casos, nos hemos sentido expulsados— tiene uno de sus orígenes en una acción política que no ha peleado a fondo por defender la forma de vida comunitaria que veníamos llamando ciudad.

Y eso que durante estas décadas ha habido gobiernos locales nacidos de los movimientos municipalistas que he mencionado antes. En España se llamó ciudades del cambio a A Coruña, Barcelona, Cádiz, Madrid, Santiago, Valencia, Zaragoza y algunas otras. Han existido gobiernos similares en Grenoble, en Nápoles o incluso en Richmond, California. Los esfuerzos y resultados han sido desiguales, pero en bastantes casos queda la sensación de oportunidad perdida, de poco cambio.

Para no echar solo la culpa al árbitro, los ciudadanos debemos asumir que también hemos caído en el placer de sentirnos atractivos y nos ha gustado vernos reflejados en la mirada del otro, turista o inversor, nos han seducido los cantos de sirena del individualismo y nos hemos alejado de los asuntos públicos, limitando nuestra participación a clics y reenvíos de memes en redes sociales y, a veces, a meter un sobre en una urna. Convertidos en pequeñas marcas personales, rivalizamos unas contra otras dentro de una marca ciudad superior que, a su vez, está en liza con otras. De tanto competir, parafraseando a Johnny Hallyday, nos olvidamos de convivir.

Tal vez en el contexto actual de mercantilización y polarización incluso del lenguaje, palabras como «comunidad» y «convivencia» asociadas a la ciudad suenen cándidas. También puede ser lo contrario, que lo más revolucionario sea defender una claridad conceptual que nos reconcilia con la vida. Algo así expresa el filósofo alemán Markus Gabriel:

> Necesitamos volver a los conceptos más simples y, a la vez, más radicales y progresistas que son paz verdadera, amor, amistad y el bien. Es curioso cómo estas palabras, que hace no tanto se consideraban ingenuas, incluso anticuadas, hoy vuelven a adquirir un potencial profundamente subversivo. Hablar de amor, de paz, de amistad, de bondad, en serio, con convicción ética, es quizá el gesto más progresista que podamos hacer ahora.[9]

Hoy, ser buenista es ser valiente. Es ser y hacer todo lo contrario que Trump y sus imitadores. Sí, se puede. Ya se ha hecho antes.

Jaime Lerner fue alcalde de Curitiba en tres periodos y gobernador del estado de Paraná en otros dos. Su equipo y él son ejemplo de audacia, rapidez y efectividad. Sus dos primeros mandatos tuvieron lugar durante la dictadura militar en Brasil, con muy pocos recursos y en un contexto de crecimiento urbano que amenazaba con colapsar la ciudad. Al poco de llegar, peatonalizaron a toda velocidad —tardaron solo setenta y dos horas— una de las grandes arterias comerciales, la rua XV de Novembro. Crearon una Red Integrada de Transporte (RIT), algo novedoso en ciudades latinoamericanas, que conectaba todos los estratos de la urbe, y lanzaron el primer sistema BRT (*bus rapid transit*) del mundo, con carriles exclusivos y estaciones integradas, que ofrecía velocidad, fiabilidad y frecuencias de metro a coste de autobús y con una implementación mucho más rápida. Planificaron el crecimiento y la comunicación de Curitiba a partir de sus ejes fluviales, que convirtieron también en elementos identitarios a través de la creación, con la participación de distintos colectivos, de parques y zonas verdes —algunas de ellas inundables, una acción de renaturalización pionera—. Construyeron multitud de equipamientos educativos y culturales que llevaron a la ciudad a liderar los índices de alfabetización del país. Hicieron programas eficaces de intercambio de comida por basura y de reducción del consumo energético...[10]

Lo realizado en Curitiba inspiró a muchas otras ciudades latinoamericanas, especialmente a Bogotá, donde, durante los mandatos de Enrique Peñalosa y Antanas Mockus entre los noventa y los años dos mil, se replicaron algunas transformaciones —BRT, equipamientos culturales— y se iniciaron otras —una tupida red de infraestructura ciclista y un programa de ahorro de agua, por ejemplo—. De vuelta a Brasil, la democracia participativa de Porto Alegre ha sido y sigue siendo inspiración para gobiernos de todo el mundo, y ha llevado a importantes transformaciones sociales y a la extensión de los servicios públicos.

En Europa, ciudades como Ámsterdam y Copenhague, que hoy son ejemplo de la promoción y la eficiencia de la movilidad ciclista, tuvieron que luchar contra la oposición de partidos, colectivos y ciudadanos y del propio rumbo de la sociedad de consumo, que entonces estaba empezando a relacionar progreso con automóvil.

Más recientemente, durante los mandatos de Barcelona en Común, la Ciudad Condal redactó un Plan Estratégico de Turismo que, por primera vez, no trataba de fomentar el crecimiento del sector, sino de gestionar sus externalidades y priorizar los intereses de la ciudadanía. Dentro de él había una normativa —precursora junto a las de Ámsterdam y San Francisco— para ordenar y controlar la proliferación de viviendas de uso turístico. Esa misma ciudad y ese mismo equipo de gobierno redactaron un programa de vivienda en el que, entre otras cosas, existía la obligación de incluir un 30 por ciento de vivienda social en cualquier promoción dentro del municipio.

En Grenoble, gobernada por Éric Piolle y Los Verdes, se han llevado adelante políticas de sostenibilidad que incluyen empresas públicas de generación de energía renovable, tratamiento de aguas residuales para producir biogás que mueve los autobuses, acciones de renaturalización y recuperación de la biodiversidad, inversión en transporte público y movilidad activa, así como medidas de reducción del uso del coche, además de otras actuaciones de corte social y de gobernanza participativa.[11]

Para hacer todas estas cosas en todas estas ciudades —y en muchas otras que me he dejado sin mencionar— los gobernantes, pero también los ciudadanos, tuvieron que tirarse de cabeza al conflicto, ver qué pasaba allí abajo y decidir de qué manera salían de él. Supongo que con miedo, pero también con voluntad y convencimiento en la necesidad del cambio. Porque eludir el conflicto no significa evitarlo, sino hacerlo engordar.

Cualquier sistema, también el económico, político y social, tiende a buscar estabilidad y, haciéndolo, pospone y alimenta traumas. Desde la caída del bloque soviético, los poderes financieros han ido imponiendo sus criterios de actuación sin que haya habido nada ni nadie como contrapoder. Los desequilibrios se han ido agigantando y las crisis que han ido sucediéndose se han tapado con parches de papel. Uno diría que la crisis estructural y existencial en la que estamos parte de la profunda divergencia entre lo que esos poderes financieros consideran que es rentable y lo que es bueno para el resto.

Simplificándolo mucho para acabar en alto este capítulo, la disyuntiva es la siguiente: la bolsa o la vida. Quien tenga clara la respuesta, que sea valiente y coherente defendiendo su elección. Si la opción elegida es la b, no hay más remedio que rebelarse.

Rebelarse

La Unión del Barrio es una organización independiente dedicada «a la lucha por defender "la raza" que reside dentro de las fronteras políticas de los Estados Unidos».[1] Este grupo, creado en 1981 como heredero del movimiento chicano que surgió en los sesenta para reivindicar la identidad mexicana y luchar contra la discriminación, tiene un programa bien revolucionario —antirracista, anticolonialista y anticapitalista— que no necesariamente conocen ni comparten todas aquellas personas que, en los últimos tiempos, se relacionan con él. Porque la Unión del Barrio es uno de los colectivos, canales y herramientas que se utilizan como respuesta a las redadas contra inmigrantes decretadas por el presidente Donald Trump a través del Servicio de Inmigración y Control de Aduanas (ICE, por sus siglas en inglés).

Parte de la ciudadanía de Estados Unidos se ha organizado para protegerse a través de grupos especialmente activos y numerosos en ciudades de California, pero existentes por todo el país. Estos colectivos, en los que hay muchísima gente no migrante y que, por tanto, no está amenazada de forma directa por las expulsiones, actúan de múltiples maneras. Hay activistas que esperan a las puertas de las sedes del ICE para vigilar los movimientos de su personal y avisar de la posible localización de las redadas. Otros fotografían a los agentes y vehículos que operan sin identificación. Hay quienes ofrecen información y apoyo legal en materia de derechos. Por supuesto, miles de personas se reúnen en protestas, vigilias y otras formas pacíficas de manifestación. Incluso existen programadores que crean aplicaciones como IceBlock, que sirven para localizar y evitar los puntos de persecución en tiempo real.[2]

Como demostró la muerte de Renée Good en Minneapolis, todos se juegan el pellejo en un país y, sobre todo, en un momento en que son muchos los gobiernos que están talando el bosque que frena el camino al autoritarismo. Aunque las acciones de la Unión del Barrio, Harbor Area Peace Patrol, Community Self-Defense Coalition y otros grupos están protegidas por la primera enmienda, saben que pueden costarles muy caras. Los activistas lo asumen porque, más allá de las posiciones ideológicas de cada cual, están defendiendo valores sociales fundamentales, valores que, tras todas las páginas escritas y leídas de este libro, podemos decir que hacen ciudad.

Por eso también se puede manifestar lo siguiente: Trump y todos los que actúan como él están en guerra contra la ciudad. Puede que no tengan nada contra las urbes concebidas como minas de las que extraer recursos, pero sin duda están atacando esa forma de encuentro entre distintos que conforma comunidades diversas, abiertas y complejas. Lo de la guerra no es retórica, es la descripción literal de lo que supone, por ejemplo, el envío de tropas de la Guardia Nacional a urbes estadounidenses. En esta ofensiva coercitiva hay una actitud manifiesta de anular poderes locales y derechos ciudadanos a partir de los típicos argumentos históricamente utilizados para estos fines: la seguridad, la invasión extranjera o la protección de la identidad y los valores tradicionales.

Como ocurrió más o menos cien años antes, las sociedades de todo el mundo están siendo agitadas por una corriente movida por la ira y la pérdida de expectativas que está llevando al poder a caudillos para los que la complejidad y la diversidad no son condiciones o virtudes, sino problemas que eliminar. A diferencia de lo ocurrido hace un siglo, el viento de radicalización está pegando igual de fuerte por todas partes impulsado por los mecanismos algorítmicos. Además, la principal oposición a este vendaval está ejercida desde un constante —y erróneo, por lo que se ve— cálculo electoral y, sobre todo, de forma timorata; esa ingenua manera de pretender que algunas cosas cambien sin molestar a los poderes económicos que ha definido la acción política —también la presuntamente de izquierdas— de las últimas décadas. En este contexto, todo lo que no es rebelión es una forma de sumisión.

Rebelarse es resistir, responder, defenderse. Para rebelarse no hace falta querer cambiar las cosas, basta con negarse a que te las cambien por imposición. Rebelarse, como apuntaba Albert Camus, es decir no y al mismo tiempo decir sí, poner límites para proteger algo que merece la pena ser cuidado. «¿Por qué rebelarse si no hay, en uno, nada permanente que preservar?», escribió.[3] Lo permanente que ha de preservarse es, en este caso, un sentido del nosotros no excluyente. Por eso rebelarse es recuperar la ciudad.

Rebeldes son los ciudadanos que luchan contra las redadas del ICE, pero también las administraciones que se negaron a colaborar con ese departamento durante el primer mandato de Trump y convirtieron así lugares como Nueva York, Los Ángeles, San Francisco, Chicago o Denver en ciudades santuario. Rebeldes son los miles de personas que asistieron a la marcha del Orgullo en Budapest en 2025 en contra de una ley nacional que lo impedía, igual que Gergely Szilveszter Karácsony, el alcalde de esta capital, investigado judicialmente por permitirla y fomentarla. Rebeldes son los vecinos de Berlín que se organizaron para impulsar un referéndum en 2021 sobre la posibilidad de expropiar a empresas con tres mil viviendas o más y los políticos que, desde entonces, están trabajando para que esa decisión no vinculante —el 57,6 por ciento votó sí— lo acabe siendo.

Estos ejemplos demuestran que la rebeldía no es solo una facultad ciudadana, sino que puede ser ejercida desde los poderes locales en situaciones y momentos en los que incumplir las normas es la mejor forma de ejercer la justicia. Y permiten imaginar la posibilidad de una barricada urbana que frene el temporal auto-

ritario e incluso los impactos provocados por la turbina turbocapitalista en nuestras urbes.

Imaginemos, pues.

Hablemos de atracción. En multitud de urbes y territorios
de España y Europa ha habido y hay frecuentes y a veces masivas
protestas contra las consecuencias del modelo turístico. Vecinos
que manifiestan de distintas formas su rechazo y que, en muchos casos, no obtienen comprensión por parte de las administraciones, sino todo lo contrario. Se les acusa de querer frenar el
progreso y el desarrollo económico —¡neoluditas!—, de no entender cómo funcionan los mecanismos de la economía y hasta de
xenófobos.

Como hemos ido viendo en este libro, la tendencia de la mayor parte de las administraciones regionales y locales es dejarse
llevar por los cantos de sirena de la atracción que prometen una
prosperidad eterna. Pero, puesto que, tal y como está planteado el
modelo, esa prosperidad se aleja de forma inversamente proporcional a la llegada de inversores y visitantes, los gobiernos locales
podrían probar a salirse de la corriente y hacer algo distinto. Por
ejemplo, reducir los esfuerzos por ser sexis, probar gestiones que
no estén basadas en convertir la ciudad en un producto y concentrar su labor en el aumento del bienestar de los vecinos. Para ello
quizá habría que dedicarse de verdad a eliminar la oferta ilegal de
viviendas de uso turístico, reducir la legalizada y limitar la apertura de nuevos hoteles. O replantearse la estrategia de marca y la
inversión en eventos y campañas considerados promocionales y
reconducir esos presupuestos a consolidar otros modelos productivos, los programas de cohesión social y actividades que fomen-
ten el desarrollo de la cultura y el deporte de base.

Hablemos, de nuevo, de vivienda. Ya han sido mencionadas
en este libro las huelgas de inquilinos, esa forma histórica de protesta ante lo que también es una manera recurrente de operar por
parte de los poderes económicos en las ciudades: ahogar a los vecinos a través de los alquileres. Aunque a muchos les puedan pare-

cer acciones lejanas, casi mitológicas, han existido y existen y, en ocasiones, funcionan.

En Buenos Aires, en 1907, miles de familias, movilizadas por militantes anarquistas y con mujeres al frente, dejaron de pagar los alquileres por las malas condiciones de las viviendas y las abusivas subidas. La huelga se extendió rápidamente por los barrios populares y terminó tras una represión brutal, pero abrió una nueva etapa de asociación vecinal en la ciudad.[4]

En Glasgow, en 1915, fueron también las mujeres las que se organizaron a través de Glasgow Women's Housing Association y encabezaron un movimiento de resistencia frente a los caseros que quisieron aprovechar la Primera Guerra Mundial para encarecer la vivienda. Más de veinte mil personas se sumaron a esta huelga que logró, por primera vez, que el Gobierno británico interviniese para controlar los alquileres privados.

En ese mismo país, a principios de los setenta del siglo pasado, se formó la Asociación de Inquilinos de la Universidad de Sussex, que lideró una movilización contra las malas condiciones y los incrementos de precio de los alojamientos para estudiantes. Un 77 por ciento de los universitarios dejó de pagar rentas, se llevó a cabo una negociación que consiguió reducir esos aumentos y el movimiento se extendió por otras universidades. En 2015 se inició la campaña «Cut The Rent» en la University College de Londres (UCL), que llegó a involucrar a unos mil estudiantes y logró, tras un par de años de pelea, un compromiso para destinar 850.000 libras a becas de alojamiento que, tras más protestas, aumentó un 50 por ciento.

En Toronto, en 2017, más de trescientos inquilinos de varios edificios del barrio de Parkdale organizaron una huelga de alquileres y distintas movilizaciones contra la empresa propietaria, MetCap. Tras meses de lucha, consiguieron mejoras en el mantenimiento de los inmuebles y una reducción muy significativa de sus arrendamientos.[5]

¿Qué pueden hacer los gobiernos locales y regionales ante este problema que probablemente sea el más acuciante de nuestras

ciudades y en el que no se atisba ninguna luz al final del túnel?
Aunque las situaciones, contextos y normativas son diversas, en
este caso se puede generalizar y decir: más.

En muchas ciudades de todo el mundo —Berlín y París, entre
otras— se están poniendo límites a los alquileres y en algunas,
como Ámsterdam, se impide comprar vivienda a los extranjeros
que no residan en ella al menos cuatro años. Muchas administraciones están buscando la manera de incrementar la inversión en
vivienda pública y casi todas están expresando su profunda preocupación. Pero los precios no dejan de subir.

En España existe la Ley 12/2023, de 24 de mayo, que permite
a los municipios calificar sus territorios como zonas tensionadas
y asumir la potestad de imponer límites a los precios de alquiler y
otras medidas. Por muy imperfecta que pueda ser la norma, no
deja de ser sintomático que cuando escribo esto, año y pico después de su aprobación, solo 301 localidades de cuatro comunidades autónomas hayan solicitado ser zonas tensionadas. Es decir,
poco más de ocho de los 48 millones de españoles pueden decir
que sus gobiernos locales están haciendo todo lo legalmente posible por contener la crisis.[6]

El panorama en este tema es desolador. El incremento de los
precios de la vivienda está abriendo un agujero gigante en nuestras sociedades, y los gobernantes y políticos que expresan su
preocupación al respecto, que ni siquiera son todos, no logran
taparlo ni un poco. Detrás de todos los titulares, las declaraciones
de intenciones, los debates, los foros e incluso las leyes, no asoma
el fin del problema. La sensación es que los intereses de los poderes económicos están por encima de las capacidades y volunta-
des de los poderes políticos y que nadie se atreve a salirse de los
márgenes impuestos, a rebelarse. Por supuesto, ni hablar de la idea
de desmercantilización que promueven los sindicatos de inquilinos y autores como David Madden, Peter Marcuse, Raquel
Rolnik o Saskia Sassen. Eso sería radical y revolucionario, palabras mayores.

En 2011 tuvimos la sensación de que el mundo podía cambiar. Incluso llegamos a creer que lo estaba haciendo. Ese año casi revolucionario empezó el 17 de diciembre de 2010, cuando un vendedor ambulante llamado Mohamed Bouazizi se quemó a lo bonzo en la ciudad tunecina de Sidi Bouzid en protesta por una intervención policial que le había confiscado su puesto callejero y conducido a la miseria. Su acción activó el malestar de centenares de miles de compatriotas que, motivados por la crisis permanente, la corrupción galopante y el autoritarismo reinante, salieron a la calle y llenaron las plazas de distintas ciudades de Túnez. Bouazizi murió el 4 de enero y no llegó a ver cómo, diez días después, el presidente Ben Alí dejaba el cargo tras más de veinte años en el poder.

La llamada Primavera Árabe se extendió por Egipto, Argelia, Yemen, Jordania, Baréin, Libia, Siria, Marruecos, Omán e incluso Kuwait y Arabia Saudí. En algunos de esos países cayeron líderes que parecían enroscados para siempre en el Gobierno. Es cierto que la zona se convirtió luego en un polvorín y que estallaron conflictos violentos por casi todas partes, pero sería muy injusto atribuir la culpa a las revoluciones iniciadas en esa primavera y olvidarse de los profundos y complejos intereses geopolíticos existentes en esos territorios desde tiempos coloniales hasta hoy. En cualquier caso, de lo que estoy hablando aquí es de posibilidad.

Y esa posibilidad fue la chispa que prendió una mecha transformadora que se extendió por todo el mundo. En España, con el 15M; en Estados Unidos, con Occupy Wall Street (que tuvo una réplica menor en el Reino Unido); en los movimientos estudiantiles de Chile; en las manifestaciones de Brasil por la subida del transporte; en el levantamiento del parque Taksim Gezi en Estambul, o en el movimiento de los paraguas en Hong Kong.

Lo interesante en muchos de estos casos no es solo la ambición revolucionaria, sino la propia manera de llevarla a cabo, también subversiva. Por ser generalmente pacífica y, además, por desarrollarse de formas innovadoras, con organizaciones multicéntricas y transversales y con poderes distribuidos y horizontales que crearon nuevas urbes dentro de unas ciudades que ya entonces sufrían los síntomas que trata este libro.

Fueron modos de hacer comunidad que partían de la atención y la escucha, de la implicación y la participación, de la intuición y la inteligencia colectivas. Hubo en esas experiencias una impugnación de los relatos monolíticos que hoy son aún más dominantes. Por eso tiene sentido recordarlas. No se trata de hablar de ellas con nostalgia infértil, con la vana esperanza de que eso mismo pueda suceder de nuevo, sino de mostrar que algo, otra cosa, cualquier cosa, puede ocurrir —y, a veces, pasa: en 2025 se reproducen protestas juveniles en Serbia, Madagascar, Marruecos, Irán, Nepal y Perú—. Como escribe Marina Garcés en *Ciudad Princesa*, «ser libre no es tener más o menos capacidad de elección dentro de las prisiones de lo posible, sino tener la certidumbre de que la realidad es un mapa abierto de posibilidades que nos corresponde a nosotros definir».[7]

El mundo estaba entonces inmerso en el bajón por la crisis de 2008, las políticas de austeridad, los rescates a los bancos, los desahucios hipotecarios y un catastrofismo que solo era el aperitivo del no futuro absoluto en el que nos encontramos sumergidos ahora. Porque hoy, no sé si hace falta recordarlo, no estamos mejor. El sistema financiero que en aquel momento pareció tambalearse resulta estar más protegido a costa de la desprotección de todo y todos los demás. La crisis económica y existencial va ensombreciendo las vidas de gentes que quizá nunca pensaron que les taparía el horizonte esa nube. Los canales que sirvieron para juntarnos en las plazas han demostrado estar dedicados a la división. Hablamos y practicamos la militarización y la guerra como quien juega al *Call of Duty*, y se extiende la opinión de que hay un problema gravísimo con la inmigración.

El relato implícito de todo esto responde a las alternativas infernales que plantean Philippe Pignarre e Isabelle Stengers, disyuntivas que han sostenido la aceptación del desarrollo del modelo económico y social. «"¿Ustedes rechazan el descenso del nivel de vida y reclaman un alza de los salarios? Tendrán deslocalizaciones…"; "¿Rechazan los ritmos de trabajo insoportables? Hay otros que estarán muy contentos de reemplazarlos…"».[8]

Hoy, esas alternativas se suceden a toda velocidad y marcan los desvíos que nos llevan a asumir la catástrofe. ¿No quieres que tu ciudad tenga éxito y atraiga visitantes e inversores? Otras urbes se llevarán lo que pudo tener la tuya, la economía se paralizará y todo será todavía más horrible y aburrido. ¿No consideras oportuno el incremento del presupuesto en armamento y defensa? Alguien te invadirá como ha invadido a otros países de tu entorno. ¿No crees que el populismo autoritario y nostálgico es la solución? Pues seguiremos gobernados por esas élites que visten trajes a medida y hacen discursos bonitos pero no cambian nada. Ante semejante panorama, podemos asumir que la única opción es la resignación.

No tiene por qué ser así. Vuelvo con Garcés: «El futuro no es el tiempo cronológico que corre, un segundo tras otro, en el reloj, sino el sentido que puede tener, en el presente, lo que está por hacer, por pensar, por crear, por ser retomado o recreado. Es el sentido de lo inacabado que se rebela contra todo intento de clausura de lo real». El futuro es, efectivamente, una incógnita que se empieza a resolver en el presente, unos puntos suspensivos que se rellenan a partir de posibilidades que podemos imaginar y convertir en hechos entre todos. Abrazar la incertidumbre y rebelarse contra las certezas impuestas es indispensable para pensar nuevas formas de hacer ciudad.

Amar la ciudad

En el parque que hay frente a mi casa en Madrid hay un campo de fútbol sala en el que hacen deporte los alumnos de algunos colegios de la zona, pero también cualquiera que pasa por allí. Muchas tardes se juntan montones de *riders*, casi todos migrantes latinoamericanos, que dejan en una esquina sus bicis y sus mochilones de reparto para echar partidos amistosos a cara de perro. A veces el balón cae al otro lado de la valla protectora, en el área infantil a la que acuden familias para jugar con los pocos niños que quedan en el barrio. Los críos suben y bajan de los columpios mientras las madres, las abuelas y algún padre aprovechan para charlar y, cuando toca, devolver la pelota perdida.

Fuera de esa zona, en la decena de bancos que están distribuidos por el recinto, algunas personas sin hogar gastan las mañanas descansando después de haber pasado la noche en la calle —en el parque ya no pueden, hace años que el Ayuntamiento decidió el cierre nocturno para evitar el botellón— y haciendo tiempo hasta el momento de ir a algún comedor social. A mediodía, trabajadores de las oficinas cercanas bajan para almorzar de táper y casi siempre hay alguien que prefiere sentarse para echar el rato fumando un porro.

Existen dos pistas de petanca que antes de la pandemia acogían animadas partidas de una numerosa pandilla de señores mayores, pero que luego estuvieron de duelo mucho tiempo, esperando a unos jugadores que nunca volvieron. Desde hace unos meses, veo a grupos de jóvenes que bajan de cuando en cuando para retomar el juego. Casi todo el tiempo, pero especialmente por las tardes, se ven perros correteando y ladrando mientras sus compañeros humanos también socializan a su manera. Al caer el sol, llegan jóvenes a beber unas latas, oír música y, si surge la oportunidad, darse algún beso. Y siempre hay pájaros. Gorriones que, en medio de todo el jaleo, se atreven a chapotear en los charcos, palomas oportunistas que buscan restos de algo que llevarse al pico, carboneros que se ven obligados a cantar demasiado alto para hacerse oír entre el ruido de los coches, a veces alguna cotorra llegada del parque del Oeste y, en según qué noches de verano, un autillo que lanza al aire su llamada, que se oye como un sónar por todo el barrio.

El parque que hay frente a mi casa en Madrid, a pesar de todo lo que acabo de contar, es un parque pequeño —poco más de tres mil metros cuadrados— en el que cada día suceden muchas de las pequeñas cosas que hacen todavía de esta ciudad un lugar amable, es decir, digno de ser amado.

Sé que corro el riesgo de ganar un premio al autor más ingenuo de la temporada, pero estoy convencido de que el amor es una emoción absolutamente indispensable para ver y entender la ciudad y para actuar en y sobre ella.

Al principio de este libro, hace quizá demasiadas páginas, mencionaba el desamor que muchos sentimos hacia nuestras urbes. Una sensación desagradable, una ausencia en presencia, un vacío desalentador. He dedicado este texto a reflexionar sobre las causas que nos llevan a percibir este extrañamiento y a proponer algunas líneas de pensamiento y acción para invitar a defender las virtudes de la vida en estas comunidades que llamamos ciudades. Pero, por encima de todo, si lo que nos pasa es un desamor, solo nos pueden suceder otras nuevas y buenas cosas recuperando el amor.

Es posible argumentar —y, de hecho, muchas veces se hace— que los procesos en los que estamos inmersos, esos que critico, están igualmente impulsados por el amor. Que la búsqueda obsesiva de la atracción y la apuesta por la competición son muestras de querer a la ciudad y a sus ciudadanos o incluso a la patria. No digo yo que, en algunos casos, no sea una motivación sincera, lo que planteo es que tal vez sea equivocada.

«Donde el amor reina, no hay voluntad de poder; y, donde el poder predomina, falta el amor. El uno es la sombra del otro».[1] Esto dice Carl Jung en una cita muy celebrada y compartida. Y muy certera. En la competencia existe una pulsión de victoria, es una pelea por ser más que otro, sea este individuo, empresa o ciudad. Asumiendo que en nuestro modelo económico la competencia es una dinámica fundamental, quizá sea momento de comprender que se nos está yendo de las manos. Primar esta lucha sobre cualquier otra cosa, ponerla por encima de valores morales logrados a partir de años de historia, convivencia y cooperación, incluso a partir de la motivación de defender intereses de una comunidad sobre las otras, es una pérdida del sentido de la vida. Un trayecto a la neurosis, un trastorno que puede ser individual pero también colectivo, social.

Lo mismo que sucede en el parque que hay frente a mi casa en Madrid sucede todo el rato en todas partes. Unas vecinas de Málaga que sacan por la tarde las sillas de su hogar para charlar a la fresca ocupando las aceras y puede que la calzada; una banda de músicos que recorre una comuna de Medellín haciendo que los niños bailen con los mayores; los domingos de Ciclovía en Bogotá que juntan a gentes de todos los estratos a pasear en bici las calles, por un día vacías de coches; los berlineses que se organizan para trabajar en los jardines comunitarios repartidos por la ciudad; unas clases de tango en medio de una plaza de Buenos Aires; unos chavales que juegan al béisbol en mitad de una calzada en un suburbio de una urbe estadounidense… Cada minuto, en cada ciudad, suceden infinidad de instantes cotidianos que nos hacen sentir la vida solo con verlos o incluso con recrearlos en nuestra memoria o imaginación.

También hay en las ciudades infinidad de interacciones profesionales y comerciales, reuniones de negocios en las que se confía en que lo bueno está por llegar, encuentros en los que se preparan proyectos que no pueden fallar, colisiones de ambiciones que a veces hasta consiguen sumar. Hay, por supuesto, frustraciones y ruina, enfados, gritos y peleas, vecinos que pretenden descansar mientras otros quieren divertirse, familias que se crean y otras que se dividen, niños que nacen, enfermos que sobreviven y algunos que mueren. Y miseria y violencia y delincuencia. Y soledad y tristeza, al menos tanta como alegría y compañía.

Si pudiésemos colocar la ciudad en un portaobjetos para observarla a través de un microscopio, lo que veríamos sería todo eso. Más allá de planes estratégicos, campañas de marca, rankings y posicionamientos políticos, esto es lo que es y esto es lo que hace que una ciudad sea tal cosa. Las vidas de un montón de personas —y animales y plantas— en acción e interacción. Un roce constante del que surgen chispas que pueden ser de rencor, pero que, en muchos casos, son de afecto.

En una sociedad cada vez más dividida y con las posiciones cada vez más rígidas y enfrentadas, es esencial fijarse en esos afectos y en los vínculos que generan. Ahora que la libertad es un argumento de marketing político más que un acuerdo sobre lo común, conviene subrayar que solo podemos ser verdaderamente libres cuando estamos conectados unos con otros. Lo otro, la aspiración de ganar, nos lleva al vaciamiento físico y emocional individual y colectivo y, de ahí, a un autoritarismo sin freno.

Hacer ciudad, ya sea desde el Gobierno, el trabajo, el activismo o la simple vecindad, tiene más que ver con la colaboración que con la competición. Va de estar juntos en el mismo barco, de entendernos a pesar de nuestras diferencias y lograr que estas sean una forma de encontrar caminos por los que nunca transitaríamos solos. Es así de simple y así de complejo.

Puede que, en todas las quizá demasiadas páginas de este libro, algunos lectores hayan percibido pesimismo, y puede que

otros hayan apreciado nostalgia. No era la intención, al contrario.

Antes todo esto era ciudad, ahora es otra cosa. Una marca, un
no lugar, el tablero de un juego especulativo en el que ganan solo
unos pocos, una mina de la que extraer datos y recursos, un lugar
común en el que vivimos solos, separados y enfadados unos con
otros... Es posible que el panorama que he descrito no sea, en
ocasiones, muy alentador, pero también creo que los límites y los
fondos están para llegar a ellos y, una vez ahí, darse cuenta. Y que
estamos en un cambio de época en el que se pretende imponer el
individualismo, la división y el caudillismo, pero cuyo fracaso puede ser rápido y tener una alternativa que está, tal vez, germinando.

Creo que en este momento de crisis que se nos antoja demasiado profunda como para tener solución hay un motivo para la
esperanza. Puede que, como en esas gigantescas discusiones de
pareja en las que la relación parece estar estallando en mil pedazos,
encontremos en medio de la disputa el amor detrás de las razones
para la frustración y decidamos que lo único que merece la pena
es seguir. Eso sí, aprendiendo de los errores y tomando un nuevo
camino. Juntos.

Agradecimientos

Gracias a Martina Otranto, Elvira Aguilar y Pablo Macías por leer con atención y sugerir con prudencia. A Diego Casado, María Álvarez, David López Canales, Santos Henarejos, Silvia González, Aitor Marín, Jon Aguirre y a quienes en algún momento he interrumpido con mis dudas. A todos en Khora Urban Thinkers, a Emilia Saiz, Pablo Fernández Marmissolle-Daguerre y el equipo de CGLU y a los del resto de las empresas, medios, instituciones y ciudades con los que he trabajado y aprendido en los últimos años. A Natàlia Pàmies por su estupenda portada. A Paloma Abad, Miguel Aguilar y Debate. A Candela, Teo y Martín.

Bibliografía y referencias

Las no ciudades

1. bell hooks, *Todo sobre el amor*, Barcelona, Paidós, 2021.
2. Real Academia Española, *Diccionario de la lengua española*, 2001, en <https://www.rae.es/drae2001/ciudad>.
3. Lewis Mumford, *La ciudad en la historia. Sus orígenes, transformaciones y perspectivas*, Logroño, Pepitas de Calabaza, 2014.
4. Leonardo Padura, *Ir a La Habana*, Barcelona, Tusquets, 2024.
5. Saskia Sassen, *The Global City. New York, London, Tokyo*, Princeton, Princeton University Press, 1991.
6. Marc Augé, *Los no lugares: una antropología de la sobremodernidad*, Barcelona, Gedisa, 2017.
7. Yi-Fu Tuan, *Topofilia. Un estudio sobre percepciones, actitudes y valores medioambientales*, Barcelona, Melusina, 2007.

Ciudades marca

1. Kevin Baker, «Welcome to Fear City: the inside story of New York's civil war, 40 years on», *The Guardian*, 18 de mayo de 2015, en <https://www.theguardian.com/cities/2015/may/18/welcome-to-fear-city-the-inside-story-of-new-yorks-civil-war-40-years-on>.

2. Archie D'Cruz, «Does "I ❤ New York" help create a brand for New York City?», *Observer*, 28 de diciembre de 2016, en <https://observer.com/2016/12/does-i-love-new-york-help-create-a-brand-for-new-york-city/>.

3. «I Love New York Radio Ad Song», 1977, en YouTube, en <https://www.youtube.com/watch?v=Ck3MRdeph5o>.

4. Michael Sterne, «New York Records Show 1976 a Good Tourist Year», *The New York Times*, 4 de enero de 1977, en <https://www.nytimes.com/1977/01/04/archives/new-york-records-show-1976-a-good-tourist-year.html>.

5. Joseph P. Fried, «Tourism Nearing a Record Fills New York Hotels», *The New York Times*, 5 de junio de 1979, en <https://www.nytimes.com/1979/06/05/archives/tourism-nearing-a-record-fills-new-york-hotels-new-york-boom-in.html>.

6. A. Green, D. Grace y H. Perkins, «City Branding Research and Practice: An Integrative Review», *Griffith University*, en <https://research-repository.griffith.edu.au/server/api/core/bitstreams/95a79814-cfb3-5288-b9e4-9c3fabfe79c1/content>.

7. Jorge Dioni López, *El malestar de las ciudades*, Barcelona, Arpa, 2023.

8. «Madrid se posiciona en el turismo de pantalla, un sector que mueve 100 millones de visitantes en el mundo», Ayuntamiento de Madrid, 8 de marzo de 2023, en <https://www.madrid.es/portales/munimadrid/es/Inicio/Actualidad/Noticias/Madrid-se-posiciona-en-el-turismo-de-pantalla-un-sector-que-mueve-100-millones-de-visitantes-en-el-mundo/?vgnextfmt=default&vgnextoid=7aa57a66739d3910VgnVCM1000001d4a900aRCRD&vgnextchannel=a12149fa40ec9410VgnVCM100000171f5a0aRCRD>.

9. Ángela Moreno Vallejo, «Louis Vuitton escoge Barcelona para su desfile Crucero 2025», *Vogue España*, 24 de mayo de 2024, en <https://www.vogue.es/articulos/louis-vuitton-escoge-barcelona-desfile-crucero-2025>.

10. Alfonso L. Congostrina, «El Ayuntamiento de Barcelona considera idónea la celebración de un desfile de moda en el Park Güell», *El País*, 19 de mayo de 2024, en <https://elpais.com/espana/catalunya/2024-05-19/el-ayuntamiento-de-barcelona-considera-idonea-la-celebracion-de-un-desfile-de-moda-en-el-park-guell.html>.
11. Mariana Mazzucato y Rosie Collington, *El gran engaño. Cómo la industria de la consultoría debilita las empresas, infantiliza a los gobiernos y pervierte la economía*, Barcelona, Taurus, 2024.

Planeta ciudad

1. Pedro Bravo, *Exceso de equipaje. Por qué el turismo es un gran invento hasta que deja de serlo*, Barcelona, Debate, 2018.
2. Piso Milikowski y Saskia Naafs, «Wie profiteert er van het toerisme? Oprollen die rotkoffertjes», *De Groene Amsterdammer*, 24 de mayo de 2017, en <https://www.groene.nl/artikel/oprollen-die-rotkoffertjes>.
3. E. Sanz, «Casas de lujo en el barrio *prime* de Salamanca: el mercado inmobiliario de los ricos latinoamericanos se desplaza desde Miami», *El Confidencial*, 23 de mayo de 2024, en <https://www.elconfidencial.com/inmobiliario/residencial/2024-05-23/casas-lujo-barrio-prime-salamanca-mercado-inmobiliario-ricos-latinoamericanos-miami_3888344/>.
4. Alice Saville, «More than half the homes in London's most exclusive postcodes are empty», *Time Out London*, 19 de abril de 2023, en <https://www.timeout.com/london/news/more-than-half-the-homes-in-londons-most-exclusive-postcodes-are-empty-041923>.
5. Javier Rosell, «Madrid y Barcelona seducen a los millonarios del mundo para comprar casas», *El Español*, 23 de abril de 2021, en <https://www.elespanol.com/invertia/observatorios/vivienda/20210423/madrid-barcelona-seducen-millonarios-mundo-comprar-casas/575693808_0.html>.

6. Richard Florida, *La clase creativa. La transformación de la cultura del trabajo y el ocio en el siglo XXI*, Barcelona, Paidós, 2010.
7. Hein de Haas, *Los mitos de la inmigración. 22 grandes mantras sobre el tema que más nos divide*, Barcelona, Península, 2024.
8. Louisa Yousfi, *Seguir siendo bárbaro,* Barcelona, Anagrama, 2018.
9. Kwame Anthony Appiah, *Las mentiras que nos unen. Repensar la identidad. Creencias, país, color, clase, cultura*, Barcelona, Taurus, 2024.

LA CIUDAD DIGITAL

1. Yi-Fu Tuan, *Topofilia. Un estudio sobre percepciones, actitudes y valores medioambientales*, Barcelona, Melusina, 2007.
2. «Number of internet and social media users worldwide as of February 2025», *Statista*, en <https://www.statista.com/statistics/617136/digital-population-worldwide/>.
3. Richard Sennett, *Construir y habitar. Ética para la ciudad*, Barcelona, Anagrama, 2019.
4. Simon Goodley, «UK lost 37 shops a day in 2024, data suggests», *The Guardian*, 2 de enero de 2025, en <https://www.theguardian.com/business/2025/jan/02/uk-lost-37-shops-a-day-in-2024-data-suggests>.
5. Aimee Picchi, «Store closures have surged 69 % in 2024. Here are the retailers shuttering thousands of stores», *CBS News*, 2 de enero de 2025, en <https://www.cbsnews.com/news/retailers-closing-stores-surged-2024-family-dollar-cvs-big-lots/>.
6. «El pequeño comercio agoniza: se cierran 25 pymes al día mientras avanzan las franquicias y grandes empresas», *RTVE Noticias*, 2 de diciembre de 2024, en <https://www.rtve.es/noticias/20241202/pequeno-comercio-cierres-agoniza-franquicias-grandes-empresas/16355170.shtml>.
7. «Worldwide retail e-commerce sales from 2012 to 2028», *Statista*, en <https://www.statista.com/statistics/379046/worldwide-retail-e-commerce-sales/>.

8. «E-commerce in the EU», Council of the European Union, 2024, en <https://www.consilium.europa.eu/en/infographics/e-commerce/>.

9. Jane Jacobs, *Muerte y vida de las grandes ciudades*, Madrid, Capitán Swing, 2011.

10. David Crowther y William Coulman, «Uber is finally profitable: so what's next?», *Sherwood News*, 21 de julio de 2024, en <https://sherwood.news/business/uber-earnings-profitable-robotaxis-labor-disputes-regulation/>.

11. James Darley, «Top 10 smart cities», *Sustainability Magazine*, 4 de diciembre de 2024, en <https://sustainabilitymag.com/top10/top-10-smart-cities>.

12. Anto Antony y Dhwany Pandya, «How the unfinished city of Lavasa became a nightmare for Indian banks», *Business Standard*, 19 de junio de 2018, en <https://www.business-standard.com/article/current-affairs/how-the-unfinished-city-of-lavasa-became-a-nightmare-for-indian-banks-118061900095_1.html>.

13. *Próspera Official Website*, en <https://www.prospera.co/es>.

14. Leyland Cecco, «Toronto swaps Google-backed, not-so-smart city plans for people-centred vision», *The Guardian*, 12 de marzo de 2021, en <https://www.theguardian.com/world/2021/mar/12/toronto-canada-quayside-urban-centre>.

15. Manuel Castells, *La sociedad digital*, Madrid, Alianza, 2024.

16. «Starlink», Wikipedia, en <https://en.wikipedia.org/wiki/Starlink>.

17. Richard Sennett, *La cultura del nuevo capitalismo*, Barcelona, Anagrama, 2006.

CIUDADES IGUALES

1. Pekka Himanen, *La ética del hacker y el espíritu de la era de la información*, Barcelona, Destino, 2002.

2. Kyle Chayka, *Mundofiltro. Cómo los algoritmos han aplanado la cultura*, Barcelona, Gatopardo, 2024.

3. «Zonas de bajas emisiones en España», Ministerio para la Transición Ecológica y el Reto Demográfico (MITECO), en <https://www.miteco.gob.es/es/calidad-y-evaluacion-ambiental/temas/movilidad/zonas_de_bajas_emisiones_en_espana.html>.

4. Rem Koolhaas, *La ciudad genérica*, Barcelona, Gustavo Gili, 2014.

5. Mark Fisher, *Realismo capitalista. ¿No hay alternativa?*, Buenos Aires, Caja Negra, 2016.

6. Alfonso L. Congostrina, «Pablo Escobar, penes, *I love milfs...* los souvenirs que Barcelona no puede prohibir», *El País*, 11 de enero de 2025, en <https://elpais.com/espana/catalunya/2025-01-11/pablo-escobar-penes-i-love-milfs-los-souvenirs-que-barcelona-no-puede-prohibir.html>.

7. «Gifts Novelty and Souvenirs Market Size», *Business Research Insights*, en <https://www.businessresearchinsights.com/market-reports/gifts-novelty-and-souvenirs-market-107844>.

8. Anil Seth, *La creación del yo. Una nueva ciencia de la conciencia*, Madrid, Sexto Piso, 2023.

LA CIUDAD MONOPOLY

1. «History of Monopoly», Wikipedia, en <https://en.wikipedia.org/wiki/History_of_Monopoly>.

2. Lewis Mumford, *La ciudad en la historia. Sus orígenes, transformaciones y perspectivas*, Logroño, Pepitas de Calabaza, 2021.

3. Friedrich Engels, *Contribución al problema de la vivienda*, Madrid, Fundación de Estudios Socialistas Federico Engels, 2006.

4. «Housing prices and rents went up in Q3 2024», *Eurostat News*, 10 de enero de 2025, en <https://ec.europa.eu/eurostat/web/products-eurostat-news/w/ddn-20250110-1>.

5. Denisse López, «La crisis global de la vivienda ahoga a las clases medias», *El País*, 15 de septiembre de 2024, en <https://elpais.

com/economia/2024-09-15/la-crisis-global-de-la-vivienda-ahoga-a-las-clases-medias.html>.

6. Katharina Buchholz, «Where Housing Costs Are a Burden for Low-Income People», *Statista*, 2023, en <https://www.statista.com/chart/27454/low-income-renters-spending-more-than-40-percent-of-income-on-housing/>.

7. Victoria Masterson, «What has caused the global housing crisis and how can we fix it», *World Economic Forum*, 21 de junio de 2022, en <https://www.weforum.org/stories/2022/06/how-to-fix-global-housing-crisis/>.

8. ONU-Habitat, «Vivienda: inviable para la mayoría», en <https://onu-habitat.org/index.php/vivienda-inviable-para-la-mayoria>.

9. Gabriel Trindade y Maite Gutiérrez, «La vivienda, un problema en ascenso en toda Europa», *La Vanguardia*, 1 de diciembre de 2024, en <https://www.lavanguardia.com/dinero/2024 1201/10158259/vivienda-alquiler-compra-precios-problema-europa.html>.

10. Jon Henley, «La crisis de la vivienda se extiende en Europa pero lo de Holanda está ya en otro nivel», *eldiario.es/ The Guar dian*, 1 de diciembre de 2024, en <https://www.eldiario.es/internacional/theguardian/crisis-vivienda-extiende-europa-holanda-nivel_1_11345479.html>.

11. *Demografi, boligbehov og boligprisudvikling i Københavns Kommune*, Copenhaguen, Copenhagen Economics, 2018, en <https://copenhageneconomics.com/wp-content/uploads/2021/12/demografi-boligbehov-og-boligprisudvikling-i-koebenhavns-kommune-221118.pdf>.

12. *Property Market Review, Q1–Q2 2023*, Viena, Oesterreichische Nationalbank (OeNB), en <https://www.oenb.at/dam/jcr%3Aa78a1dcb-1929-4c13-b4bc-c540b7ca6dac/property-market-review-q1-q2-23.pdf>.

13. Jaime Palomera, *El secuestro de la vivienda. Por qué es tan difícil tener casa y cómo esto puede romper la sociedad*, Barcelona, Península, 2025.

14. David Madden y Peter Marcuse, *En defensa de la vivienda*, Madrid, Capitán Swing, 2018.
15. David Harvey, «El derecho a la ciudad», *New Left Review*, n.° 53, 2008, en <https://newleftreview.es/issues/53/articles/david-harvey-el-derecho-a-la-ciudad.pdf>.

CIUDADES DESIGUALES

1. Richard Florida, *The New Urban Crisis. How Our Cities Are Increasing Inequality, Deepening Segregation, and Failing the Middle Class-and What We Can Do About It*, Nueva York, Basic Books, 2017.
2. Hugo Fazio Vengoa, «La globalización: una aproximación desde la historia», *Historia Crítica*, Universidad de los Andes, 1998, en <https://dialnet.unirioja.es/descarga/articulo/2182438.pdf>.
3. Branko Milanović, *Desigualdad mundial. Un nuevo enfoque para la era de la globalización*, México, Fondo de Cultura Económica, 2017.
4. «The World's Billionaires», Wikipedia, en <https://en.wikipedia.org/wiki/The_World%27s_Billionaires>.
5. Joseph Parrilla, «America's Cities Compete for Amazon», *Intereconomics*, vol. 52, n.° 6, 2017, en <https://www.intereconomics.eu/contents/year/2017/number/6/article/americas-cities-compete-for-amazon.html>.
6. Teo Armus, «Amazon's HQ2 was supposed to ad Jobs last year: it shed them instead», *The Washington Post*, 16 de abril de 2024, en <https://www.washingtonpost.com/dc-md-va/2024/04/16/amazon-hq2-jobs-arlington-virginia/>.
7. OECD, *Current Challenges to Social Mobility and Equality of Opportunity*, OECD Publishing, 2022, en <https://www.oecd.org/en/publications/current-challenges-to-social-mobility-and-equality-of-opportunity_a749ffbb-en.html>.
8. Michael Casey, «US Homelessness population up 18 % as affor-

dable housing remains out of reach for many people», *Associated Press (AP)*, 27 de diciembre de 2024, en <https://apnews.com/article/homelessness-population-count-2024-hud-migrants-2e0e2b4503b754612a1d0b3b73abf75f>.

9. Servet Yanatma, «Homelessness on the rise in UK and France: how do European countries compare?», *Euronews*, 6 de junio de 2024, en <https://www.euronews.com/my-europe/2024/07/15/homelessness-on-the-rise-in-uk-and-france-how-do-european-countries-compare>.

10. Doug Saunders, *Ciudad de llegada. Cómo la mayor migración de la historia configura nuestro mundo*, Barcelona, Debate, 2014.

11. Stephen Menendian y Samir Gambhir, «Arthur Gailes, The Roots of Structural Racism Project», *Othering & Belonging Institute, UC Berkeley*, 21 de junio de 2021, en <https://belonging.berkeley.edu/roots-structural-racism>.

12. Hamed Nilforoshan *et al.*, «Human mobility networks reveal increased segregation in large cities», *Nature*, vol. 626, 2023, en <https://www.nature.com/articles/s41586-023-06757-3#citeas>.

13. *The Atlas of Inequality*, MIT Media Lab, en <https://www.media.mit.edu/projects/the-atlas-of-inequality/overview/>.

14. *Inequality Map*, MIT Media Lab, en <https://inequality.media.mit.edu/#>.

15. «Atlas of Inequality, Esteban Moro», vídeo, YouTube, en <https://www.youtube.com/watch?v=isJeJTTLvec>.

16. Gabriela Jiménez y Aleida Rueda, «Conocer a más gente diversa nos hace más felices: Esteban Moro», *C3 UNAM Noticias*, 4 de febrero de 2024, en <https://www.c3.unam.mx/noticias/noticia276.html>.

17. «Increasing segregation in European cities», *TU Delft*, 2024, en <https://www.tudelft.nl/en/architecture-and-the-built-environment/research/research-stories/increasing-segregation-in-european-cities>.

18. Álvaro Mazorra Rodríguez, «Social inequality and residential segregation trends in Spanish global cities. A comparative analysis of Madrid, Barcelona, and Valencia (2001-2021)», *Cities*, vol. 146, 2024, en <https://www.sciencedirect.com/science/article/pii/S0264275124001495>.

19. «El 21,6 % de la población madrileña está en riesgo de pobreza o exclusión social», *EAPN Madrid*, 2022, en <https://www.eapnmadrid.org/noticias/el-216-de-la-poblacion-madrilena-esta-en-riesgo-de-pobreza-o-exclusion-social/>.

20. «La sociedad del riesgo: hacia un modelo de integración precaria», *Análisis y Perspectivas 2024*, Madrid, Fundación Foessa, diciembre de 2024, en <https://www.caritas.es/main-files/uploads/2024/11/CARITAS-analisis-y-persectivas-2024-digital-diciembre-2024.pdf>.

CIUDADES VIEJAS Y SOLITARIAS

1. John Stuart Mill, *The Collected Works of John Stuart Mill. Volume XXVIII: Public and Parliamentary Speeches, Part I*, Liberty Fund, en <https://oll.libertyfund.org/titles/kinzer-the-collected-works-of-john-stuart-mill-volume-xxviii-public-and-parliamentary-speeches-part-i>.

2. United Nations, *World Population Prospects*, en <https://population.un.org/wpp/>.

3. Institut national d'études démographiques (INED), *World projections by continent*, en <https://www.ined.fr/en/everything_about_population/data/world-projections/projections-by-continent/>.

4. Daniel Verdú, «Aulas llenas con alumnos de cursos diferentes: el efecto Airbnb y la caída demográfica precarizan las escuelas del centro de París», *El País*, 19 de marzo de 2025, en <https://elpais.com/educacion/2025-03-19/aulas-llenas-con-alumnos-de-cursos-diferentes-el-efecto-airbnb-y-la-caida-demografica-precarizan-las-escuelas-del-centro-de-paris.html>.

5. Hein de Haas, *Los mitos de la inmigración. 22 falsos mantras sobre el tema que más nos divide*, Barcelona, Península, 2024.
6. Suicidal Tendencies, «Alone», en *Lights... Camera... Revolution*, CBS Records, 1990.
7. «Cómo medir la soledad no deseada: te presentamos las tres escalas más utilizadas», *Soledades.es*, 2024, en <https://www.soledades.es/actualidad/como-medir-la-soledad-no-deseada-te-presentamos-las-tres-escalas-mas-utilizadas>.
8. María Florencia Melo, «Uno de cada cuatro jóvenes en el mundo se siente muy solo», *Statista*, 2023, en <https://es.statista.com/grafico/31161/encuestados-que-se-sienten-muy-o-bastante-solos/>.
9. «Loneliness statistics», *April ABA Resources*, 2025 en <https://www.aprilaba.com/resources/loneliness-statistics>.
10. «Social Islotaion: A Discreet Epidemy», *Baseline Study v2*, URBACT, 2023, en <https://urbact.eu/sites/default/files/2024-01/Baseline-study-v2.pdf>.
11. «Data Reveals The loneliest cities in America», *Chamber of Commerce*, en <https://www.chamberofcommerce.org/loneliest-cities-in-america>.
12. Tara John, «How the World's First Loneliness Minister Will Tackle 'the Sad Reality of Modern Life'», *Time Magazine*, 2018, en <https://time.com/5248016/tracey-crouch-uk-loneliness-minister/>.
13. «Japan appoints minister of loneliness – can he solve the problem?», *OMF International*, en <https://omf.org/us/japan-appoints-minister-of-loneliness-can-he-solve-the-loneliness-problem/>.
14. Jessie Yeung, «Una epidemia de soledad se está extendiendo por todo el mundo. La ciudad de Seúl invertirá US$ 327 millones para frenarla», *CNN Español*, 24 de octubre de 2024, en <https://cnnespanol.cnn.com/2024/10/24/epidemia-soledad-mundo-seul-trax>.
15. Derek Thompson, «The Anti Social Century», *The Atlantic*, 8

de enero de 2025, en <https://www.theatlantic.com/magazine/archive/2025/02/american-loneliness-personality-politics/681091/>.

16. Lola López Mondéjar, *Sin relato. Atrofia de la capacidad narrativa y crisis de la subjetividad*, Barcelona, Anagrama, 2024.
17. Anna L. Tsing, *Fricción. Una etnografía de la conectividad global*, Madrid, IF, 2021.
18. Amador Fernández-Savater, «Elogio del tumulto», *Lobo Suelto*, 2019, en <https://lobosuelto.com/elogio-del-tumulto-amador-fernandez-savater/>.
19. «Old age», Wikipedia, en <https://en.wikipedia.org/wiki/Old_age>.
20. Jon Savage, *Teenage. La invención de la juventud, 1875-1945*, Madrid, Desperta Ferro, 2018.

CIUDADES BIPOLARES

1. Will Storr, *La ciencia de contar historias. Por qué las historias nos hacen humanos y cómo contarlas mejor*, Madrid, Capitán Swing, 2022.
2. Anil Seth, *La creación del yo. Una nueva ciencia de la conciencia*, Madrid, Sexto Piso, 2023.
3. Christophe Guilluy, *La France périphérique. Comment on a sacrifié les classes populaires*, París, Flammarion, 2014.
4. Christophe Guilluy, *No society. El fin de la clase media occidental*, Barcelona, Taurus, 2019.
5. Rebecca Solnit, *Esperanza en la oscuridad. La historia jamás contada del poder de la gente*, Madrid, Capitán Swing, 2017.

REHACER LOS RELATOS

1. David Graeber y David Wengrow, *El amanecer de todo. Una nueva historia de la humanidad*, Barcelona, Ariel, 2022.
2. Rebecca Solnit, *El camino inesperado*, Barcelona, Lumen, 2025.

3. Lola López Mondéjar, *Sin relato. Atrofia de la capacidad narrativa y crisis de la subjetividad*, Barcelona, Anagrama, 2024.

SER NATURALEZA

1. Fabiano Maisonnave, «Belem, sede de la próxima cumbre climática COP30, padece contaminación y violencia», Associated Press (AP), 21 de noviembre de 2024, en <https://apnews.com/article/cop29-cop30-brasil-belem-amazonia-clima-37b2b792042fe925cc055a86f0aea7f3>.
2. Eliane Brum, «Los árboles falsos de la cumbre amazónica del clima», *El País*, 16 de abril de 2025, en <https://elpais.com/opinion/2025-04-16/los-arboles-falsos-de-la-cumbre-amazonica-del-clima.html>.
3. Biblia, Génesis 1:28, en <https://www.biblegateway.com/verse/es/Génesis%201%3A28>.
4. Aristóteles, *Política*, I, 1256b, en Perseus Digital Library, <https://www.perseus.tufts.edu/hopper/text?doc=Perseus%3Atext%3A1999.01.0058%3Abook%3D1%3Asection%3D1256b>.
5. Emanuele Coccia, *La vida de las plantas. Una metafísica de la mixtura*, Buenos Aires, Miño y Dávila, 2017.
6. «Datos sobre la crisis de la naturaleza», Programa de las Naciones Unidas para el Medio Ambiente (PNUMA), en <https://www.unep.org/es/datos-sobre-la-crisis-de-la-naturaleza#:~:text=El%2075%25%20de%20la%20superficie,las%20pesquerías%20y%20la%20contaminación>.
7. Stefano Mancuso, *Fitópolis. La ciudad viva*, Barcelona, Galaxia Gutenberg, 2024.
8. «Urban Content in NDCs: Local Climate Action Explored Through In-Depth Country Analyses», Programa de las Naciones Unidas para el Desarrollo (PNUD), 2024, en <https://www.undp.org/publications/urban-content-ndcs-local-climate-action-explored-through-depth-country-analyses>.
9. «Climate Change and the Escalation of Global Extreme Heat»,

Climate Central, 2025, en <https://assets.ctfassets.net/cx gxgstp8r5d/4xsn9TLNNtmuTOTzNr2Txl/43dfdaed8407 4d4e4f481eefff0fbbff/Report__Climate_Change_and_the_ Escalation_of_Global_Extreme_Heat__Heat_Action_Day_ 2025_.pdf>.

10. Ajit Niranjan, «Deadly floods and storms affected more than 400,000 people in Europe in 2024», *The Guardian*, 15 de abril de 2025, en <https://www.theguardian.com/environ-ment/2025/apr/15/europe-storms-floods-and-wildfires-in-2024-affected-more-than-400000>.

11. Gloria Dickie, «Number of days over 35 °C surges in world's scorching capitals», Reuters, 28 de junio de 2024, en <ht-tps://www.reuters.com/world/number-days-over-35-c-surges-worlds-scorching-capitals-2024-06-28/>.

12. C40 Cities, «The Future We Don't Want», informe, 2018, en <https://www.c40.org/wp-content/uploads/2023/04/1789_ Future_We_Dont_Want_Report_1.4_hi-res_120618.origi nal-compressed.pdf>.

13. «Where Dangerous Heat Is Sirging», *The Washington Post*, 2023, en <https://www.washingtonpost.com/climate-environ ment/interactive/2023/extreme-heat-wet-bulb-globe-tem perature/>.

14. Unión Internacional para la Conservación de la Naturaleza (UICN), «Nature-based solutions», en <https://iucn.org/ our-work/nature-based-solutions>.

15. Matías Helbig, «Una huelga de jardineros en Vitoria provoca una explosión de flores: si se deja que se desarrollen las plantas, la biodiversidad se multiplica», *El País*, 20 de junio de 2025, en <https://elpais.com/clima-y-medio-ambiente/2025-06-20/una-huelga-de-jardineros-en-vitoria-provoca-una-explo-sion-de-flores-si-se-deja-que-se-desarrollen-las-plantas-la-bio diversidad-se-multiplica.html>.

RENUNCIAR

1. Rachit Gupta *et al.*, «The ethics of cosmetic overtreatmen», National Library of Medicine (PMC), en <https://pmc.ncbi.nlm.nih.gov/articles/PMC11089345/>.
2. Gilles Deleuze y Félix Guattari, *El Anti Edipo: capitalismo y esquizofrenia*, Barcelona, Paidós, 1985.
3. Real Academia Española, *Diccionario de la lengua española*, voz «renunciar», en <https://dle.rae.es/renunciar>.
4. Vicent Molins, *Ciudad Clickbait. Cuando buscar casa en tu ciudad se volvió una pesadilla*, Valencia, Barlin, 2025.
5. Mark Fisher, *Realismo capitalista. ¿No hay alternativa?*, Buenos Aires, Caja Negra, 2016.
6. «Global Flourishing Study», Harvard University, en <https://hfh.fas.harvard.edu/global-flourishing-study>.
7. Hartmut Rosa, *Remedio a la aceleración. Ensayos sobre la resonancia*, Barcelona, Ned, 2019.

FUTUREAR

1. Barry Sonnenfeld, *Men in Black 3*, 2012.
2. Michael Pollan, *Cómo cambiar tu mente. Lo que la nueva ciencia de la psicodelia nos enseña sobre la conciencia, la muerte, la adicción, la depresión y la transcendencia*, Barcelona, Debate, 2018.
3. Alison Gopnick, *El filósofo entre pañales. Revelaciones sorprendentes sobre la mente de los niños y cómo se enfrentan a la vida*, Barcelona, Martínez Roca, 2010.
4. Donella H. Meadows, *Pensar en sistemas. Un manual de iniciación*, Madrid, Capitán Swing, 2022.
5. THNK School of Creative Leadership, *THNK Innovation Flow Toolkit*, en <https://es.slideshare.net/THNKAMS/thnk-innovation-flow-toolkit-2018#1>.
6. Jennifer M. Gidley, *The Future: A Very Short Introduction*, Oxford, Oxford University Press, 2017.

7. Kim Stanley Robinson, *El Ministerio del Futuro*, Barcelona, Minotauro, 2024.

SER ÁGILES

1. OECD, «Regulatory Experimentation: Moving ahead on the Agile Regulatory Governance Agenda», París, OECD Publishing, 2024, en <https://www.oecd.org/content/dam/oecd/en/publications/reports/2024/04/regulatory-experimentation_fc84553c/f193910c-en.pdf>.
2. Inside Airbnb, *How short-term rental platforms like Airbnb fail to cooperate with cities and the need for strong regulations to protect housings*, 2020, en <https://insideairbnb.com/reports/platform-failures-how-short-term-rental-platforms-like-airbnb-fail-cities-en.pdf>.
3. Joan Ballester *et al.*, «Heat-related mortality in Europe during the summer of 2022n», *Nature Medicine*, vol. 29, 2023, en <https://www.nature.com/articles/s41591-023-02419-z>.
4. Ajint Niranjan, «Deadly floods and storms affected more than 400,000 people in Europe in 2024», *The Guardian*, 15 de abril de 2025, en <https://www.theguardian.com/environment/2025/apr/15/europe-storms-floods-and-wildfires-in-2024-affected-more-than-400000>.
5. Unión Europea, Directiva 2008/50/CE del Parlamento Europeo y del Consejo, de 21 de mayo de 2008, relativa a la calidad del aire ambiente y a una atmósfera más limpia en Europa, *Diario Oficial de la Unión Europea*, L 177/6, 4 de julio de 2008, en <https://www.boe.es/buscar/doc.php?id=DOUE-L-2008-81053>.
6. Ley 7/2021, de 20 de mayo, de cambio climático y transición energética», *Boletín Oficial del Estado*, n.º 121, 21 de mayo de 2021, en <https://www.boe.es/buscar/act.php?id=BOE-A-2021-8447>.
7. Ministerio para la Transición Ecológica y el Reto Demográfico

(MITECO), «Zonas de bajas emisiones en España», en <https://www.miteco.gob.es/es/calidad-y-evaluacion-ambiental/temas/movilidad/zonas_de_bajas_emisiones_en_espana.html>.

8. Ministerio de Transportes y Movilidad Sostenible, Parque nacional de vehículos por comunidad autónoma, provincia, tipo de vehículo y tipo de carburante, *BDOTLE – Visor de planes*, entrada 396, en <https://apps.fomento.gob.es/bdotle/visorBDpop.aspx?i=396>.

9. Ministerio de Transportes y Movilidad Sostenible, parque nacional de vehículos por comunidad autónoma, provincia, tipo de vehículo y tipo de carburante, *BDOTLE – Visor de planes*, entrada 644, en <https://apps.fomento.gob.es/BDOTLE/visorBDpop.aspx?i=644>.

10. Enrique Naranjo, «Los cambios que llegarán a las etiquetas de la DGT: híbridos enchufables y ligeros, en la picota», *El Mundo – Motor*, 9 de octubre de 2025, en <https://www.elmundo.es/motor/2025/10/09/68e7d862e4d4d8d6728b45ad.html>.

11. CUPRA, «CUPRA te quita la multa», campaña, en <https://www.cupraofficial.es/compra-tu-cupra/cupra-te-quita-la-multa>.

12. BBVA, «'Sandbox' regulatorio, un campo de pruebas para la tecnología del mañana», en <https://www.bbva.com/es/innovacion/que-es-un-sandbox-regulatorio/>.

13. IAMasIgual, «España lanza el primer sandbox de IA de la UE, con especial foco en empleo y recursos humanos», 2025, en <https://iamasigual.eu/espana-lanza-el-primer-sandbox-de-ia-de-la-ue-con-especial-foco-en-empleo-y-recursos-humanos/>.

14. Winnovation, «Regulatory Sandboxes: An Opportunity for Sustainable Building», en <https://www.winnovation.at/success-stories/project-one-ephnc-8cz3l>.

15. Ideagen, «Regulatory Sandbox: 5 Key Things to Know», 2024 en <https://www.ideagen.com/thought-leadership/blog/regulatory-sandbox-5-key-things-to-know>.

16. OECD-OPSI, *Anticipatory innovation governance: towards a new way of governing in Finland*, París, OECD Publishing, 2022, en <https://oecd-opsi.org/wp-content/uploads/2022/06/OECD-Finland-Anticipatory-Report-FINAL.pdf>.

17. European Urban Initiative, «Capacity Building» for cities, en <https://www.urban-initiative.eu/capacity-building>.

18. Eurobarómetro, «Europeans welcome EU support to reforms in the Member States», *PubAffairs Bruxelles*, 2024, en <https://www.pubaffairsbruxelles.eu/eu-institution-news/eurobaro meter-europeans-welcome-eu-support-to-reforms-in-the-member-states/>.

19. Ezra Klein y Derek Thompson, *Abundancia. Cómo construimos un mundo mejor*, Madrid, Capitán Swing, 2025.

CONTAR LA CIUDAD

1. Jane Jacobs, *Muerte y vida de las grandes ciudades*, Madrid, Capitán Swing, 2011.

2. David Foster Wallace, *Esto es agua: algunas ideas, expuestas en una ocasión especial, sobre cómo vivir con compasión*, Barcelona, Flash, 2012.

3. Deyan Sudjic, *La arquitectura del poder. Cómo los ricos y poderosos dan forma a nuestro mundo*, Barcelona, Ariel, 2010.

4. Juhani Pallasmaa, *Habitar*, Barcelona, Gustavo Gili, 2016.

DESCENTRALIZAR

1. Carlos Moreno, *The 15-Minute City: A Solution to Saving Our Time and Our Planet*, Nueva Jersey, Wiley, 2024.

2. Alba Buralla, «Madrid y Lisboa apuestan por la ciudad de los 15 minutos», *El Economista*, 25 de febrero de 2022, en <https://www.eleconomista.es/inmobiliaria/noticias/11607933/02/22/Madrid-y-Lisboa-apuestan-por-la-ciudad-de-los-15-minutos.html>.

3. Pedro Bravo, «Sobre la ciudad de los 15 minutos, la justicia social y la necesidad de un cambio también en la comunicación política», *elDiario.es*, 14 de diciembre de 2022, en <https://www.eldiario.es/madrid/somos/blogs/stories-matritenses/ciudad-15-minutos-justicia-social-necesidad-cambio-comunicacion-politica_132_9602619.html>.

4. Assemblée Nationale, *Rapport d'information n.° 1647 l'évaluation du programme Action cœur de ville*, París, 2025, en <https://www.assemblee-nationale.fr/dyn/17/rapports/cec/l17b1647_rapport-information.pdf>.

5. Agencia Estatal de Administración Pública de Dinamarca, *Bedre balance II - statslige arbejdspladser tættere på borgere og virksomheder*, 2025, en <https://statens-adm.dk/om-os/om-statens-administration/rejsen-fra-koebenhavn-til-hjoerring/bedre-balance-ii/>.

6. Gobierno Federal de Brasil, «Governo Federal lança programa Cidades Intermediadoras para reduzir desigualdades regionais», 2024, en <https://www.gov.br/secom/pt-br/assuntos/noticias/2024/09/governo-federal-lanca-programa-cidades-intermediadoras-para-reduzir-desigualdades-regionais>.

7. Cameron McWirther, «Atlanta's Growth Streak Has Come to an End», *The Wall Street Journal*, 2025, en <https://www.wsj.com/economy/atlanta-population-growth-ending-32aa642c>.

CONECTAR

1. Eric Klinenberg, *Palacios del pueblo. Políticas para una sociedad más igualitaria*, Madrid, Capitán Swing, 2021.

2. Byung-Chul Han, *La desaparición de los rituales. Una topología del presente*, Barcelona, Herder, 2019.

3. «La Karmela: 20 años de celebración y de reivindicación», *Vallecas.com*, en <https://vallecas.com/la-karmela-20-anos-de-celebracion-y-de-reivindicacion/>.

4. Eden Project Communities, «The Big Lunch», en <https://www.edenprojectcommunities.com/the-big-lunch>.

5. «Plogging», Wikipedia, en <https://en.wikipedia.org/wiki/Plogging>.

6. Marc Bassets, «La última "aldea gala" es un McDonald's de Marsella», *El País*, 27 de agosto de 2018, en <https://elpais.com/internacional/2018/08/25/actualidad/1535178461_473794.html>.

7. Marc Bassets, «Marsella: del adorado McDonald's al fast food social», *El País*, 6 de octubre de 2021, en <https://elpais.com/internacional/2021-10-06/marsella-del-adorado-mcdonalds-al-fast-food-social.html>.

8. Margot Geay, « L'Après M se délocalise dans un cabanon sur le Vieux-Port tout l'été», *Made in Marseille*, en <https://madeinmarseille.net/bons-plans/184143-apres-m-cabanon-vieux-port/>.

9. Observatorio Internacional de la Democracia Participativa (OIDP), «Asambleas ciudadanas y procesos deliberativos, Learning UCLG, 2024, en <https://www.oidp.net/docs/repo/doc1577.pdf>.

10. Observatorio Internacional de la Democracia Participativa (OIDP), «About», en <https://oidp.net/es/about.php>.

11. CGLU – Ciudades y Gobiernos Locales Unidos (UCLG), en <https://uclg.org>.

12. Eurocities, *Leipzig Declaration on Local Democracy*, en <https://eurocities.eu/wp-content/uploads/2025/04/Eurocities-Leipzig-declaration-on-local-democracy-Final.pdf>.

13. Lewis Mumford, *La ciudad en la historia. Sus orígenes, transformaciones y perspectivas*, Logroño, Pepitas de Calabaza, 2021.

Reconocer, incluir y cuidar

1. Noah Strycker, *Esa cosa con plumas. La sorprendente vida de las aves y lo que revelan sobre el ser humano*, Madrid, Capitán Swing, 2025.

2. Vivian Gornick, *Apegos feroces*, Madrid, Sexto Piso, 2017.

3. Almaz Zelleke, «Wages for Housework: The Marxist-Feminist Case for Basic Income», Ediciones Complutense, 1988, en <https://www.inmujeres.gob.es/publicacioneselectronicas/documentacion/Revistas/ANALITICAS/DEA0389.pdf>.

4. Col·lectiu Punt 6, «¿Qué es el urbanismo feminista?», vídeo, YouTube, en <https://www.youtube.com/watch?v=dI4TO-CPMMBA>.

5. Real Academia Española, *Diccionario de la lengua española*, voz «cuidar», en <https://dle.rae.es/cuidar>.

6. Emanuele Coccia, *La vida de las plantas. Una metafísica de la mixtura*, Buenos Aires, Miño y Dávila, 2017.

7. The Care Collective, *Care Manifesto. The Politics of Interdependence*, Londres, Verso Books, 2020.

8. John Seed, Joanna May, Pat Fleming y Arne Naess, *Thinking Like a Mountain: Towards a Council of All Beings*, Gabriola Island, New Society Publishers, 1998.

9. María Arranz, «Desde el lugar del otro», *The Mirror Maze*, Substack, en <https://themirrormaze.substack.com/p/desde-el-lugar-del-otro>.

10. Martin A. Nowak, *Supercooperadores*, Barcelona, Ediciones B, 2012.

11. Lewis Mumford, *La ciudad en la historia. Sus orígenes, transformaciones y perspectivas*, Logroño, Pepitas de Calabaza, 2021.

Ser valientes

1. David A. Graham, «How Many of His 'Day One' Promises Did Trump Fulfill?», *The Atlantic*, 24 de enero de 2017, en <https://www.theatlantic.com/politics/archive/2017/01/trump-day-one-promises/514184/>.

2. Max Rust, Anthony DeBarros y Peter Santilli, «The Starkly Different Look of Trump's First 100 Days», *The Wall Street*

Journal, 24 de abril de 2015, en <https://www.wsj.com/poli tics/policy/trump-first-100-days-charts-6e971a44>.

3. *Trump-O-Meter, PolitiFact*, en <https://www.politifact.com/ truth-o-meter/promises/trumpometer/>.

4. *Obameter, PolitiFact*, en <https://projects.tampabay.com/pro jects/2017/politifact/obameter/home/>.

5. *Biden Promise Tracker, PolitiFact*, en <https://www.politifact. com/truth-o-meter/promises/biden-promise-tracker/>.

6. OpenSecrets, «Donald Trump: 2024 Presidential Race», en <https://www.opensecrets.org/2024-presidential-race/do nald-trump/candidate?id=N00023864>.

7. OpenSecrets, «Top Contributors, federal election data for Donald Trump, 2024 cycle», en <https://www.opensecrets.org/ 2024-presidential-race/donald-trump/contributors?id=N0002 3864>.

8. «Donald Trump's inaugural committee raised record-breaking $240mn», *Financial Times*, 2022, en <https://www.ft.com/ content/7b0e136a-e3f6-4943-83c5-6b6efce4db26>.

9. Paula Corroto, «El último gran filósofo alemán: "La posverdad ha muerto, ahora vivimos en la posrealidad"», *El Confidencial*, 6 de agosto de 2025, en <https://www.elconfidencial.com/ cultura/2025-08-06/entrevista-markus-gabriel-filosofia-in teligencia-artificial_4186325/>.

10. Iván Capdevila, «La Curitiba de Jaime Lerner», en <https:// padlet-uploads.storage.googleapis.com/293457001/84cfbc 46c31ab09e23e95735bffc1c16/Capdevila_La_Curitiba_de_ Jaime_Lerner.pdf>.

11. Pepa Mosquera, «Por qué Grenoble es la Capital Verde», *Energías Renovables*, 4 de enero de 2022, en <https://www.energias-reno vables.com/eficiencia/a-porque-grenoble-es-la-capital-verde-202 20104>.

Rebelarse

1. Unión del Barrio, «Sobre UDB», en <https://uniondelbarrio.org/esp/sobre-udb/>.
2. Patrick Sisson, «As Immigration Crackdown Expands, Citizen Activists Observe and Report», *Bloomberg CityLab*, 9 de septiembre de 2025, en <https://www.bloomberg.com/news/articles/2025-09-09/in-la-and-dc-activists-turn-to-tech-to-track-immigration-arrests>.
3. Albert Camus, *El hombre rebelde*, Barcelona, Debolsillo, 2021.
4. «Huelga de inquilinos de 1907», Wikipedia, en <https://es.wikipedia.org/wiki/Huelga_de_inquilinos_de_1907>.
5. Dominique Hua, «Cinco huelgas de alquileres que cambiaron las reglas del juego», *El Salto Diario*, 2018, en <https://www.elsaltodiario.com/vivienda/cinco-huelgas-alquileres-cambiaron-reglas-juego>.
6. «Declaran A Coruña, San Sebastián, Pamplona y 20 municipios navarros como zonas tensionadas», *RTVE Noticias*, 29 de julio de 2025, en <https://www.rtve.es/noticias/20250729/coruna-san-sebastian-pamplona-navarra-zonas-tensionadas/16680549.shtml>.
7. Marina Garcés, *Ciudad Princesa*, Barcelona, Galaxia Gutenberg, 2018.
8. Isabelle Stengers, *En tiempos de catástrofes. Cómo resistir a la barbarie que viene*, Barcelona, Ned, 2017.

Amar la ciudad

1. Carl G. Jung, *Collected Works, volumen 7: Two Essays on Analytical Psychology*, Princeton, Princeton University Press, 1966.

«Para viajar lejos no hay mejor nave que un libro».

EMILY DICKINSON

Gracias por leer este libro.

En **penguinlibros.club** encontrarás las mejores
recomendaciones de lectura.

Únete a nuestra comunidad y viaja con nosotros.

penguinlibros.club